数智化时代会计专业

—— 融 合 创 新 系 列 教 材 ——

金蝶财务大数据课程指定教材

财务大数据分析

聂瑞芳　　胡玉姣◎主编

人民邮电出版社

北　京

图书在版编目（ＣＩＰ）数据

财务大数据分析 / 聂瑞芳，胡玉姣主编. -- 北京：
人民邮电出版社，2022.2
数智化时代会计专业融合创新系列教材
ISBN 978-7-115-57475-6

Ⅰ．①财… Ⅱ．①聂… ②胡… Ⅲ．①财务管理－数
据处理－教材 Ⅳ．①F275

中国版本图书馆CIP数据核字(2021)第244968号

内 容 提 要

　　随着经济的发展和互联网技术的不断升级，在大数据时代如何对企业的财务数据进行深入、有效的分析，并从中获取重要的决策信息，成为目前重要的研究方向。本书以金蝶大数据处理平台为工具，分两个部分介绍了财务大数据分析的基础知识和实践应用。第一部分简单介绍了大数据分析和SQL、Python 编程语言的基础知识，并通过案例讲述了数据采集、数据处理和数据挖掘分析的具体方法。第二部分通过构建大数据分析模型，帮助读者深入学习如何建立各业务环节的分析指标体系，包括销售分析、采购分析、存货分析、生产分析、财务分析、经营预警分析等，并进行数据的解读与总结。

　　本书内容新颖、知识全面、应用性强，还配备了完整的教学资源，适合作为应用型本科和高等职业院校会计、财务管理、工商管理、信息管理、市场营销等相关专业的教学用书，也可作为企业中高层管理人员和信息化主管了解数字化管理转型的参考书。

◆ 主　　编　聂瑞芳　胡玉姣
　　责任编辑　崔　伟
　　责任印制　王　郁　焦志炜
◆ 人民邮电出版社出版发行　　北京市丰台区成寿寺路 11 号
　　邮编　100164　电子邮件　315@ptpress.com.cn
　　网址　https://www.ptpress.com.cn
　　固安县铭成印刷有限公司印刷
◆ 开本　787×1092　1/16
　　印张　14.25　　　　　　　　2022 年 2 月第 1 版
　　字数　379 千字　　　　　　2024 年 12 月河北第 9 次印刷

定价：49.80 元

读者服务热线：(010)81055256　印装质量热线：(010)81055316
反盗版热线：(010)81055315
广告经营许可证：京东市监广登字 20170147 号

本书编委会

主　编　聂瑞芳　　胡玉姣

副主编　李　锐　　殷建玲　　杨向东

编　委　文　容　　王春娜　　陈丹儿

　　　　王海燕　　周　磊　　陈少兰

大数据技术迅速发展，已经完全融入我们的日常生活中。我们能够直观感受到的大数据应用场景包括：

- 在电商平台购物时，平台会根据每个人的购买历史和喜好，进行针对性的推荐。
- 在每天的上、下班途中，导航系统会根据交通大数据规划更合理的路线。
- 在微信、微博中会有网络舆情的分析及合理引导。
- 在抖音、头条新闻中，会有热门话题的主动推荐，帮用户更快找到感兴趣的内容。

以上场景属于面向个人消费者的大数据分析和应用，其数据大多来源于互联网或移动互联网的各种应用。

对于企业而言，同样也存在丰富的大数据应用场景，尤其是在企业的经营管理过程中，当管理人员面临各种问题需要进行决策时，大数据的价值就凸显出来。例如：

- 企业需要开拓新市场，哪些市场值得开拓？
- 企业需要引入供应商，供应商是否值得信赖？
- 企业的应收账款是否存在风险？

……

要回答上面的问题，仅仅依靠企业已有的内部管理系统（如 ERP 系统）是不能帮助决策的，因此，管理人员就需要掌握一些大数据分析方法，为决策提供重要的数据支撑。

通常情况下，企业的数据主要来源于三个方面：互联网的大数据、物联网的大数据和企业内部各种管理系统产生的大数据。数据分析人员对这些数据进行清洗、整合，建立数据模型，再进行挖掘分析，就能够更有效地帮助管理人员进行科学、精准的决策。

党的二十大报告指出：加快发展数字经济，促进数字经济和实体经济深度融合，打造具有国际竞争力的数字产业集群。为适应大数据、云计算、人工智能等新兴技术的发展，以及企业数字化管理转型的人才需求，编者遵循技术技能人才的成长规律和"立德树人"的育人理念，在充分调研院校教学需求的基础上，结合金蝶软件集团帮助众多客户实现数字化管理转型中的丰富实践经验编写了本书。

本书内容

本书以新零售行业中一家典型企业的案例为背景，涵盖了企业经营的完整业务环节，结合企业的业务数据、财务数据以及外部的行业数据，培养读者进行数据采集、数据处理、数据挖掘分析的能力；并帮助读者通过构建大数据分析模型，建立各业务环节的分析指标体系，包括销售分析、采购分析、存货分析、生产分析、财务分析、经营预警分析等，学会从高层管理人员的视角实时掌握企业的经营状况，对经营管理措施进行及时调整，保证企业能更高效地持续创造价值。

本书特色

作为一本校企合作"双元"开发的工作手册式教材，本书以企业经营管理过程中大数据分析的具体实现为载体，以项目和典型任务组织教学内容。每个项目以"学习目标"和"职业素养点拨"开始，每个任务以"任务描述""任务要求""任务实现""指标分析""巩固与练习"为主线，最后还针对项目主题形成分析报告，实现完整的技能训练闭环。本书具有以下特色。

（1）技术适度。本书内容定位于培养具有技术功底的数字化管理人才，因此没有大量的技术介绍，更多地是从企业的实际需求出发，介绍一些关键的技术内容，为未来的职业发展奠定基础。

（2）业财融合。本书虽然主要介绍财务大数据分析的内容，但业财融合属于必然的发展趋势，因此，管理人员更应该从财务视角结合业务进行数据分析，培养业财融合的思维方式。

（3）场景驱动。进行大数据分析时，应避免"就数据而论数据"的思维方式，数据背后一定有其对应的业务场景。因此，本书在任务设置中结合了大量丰富的企业业务场景和管理场景，培养读者结合各种场景进行数据分析的思维模式。

（4）全景视角。本书重在培养读者从全局的视野去看企业的经营数据和财务数据，能够结合管理场景进行数据解读和决策分析，培养读者成为企业数字化管理转型所需的高水平管理人才。

（5）注重德技并修。本书在严格遵循教学目标和教学内容的前提下，通过"职业素养点拨"与"知识拓展"等内容，实现知识传授与价值引领有机结合，重在培养数智化时代德才兼备的人才。

（6）教学资源丰富。本书提供了教学平台、教学课件、操作视频、课后习题及参考答案等资源，方便教师教学和学生课后巩固提高。教师可登录人邮教育社区（www.ryjiaoyu.com）下载获取配套教学资源。此外，每个分析主题下每个任务的指标分析结果都以二维码形式提供，建议教师带领学生先独立分析、总结，然后再扫码获取参考内容，这样可以更好地培养学生的独立思考能力。

本书由金蝶精一信息科技服务有限公司组织编写。聂瑞芳、胡玉姣担任主编，李锐、殷建玲、杨向东担任副主编。参加编写的人员还有文容、王春娜、陈丹儿、王海燕、周磊、陈少兰等。本书内容安排合理，重点突出，适合作为应用型本科和高等职业院校会计、财务管理、工商管理、信息管理、市场营销等相关专业的教学用书，对于学生了解企业的数字化转型、大数据分析在企业经营管理中的价值和作用非常有帮助，对企业中高层管理人员和信息化主管也可以提供很多有益的参考。

在教材编写过程中，编者参考了一些大数据分析的文献资料，在此对这些资料的作者表示感谢。本书内容凝聚了众多院校教师和企业人员的智慧，在此对他们表示衷心的感谢！

由于编者水平有限，书中难免存在疏漏之处，敬请广大读者批评指正。

编者

2023 年 5 月

课程说明

大数据在与各行各业融合的过程中，也在与不同的垂直领域进行融合。其中，大数据技术与财会领域的结合，不断促使财会人员进行各项技能的转型与提升。本课程正是基于这种需求而开设，旨在培养能够适应企业未来发展需求的复合型、创新型人才。

课程主要内容

云计算、大数据等新技术的发展，以及企业竞争的日益加剧，使得企业高层管理人员对于财会人员的能力要求越来越高。财会人员不能仅局限于了解财务方面的知识，还应懂得业务，具备业财融合的思想，从企业高层管理人员的视角去看待业务，并具备透过数据洞察业务的能力。为加强新兴学科、交叉学科建设，帮助读者掌握大数据技术在财务工作中的应用技能，本课程采用理论与实践紧密结合的方式，对教学内容进行系统的规划，力求让知识点与实践能力相互融合。本课程的主要内容如表 0-1 所示。

表 0-1　　　　　　　　财务大数据分析课程的主要内容

序号	项目名称	课程内容
1	认识大数据	（1）了解大数据的基本概念和特征 （2）了解大数据在各行各业的应用 （3）了解大数据决策分析的方法
2	初识 SQL 和 Python	（1）SQL 入门及应用 （2）Python 入门及应用
3	数据采集、处理与挖掘	（1）数据采集 （2）数据处理 （3）数据挖掘
4	案例企业背景及行业特点分析	（1）介绍案例企业所在行业的特点 （2）举例说明企业的经营管理模式及各环节的关注要点
5	企业业务环节的关键经营指标分析	（1）举例讲解企业营销、采购、库存、加工等环节的关注要点 （2）举例讲解营销、采购、库存、加工等环节的关键指标
6	企业财务环节的关键指标分析	（1）举例讲解企业在偿债能力、盈利能力、营运能力、发展能力方面的关注要点 （2）举例讲解企业在偿债能力、盈利能力、营运能力、发展能力方面的关键指标
7	企业经营预警的关键指标分析	（1）举例讲解企业经营预警的关注要点 （2）举例讲解企业经营预警的关键指标
8	基于财务大数据分析进行诊断及管理优化	（1）讲解财务大数据诊断的要点 （2）讲解企业经营管理改进与优化的要点

课程目标

通过本课程的学习，读者应实现以下目标。

知识目标

（1）掌握大数据的基本概念和相关知识。

（2）了解 SQL 和 Python 的基本编程技术。

（3）掌握数据采集、处理、挖掘的相关方法。

（4）理解财务大数据分析的思路和方法。

（5）了解企业、行业的经营管理特点。

（6）掌握企业业务环节的关键指标分析方法。

（7）掌握企业财务环节的关键指标分析方法。

（8）掌握企业经营预警的关键指标分析方法。

（9）掌握编写企业经营分析报告的关键要点。

能力目标

（1）能够使用 SQL、Python 等编程语言进行简单程序的编写。

（2）具备数据采集、处理、挖掘的基础能力。

（3）能够结合企业的业务和财务环节进行数据挖掘、分析，对各业务环节给出诊断意见，说明各业务环节的管理要点。

（4）能够撰写财务大数据分析报告，从高层管理人员的视角进行决策分析。

（5）具备系统化思维和结构化思维的分析能力。

（6）具备面对企业高层管理人员的演讲展示能力。

素养目标

（1）具有较强的沟通协调能力和团队合作精神，有较强的全局观和责任意识。

（2）具有严肃认真、严谨细致的工作作风和忠于职守、尽职尽责的敬业精神。

（3）能够自觉提高专业技能，勤学苦练，自信自强，守正创新，不断提高业务水平。

（4）具有良好的信息素养和数据思维、创新思维。

目 录

第一部分

大数据分析基础

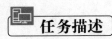

项目一
认识大数据

本项目主要介绍大数据的基本概念及其在各行各业中的应用，帮助读者初步了解大数据分析的相关知识。

学习目标

1. 了解大数据的基本概念
2. 了解大数据在各行业及领域中的应用
3. 了解大数据决策分析的基本方法

职业素养点拨

决不回头，才能到达彼岸

法国作家左拉说过："生活的道路一旦选定，就要勇敢地走到底，决不回头。"只有在身心上认真投入，秉承不达目的不罢休的态度，才能专心致志将事情做好。

同样，在企业经营管理过程中，数据分析人员也需要系统地学习大数据分析的基本理念和具体方法，加强对专业理论知识的理解，并通过自身的不懈努力和大量的实践练习，不断提高运用数据分析工具的基本技能。

任务一　了解大数据的基础知识

子任务一　了解大数据的基本概念

任务描述

当前，大数据已经融入我们的日常生活中，从网上购物到舆情监控，从交通拥堵治理到景区旅游高峰期客流疏导，大数据每天都在发挥着重要的作用。那么，到底什么是大数据呢？

任务要求

了解大数据的基本概念和大数据的种类，掌握大数据的基本特征，为后续学习打下基础。

任务实现

一、大数据的概念

"大数据"作为一种概念和思潮由计算领域发端，之后逐渐延伸到科学和商业领域。我们通常认为，大数据是指无法在一定时间范围内用常规软件工具进行捕捉、管理和处理的数据集合。大数据为人类提供了全新的思维方式和探知客观规律、改造自然和社会的新手段，这也是大数据引发经济社会变革最根本的原因。

二、大数据的种类

大数据可以分为两大类：结构化数据和半结构化/非结构化数据。其中，结构化数据一般是指传统的关系型数据库中存储的数据，通常可以用二维表结构来表现。企业内部各种管理系统生成的数据往往都是结构化数据，便于存储、查询和快速处理。半结构化数据是指数据的结构和内容混在一起存储的数据，如操作系统的日志、XML 描述文件、智能终端设备抓取的数据文件等。非结构化数据是指数据结构不规则或不完整，没有预定义的数据模型，不方便用二维表结构来表现的数据。从互联网上抓取的网页信息，Office 办公软件生成的 Word、PPT 文档和 Excel 电子表格，以及电子邮件、语音、图片、视频等，都是常见的非结构化数据。这些半结构化/非结构化数据每天由大量的设备、系统产生，在数据中占比非常高。用户往往要对这些数据做大量的处理，如给数据打标签、使用正则表达式或分词算法等将其转化成结构化数据，才可进行挖掘和分析。

三、大数据的基本特征

目前，普遍认为大数据具有 4V 特征，即 Volume（数据量大）、Variety（数据多样）、Value（价值密度低）、Velocity（实时性要求高）。

1. 数据量大

大数据的一个显著特征就是数据量大，从 TB 量级跃升到 PB 量级。在移动互联网时代，视频、语音等非结构化数据快速增长，人们获取的数据量越来越大，对数据的存储、处理、运算等要求也越来越高。不过，企业进行数据挖掘和分析时，不一定需要这么大的数据量，有时对 GB 量级的数据进行挖掘分析，就可以发现这些数据内在的价值和规律。

2. 数据多样

随着人工智能技术的不断发展，智能终端设备（如摄像头、温度传感器、速度传感器、压力传感器等），从全球各个角落实时采集各种各样的数据，并利用无线通信技术非常便捷地将这些数据上传到云端的大数据中心，便于后续分析挖掘。管理信息系统在企业中的应用越来越广泛，这些系统通过企业内部的业务协作、企业之间的交易产生了大量的数据。此外，每天有数十亿网民也在利用搜索引擎、社交软件等通过移动设备随时随地产生海量的数据。这些数据都以结构化数据或者半结构化/非结构化数据形式存在。因此，数据来源多、数据类型多、数据之间的关联性强是大数据的第二个特征。

3. 价值密度低

虽然当前我们可以获取的数据量非常大，但这些海量的数据很多都是重复度极高或者与分析研究无关的数据，其价值密度比较低。因此，我们需要利用各种算法，针对不同的场景和不同的需求进行深入挖掘，发现数据背后隐藏的价值和规律，让大数据真正发挥作用。

4. 实时性要求高

传统的商业智能分析处理往往间隔很长时间，比如一个月统计一次经营管理数据和财务数据，做一次分析报告。这些都是事后的揭示，发挥的作用非常有限，对企业的经营管理人员而言已经没有太大的意义。

企业管理人员需要实时的数据分析结果，以便他们能够预测现在甚至未来可能发生的各种情况，从而采取各种应对措施。因此，进行大数据分析时，分析人员要处理的数据量非常大，而且对数据分析的实时性要求也非常高。

基于上述需求，数据分析处理技术要具备对数据流的高速处理能力，挖掘算法要能够支持对数据流的分析能力，技术平台要具备充足的并行处理能力。在这样的技术支撑下，大数据分析技术才能够有效支持管理人员对企业运营的实时监控，以及对企业未来发展趋势的预测。

> 📖 **拓展阅读：数据向善**
>
> 　　大数据在给我们的生活带来种种便利的同时，也很容易被人掌握甚至利用。一些电商平台利用大数据"杀熟"、个人隐私数据被廉价打包贱卖、我们的眼界被困在越来越狭窄的推荐算法中……
>
> 　　数据的滥用，严重损害了大数据的公信力，随之也产生了一些违法犯罪活动。2021年6月10日，第十三届全国人民代表大会常务委员会第二十九次会议通过了《中华人民共和国数据安全法》，自2021年9月1日起施行。2021年7月2日，国家市场监督管理总局公布《价格违法行为行政处罚规定（修订征求意见稿）》，电商平台利用大数据"杀熟"等行为，将受到严厉惩罚。2021年8月20日，第十三届全国人民代表大会常务委员会第三十次会议通过了《中华人民共和国个人信息保护法》，自2021年11月1日起施行。这些法律法规为保障数据安全、保护个人和组织的合法权益提供了法律依据。
>
> 　　法律不是数据向善的全部保证，还有来自社会伦理与道德的监督。大数据的发展除了不能越过法律界线，还需要符合平等、公正、诚信等核心价值观，方能行稳致远。数据从采集、处理、挖掘分析到最后以直观明了的方式可视化呈现，对道德和隐私的关注贯穿整个过程。目前，大数据技术的应用场景主要是解决气候变化、医疗卫生、社会公正等问题。在我国，数字技术应该是最接近平民化、平等化、平权化的一次技术变革，例如电商、外卖、直播、快递物流行业让很多不同身份、不同学历的人有了更多选择，得到更平等的工作机会。
>
> 　　技术只是工具，而人应把握利用技术的尺度。把技术规则体系纳入由法律、伦理所构建的社会规则体系中，就是技术向善的过程。数据科学肩负造福人类的伟大使命，而这需要我们不断前行，推动数据向善、分析向善、决策向善。

巩固与练习

（1）日常生活中你经常接触到的半结构化/非结构化数据有哪些？这些数据要如何处理才能转化成结构化数据？

（2）传统的商业智能分析和大数据分析的区别是什么？

（3）大数据的数据来源有哪些？

（4）查阅相关资料，描述如何挖掘和发挥大数据的价值。

子任务二　了解大数据在各行各业的应用

任务描述

随着云计算、移动互联网、人工智能等技术的发展，以数据驱动产业的发展和变革，成为当前众多行业发展的重要趋势。这种趋势也正在加速推进产业数字化浪潮席卷而来。大数据在各行业和领域中发挥的作用越来越重要。

任务要求

查阅相关资料，了解大数据在各行各业的应用场景，理解产业数字化转型的技术驱动力，以及各行业当前的状况和未来的发展趋势。

任务实现

一、大数据在电商行业的应用

大数据应用，其真正的核心在于挖掘数据中隐藏的信息和知识。对电商行业来说，大数据可以带来哪些商业价值呢？

1. 大数据分析有助于电商行业市场精准定位

精准的市场定位能够促使一个企业的品牌快速成长，而基于大数据的市场调查与分析是企业进行品牌定位的第一步。电商企业要想在激烈的市场竞争中取得先机，需要部署大数据战略，拓宽电商行业调研数据的广度和深度，从大数据中获取市场构成、细分市场特征、消费者的需求及竞争者的状况等信息，在科学系统地进行数据信息收集、整理、分析的基础上，提出更好的解决方案和建议，保证企业品牌的市场定位独具个性，提高行业接受度。

2. 大数据分析成为电商行业市场营销的利器

在电商行业，无论是产品、渠道、价格还是顾客，可以说每一项市场营销工作的推进都与大数据的采集和分析息息相关。大数据分析对于电商行业的营销推广工作具有重要价值，主要表现在以下两个方面。

一是通过获取数据并加以统计分析来充分了解市场信息，掌握竞争者的商情和动态，知晓产品在竞争群中所处的市场地位，达到"知己知彼，百战不殆"的目的。

二是企业通过积累和挖掘消费者档案数据，能够准确分析其消费行为和价值取向，从而更好地为消费者提供良好的服务并发展更多忠诚顾客。

3. 大数据分析可以促进电商行业的收益管理

收益管理是指把合适的产品或服务，在合适的时间，以合适的价格，通过合适的销售渠道，出售给合适的顾客，最终实现企业收益最大化的目标。要实现收益管理的目标，需求预测、市场细分和敏感度分析是三个重要环节，而这三个环节的快速推进都离不开大数据分析。

4. 大数据分析可以促进电商行业的模式创新

随着论坛、微博、微信、电商平台及各类点评网站等社交媒介在 PC 端和移动端的创新和发展，公众分享信息变得更加便捷、自由。

在很多社交平台，我们经常可以看到消费者对某款产品的使用效果进行点评，如该产品的优点、缺点、功能、质量、款式等信息。电商企业如果能对网上的评论数据进行收集，建立网评大数据库，然后再利用分词、聚类、情感分析等方式了解消费者的消费行为、价值取向和新的消费需求，就可以快速推进产品升级和创新。

二、大数据在金融行业的应用

金融行业每天都在产生海量的数据。大数据的挖掘与分析在证券、保险、银行等行业的应用非常广泛，主要表现在以下几个方面。

1. 提升决策效率

金融行业的用户群体巨大，每天都会产生大量的交易数据、用户行为数据、经济发展数据、市场变化数据等，这些都会对市场的走向、行业未来的发展产生一定的影响。金融机构高层管理人员对大数据进行分析和挖掘，建立基于大数据的决策分析模型，从动态的信息中捕捉有价值的信息，可以有效提升决策效率，更加精准地应对市场的快速变化。

2. 强化数据资产管理能力

金融机构内部有大量的与金融交易相关的结构化数据，对这些数据进行挖掘和分析可以获取很多有价值的信息。而金融市场每天由大量用户参与所产生的非结构化数据也非常多，对这些数据进行采集、整理、存储，同样可以帮助金融机构完善大数据资产，从更加全面、客观的角度分析客户，发现市场潜在的风险及金融行业未来的走向等。

3. 实现精准化营销服务

在互联网金融模式的冲击下，整个金融业的运作模式面临重构，行业竞争激烈，各机构对精细化运营和产品创新的需求日益迫切。大数据分析可以帮助金融机构更好地识别客户需求，打造良好的客户体验，提升综合竞争力。

4. 增强风控管理能力

大数据技术可以帮助金融机构将与客户有关的数据信息进行全量汇聚分析，识别可疑信息和违规操作，强化对风险的预判和防控，在使用更少风控人员的条件下，实现更加高效可靠的风控管理。

三、大数据分析在交通运输行业的应用

我国人口众多，每天有大量的人员流动，给交通运输带来巨大的压力，尤其是在"春运"和"十一"黄金周期间，大量人员的交通出行，使得交通行业经常处于高负荷运转状态。交通运输管理部门对交通行业大数据进行采集和分析，可制订出更加有效的措施，增加运力和改善交通出行状况。

1. 高铁：调整运力、路线

当前我国已经建立了全球最大的高铁运输网络，但"春运"和各个节假日期间的运力需求与平时有较大差异。对客运大数据进行采集和分析，铁路运输部门可以准确预测不同时期的客运流量，从而调整运力和路线，更加充分地利用高铁资源，以发挥最优价值。

2. 航空：优化航班、频次

航空出行与经济发展动向、季节性运输密切相关。借助航空大数据分析，航空公司可以充分挖掘不同国家、不同季节的旅游热度和商务往来热度，从而优化航班路线，调整航班频次，以期获得更大的商业价值。

3. 智慧城市交通管控

每天上、下班期间大量汽车拥堵，已经成为许多城市的交通弊病。借助交通大数据分析，交通管理部门可以优化道路设施，调整导流路线，智能化调控交通信号灯，缓解交通压力。近年来，北京、杭州等城市率先利用大数据技术和人工智能技术构建智慧城市"大脑"，使得交通大数据发挥了更大的价值。

4. 公共安全保障

交通管理部门对交通大数据进行实时监控和分析，可以发现频繁违规的车辆，并对这些车辆及时监控，及早消除安全隐患，避免安全事故发生；还可以实时跟踪违规、涉事车辆的行进路径，提前布控，消除各种危害公共安全的因素。由此可以看出，从交通大数据中获取的各种信息，不但可以用于交通管理，还可以为保障公共安全提供服务。

四、大数据分析在财务领域的应用

大数据分析在财务领域的应用可以从狭义和广义两个角度来分析。

1. 狭义的应用价值

从狭义上讲，财务领域的大数据分析重点是对与财务相关的数据进行分析，挖掘其中的价值，从而发现企业的财务风险，提升财务管理的效率。比较典型的应用场景是财务共享中心的大数据分析。由于财务共享中心汇聚了集团企业完整的财务数据，以及大量非结构化数据，如各类合同、各种发票等，采集这些非结构化数据，将其转化成结构化数据，并与财务数据进行对比分析，可以发现企业的各种合同或费用报销中是否存在违反财务政策规定的情况，如发票是否作假、合同是否有过度承诺条款、住宿费用是否超标、部门预算是否超标、是否未经总经理审批直接提请支付大额款项等。利用大数据分析技术，财务人员可以尽量减少企业的财务漏洞和风险，并帮助改善企业的财务管理流程和体系。

2. 广义的应用价值

从广义上来讲，企业的业务与财务正逐渐走向融合，业财一体化是未来的发展趋势，因此财务大数据分析更重要的是通过采集企业内部的经营数据，以及外部的行业市场数据、同业竞争数据等，对企业经营管理过程进行分析，从财务的视角去发现企业在经营管理过程中是否存在问题，是否需要优化，如何才能提升效率等。如财务部门对营销数据进行分析，可以发现企业在产品研发、客户经营、市场开拓等方面存在的问题，以及对企业财务状况所产生的影响，帮助企业高层管理人员找到更有效的经营管理和改善措施。本书所涉及的内容正是广义的财务大数据分析的范畴。

另外，大数据审计、大数据风控等也属于广义的财务大数据分析的范畴，需要采集大量的财务类、业务类数据，以及外部数据，从经营合规、风险防范的视角去帮助企业提升管理水平。

📖 **拓展阅读：大数据之道**

大数据是企业的经营之道。通过大数据分析，企业可以优化资源配置，例如通过销售渠道分析可以将更多资源分配给更有效的销售渠道，从而提升收入、降低成本；大数据分析可以帮助企业增强核心竞争力，例如通过与同行业的对比找到自身的优势并做大做强，从而形成核心竞争力；大数据分析可以帮助企业应对风险，例如通过经营预警分析，帮助企业及时发现和防范风险。

大数据是民生之道。大数据已渗透到老百姓衣食住行的方方面面，在保障和改善民生方面也起到了很大作用。"让数据多运动，让百姓少跑路"，原来需要现场办理的业务大部分开通了在线办理服务，数字技术也增强了透明化，减少了社会不公。当然，大数据在民生中应始终恪守以民为本，也包括不能为了实现数字化，而强行全面推进数字设备。例如，在推行健康码出行、线上挂号、非现金支付等流程中，仍然为不会使用智能手机的老年人等保留了传统通道，克服"数字鸿沟"。

巩固与练习

（1）查阅相关资料，总结大数据分析技术在医疗行业的应用案例和场景，制作 PPT，并进行汇报。

（2）查阅相关资料，总结大数据分析技术在教育行业的应用案例和场景，制作 PPT，并进行汇报。

任务二　了解大数据决策分析的方法

任务描述

掌握大数据决策分析的方法，可以帮助我们追溯过去，看清现在发生的状况，以及洞察未来可能出现的问题。那么，大数据决策分析的方法主要有哪些？

任务要求

了解大数据决策分析的目的和方法，对常用方法有基本的认识。

任务实现

一、大数据决策分析的目的

大数据决策分析的目的是对过去发生的现象进行评估和分析，寻找事物存在的证据，并在这个基础上对未来事物的发生和发展做出结论，形成能够指导未来行为的知识或者依据。

1. 追溯

通过大数据决策分析，我们可以追溯历史，了解企业过去到底发生了什么，从中发现问题，寻找解决问题的办法，并且明确责任。

2. 监控

企业进行大数据处理和分析，可以形成一定的过程控制指标和管理指标，最终形成绩效评价指标。这些指标可以让企业的各层管理人员随时查阅相关任务的执行情况，从而能够在第一时间就发现可能出现的问题，并采取相应的措施。

3. 洞察

大数据分析的终极目的是预测未来事物如何发展变化。如果我们对商业社会现象收集有足够多的数据，通过数据挖掘，找到事物的发展规律，则必然能够对商业社会近期和中期的发展趋势做出一定的判断。

在大数据时代，越来越多的数据集可以让企业有更多的资源获取商业洞察。

二、大数据决策分析的方法

大数据决策分析有很多方法，如辅助线法、找差异找变化法、找奇异点和特殊群体法、找转折点和拐点法、找特征法、找问题法、找源头法、找关系法、找驱动法、找规律法。每个方法都有其特定的应用场景,下面分别简要介绍。

1. 辅助线法

对图形添加辅助线,可以帮助我们更快地发现规律。如观察线性拟合中的直线,可以帮助我们发现数据之间的线性关联关系。

2. 找差异找变化法

对企业的经营数据进行横向行业的对比、纵向时间的对比,可以从中找出变化,从而发现企业经营中存在的问题,提出改进措施。

3. 找奇异点和特殊群体法

奇异点往往代表了一些特殊的现象,或者特殊群体的需求。因此,分析奇异点,可以帮助企业在特殊群体中找到针对性的产品需求,制订差异化的竞争策略,有利于产品和市场的精耕细作。

4. 找转折点和拐点法

事物的发展都有其惯性,而转折点和拐点突破了事物常规发展的惯性,完全转向另外一个方向,这需要有强大的力量来扭转。分析这个拐点和转折点,能让我们认识这个强大力量的真实实力,从而发现企业运行转变的时间点和驱动力。

5. 找特征法

任何事物都有其自身的特征。如果我们能够对事物的数据特征有清晰的认知,就很容易从数据的表现形态上看到事物是怎么发生和发展的。

6. 找问题法

围绕时间、地点、人物、原因、方式方法等要素进行提问,可以帮助数据分析人员把握问题的关键,找到问题的根源。在执行的过程中,数据分析人员要有钻研的精神,不要放过任何一个细微的变化与差别,对所有问题都要有追根到底的精神。

7. 找源头法

在分析数据时,挖掘问题的源头,认识事物的本质,可以帮助我们提出有效的改进措施。

8. 找关系法

找关系的本质就是进行相关性分析。结合大数据挖掘中的线性回归、逻辑回归等方法,可以帮助我们找到数据之间的关联关系。但在分析时,也应结合常识,避免陷入唯数据论的境地。

9. 找驱动法

数据无法直接告诉我们事物变化背后的驱动要素是什么,只能告诉我们各种指标之间的变化关系。发现驱动关系,可以帮助我们提出更加有效的经营管理策略。

10. 找规律法

找规律是数据分析与数据挖掘最基本的目标。数据分析的根本目的是指导企业未来的经营实践。数据分析能够帮助我们找到事物发展的规律,让我们能够对未来做出更加准确的预测,更好地把控未来的发展方向。

> 📖 **拓展阅读：大数据的破茧化蝶**
>
> 　　大数据的挖掘就如春蚕破茧的过程。大数据挖掘极大扩展了数据分析的范围，从简单的数学计算到无监督学习的聚类运算，可以处理的数据量大大超出了传统的数据分析。大数据挖掘不仅可以基于历史数据进行描述性的分析，找到隐含的规律；还可以根据发现的规律进行预测性分析。大数据挖掘分析所能产生的价值非传统的数据分析可以比拟，通过挖掘算法找到价值点便结束了结蛹之路，可以破茧而出。
>
> 　　而大数据的可视化则是化蝶的过程。进入 21 世纪后，人们对于数据的需求不是简单获取更多的数据，而是更少的数据和更好地理解数据。良好的数据展现形式是以较少的数据有效传达数据背后的知识和思想，让人直观地感受到数据想强调的重点，并且符合人类的美感，如振动翅膀的彩蝶，让人印象深刻。
>
> 　　学会了知识，知道把这些知识用在哪里以及如何用才是关键。我们每个人都是国家的一员，国家命运与个人前途休戚相关，国家的数字战略也将影响到我们每一个人。因此，我们应充分利用数据采集、清洗、分析、可视化呈现等大数据技术，才能更好地实现对企业的监管和行业运行的分析。

🖥 巩固与练习

　　（1）查阅相关资料，结合一个案例，说明辅助线法帮助决策分析的作用和价值。

　　（2）查阅相关资料，结合一个案例，说明找奇异点和特殊群体法的作用和价值。

　　（3）查阅相关资料，结合一个案例，说明找特征法的作用和价值。

项目二
初识 SQL 和 Python

　　SQL 数据库处理语言是大数据处理技术中非常重要的工具之一。Python 在数据采集、处理、挖掘、可视化图形处理方面的应用非常广泛。本项目重点介绍这两种编程语言的基础知识，并提供详细的案例任务，便于读者学以致用。

学习目标

1. 掌握 SQL 的基本语法
2. 掌握 Python 的基本语法
3. 掌握 SQL 在 Python 中的应用方法
4. 掌握 SQL 在轻分析中的应用方法
5. 掌握利用 Python 进行数据采集的方法
6. 掌握利用 Python 进行数据处理的方法
7. 掌握利用 Python 进行数据可视化的方法

职业素养点拨

大鹏之动，非一羽之轻

　　汉代思想家王符说："大鹏之动，非一羽之轻也；骐骥之速，非一足之力也。"这句话的意思是说，大鹏冲天飞翔，不是靠一根羽毛的轻盈；骏马急速奔跑，不是靠一只脚的力量。万丈高楼平地起，基础的重要性不言而喻。在大数据分析中，SQL 和 Python 的基础知识非常重要。如果参数设置错误或者遗漏，就会导致后续相关联的数据业务无法正常处理，给数据分析工作带来不便或隐患。

任务一　SQL 入门及应用

子任务一　了解 SQL 在 Python 中的应用

任务描述

　　关系型数据库是当前主流的数据库系统。SQL 语言是关系型数据库系统的一种高级语言，它集数据操作、定义和控制功能于一体，具有很强的通用性。Python 与 SQL 语言结合能够快速处理数据库中的大量数据，并将数据实时展示在 Jupyter Notebook 中。

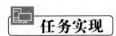 **任务要求**

本任务主要利用金蝶大数据处理平台中的 Python 编写和运行功能完成，也可以安装 Anaconda Navigator 程序，并在其图形界面中启用 Jupyter Notebook 应用完成。本任务中的代码均以在 Jupyter Notebook 中运行为例。请在 Jupyter Notebook 中运用 SQL 语言对数据表"销售订制单（云南）"按门店进行销售额的汇总统计，并显示出来。

任务实现

一、安装 Anaconda Navigator

Anaconda Navigator 是 Anaconda 发行版中包含的桌面图形用户界面（Graphical User Interface，GUI），可以方便地启动应用，管理 conda 包、环境和频道，而不需要使用命令行的命令。Anaconda Navigator 的安装方法如下。

（1）确认本机操作系统是 32 位还是 64 位，然后在 Anaconda 官方网站选择对应的版本下载安装程序。

（2）双击 Anaconda 安装文件，在打开的对话框中单击"Next"按钮，然后单击"I Agree"按钮同意用户协议，并勾选"Just me"进入选择安装路径界面。

（3）选择适当的安装路径（注意：路径中不要有中文字符和空格），单击"Next"按钮，进入图 2-1 所示的界面。勾选"Add Anaconda3 to my PATH environment variable"和"Register Anaconda3 as my default Python 3.8"选项，这两个选项分别表示"将 Anaconda 添加到环境变量中"和"将 Anaconda 安装的 Python 3.8 当作默认的 Python 版本"，然后单击"Install"按钮开始安装 Anaconda Navigator。

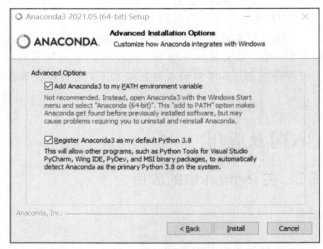

图 2-1　Anaconda 高级安装选项设置界面

（4）继续单击"Next"按钮，然后单击"Finish"按钮即完成 Anaconda Navigator 的安装。

（5）按"Win+R"键，在"命令提示符"窗口输入"conda --version"和"conda info"可检验 Anaconda 是否安装成功，如图 2-2 所示。注意观察系统是否报错。

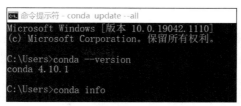

图 2-2　检验是否安装成功

（6）初次安装的包通常版本比较陈旧，为了避免之后使用报错，用户可输入"conda update – all"命令更新所有的包。在更新过程中，若系统提示"是否更新"，用户输入"y"（Yes）即可。

（7）运行 Anaconda Navigator，若能进入图 2-3 所示的界面，则表示安装成功。单击 Jupyter Notebook 下的"Launch"按钮可打开该应用。

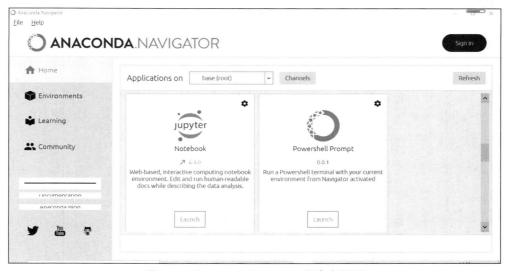

图 2-3　Anaconda Navigator 程序主界面

二、SQL 在 Python 中的应用

SQL 不能单独使用，必须要有相应的处理和运行环境。因此，本小节重点讲解 SQL 如何与 Python 环境结合，Python 如何调用 SQL 语句对数据进行处理，帮助读者掌握 SQL 的基本应用思路。

打开 Jupyter Notebook 后，建立文件夹和文件（具体方法可参考本项目任务二创建 Notebook 的相关内容），在其中输入下面的语句。

1. 导入模块及连接数据库

```python
import pymysql
import pandas as pd
    # 此处的参数根据服务器的具体设置来修改，可询问授课老师
conn=pymysql.connect(user='用户名',
        password='密码',
        port=端口,
        host='服务器 IP 地址',
        db='数据库名称',
        charset='utf8')
```

2．编写 SQL 查询语句

```
sql_py='SELECT date_format('下单时间', "%Y-%m-%d") AS 日期,'门店',SUM('实收金额') AS
实际销售额 FROM '销售订制单(云南)' GROUP BY date_format('下单时间', "%Y-%m-%d"),'门店''
```

3．执行查询语句

```
data=pd.read_sql(sql_py,conn)
```

4．计算字典长度

```
data_len=len(data)
```

5．显示结果

```
data.head(data_len)
```

执行代码，运行结果如图 2-4 所示。

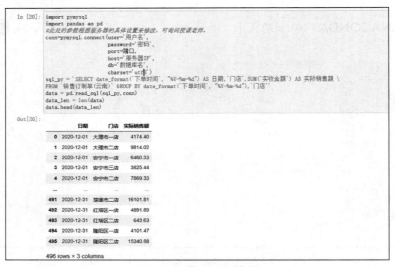

图 2-4　代码运行结果

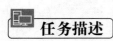 巩固与练习

（1）按日期和商品类型汇总统计"销售订制单（云南）"的实际销售额。

（2）按日期和商品名称汇总统计"销售订制单（云南）"的实际销售额，并显示前 10 行。

（3）按日期和商品类型汇总统计"销售订制单（云南）"的实际销售额及订单数量。

（4）按月份和商品名称汇总统计"销售订制单（云南）"的实际销售额、订单数量及退款额，并显示前 20 行。

子任务二　了解 SQL 在轻分析中的应用

任务描述

SQL 语言作为一种访问和操作数据库的计算机语言，可以协同数据库程序一起工作。在数据库的应用过程中，查询工作是不可避免的，这是数据库应用中很重要的一个方面。

任务要求

在金蝶大数据处理平台的"轻分析"模块中运用 SQL 语言对数据表"销售订制单（云南）"按日期和门店进行销售额的汇总统计，并显示出来。

任务实现

一、进入"轻分析"操作界面

（1）打开金蝶云星空网页端登录界面，如图 2-5 所示。选择"金蝶云星空账号"，然后选择"大数据课程"，输入用户名和密码（由授课老师分配给每个学生），并单击"登录"按钮。

图 2-5　金蝶云星空网页端登录界面

（2）如图 2-6 所示，执行"经营分析"—"轻分析"—"分析平台"—"轻分析"命令，进入"轻分析"界面。

图 2-6　进入"轻分析"界面的操作命令

（3）在"轻分析"界面，单击 ⊞ 按钮新建分类，命名为"SQL 在轻分析中的应用"。在建好的分类中，新建业务主题，命名为"SQL 在轻分析中的应用"，如图 2-7 所示。

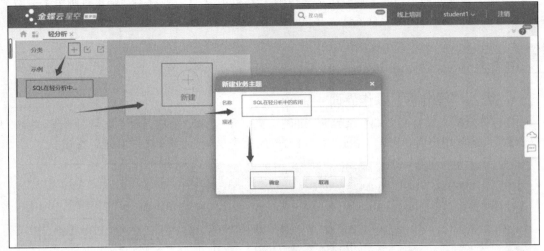

图 2-7　新建业务主题

二、数据建模及 SQL 语句编写

（1）如图 2-8 所示，单击"数据建模"按钮 ⊟，进入"数据建模"界面。单击"新建数据表"按钮，选择"MySQL"数据库，单击"下一步"按钮。

（2）在打开的"新建数据表-连接数据库服务器"对话框中，在左侧输入服务器 IP 地址（本例中是 192.168.94.181）、用户名、密码（这里是指 MySQL 数据库的用户名和密码，可根据实际情况填写），单击"连接"按钮；在右侧选择相应的

图 2-8　"数据建模"按钮

数据库（本例中是 test_half），类型选择"自定义 SQL"，单击"下一步"按钮，如图 2-9 所示。

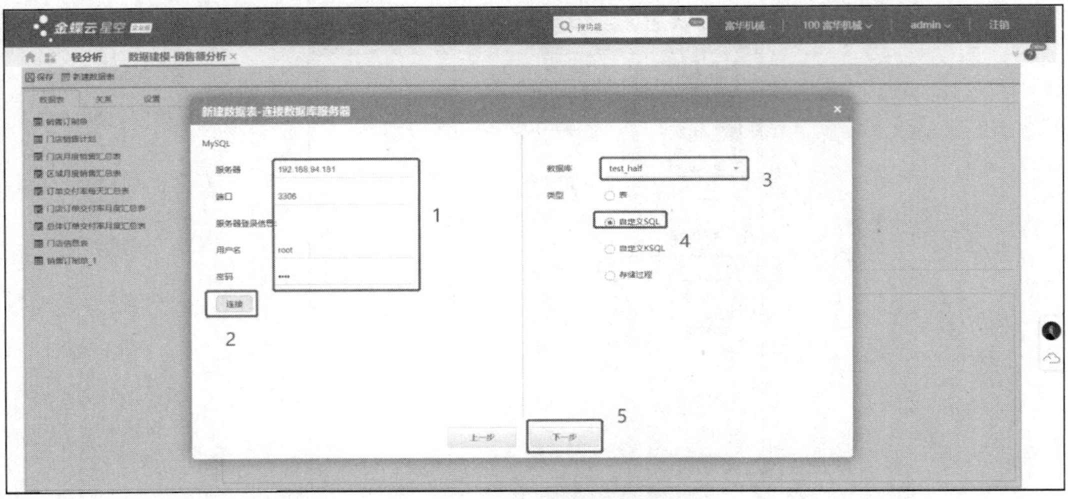

图 2-9　连接数据库服务器

（3）在编辑 SQL 界面，输入名称"门店每日实际销售额汇总表"及以下 SQL 语句，单击"完成"按钮，系统会自动运行并显示结果，如图 2-10 所示。返回上一界面，完成"门店每日实际销售额汇总表"的创建，单击左上角的"保存"按钮。

SQL 语句

```
SELECT DATE_FORMAT(下单时间,'%Y-%m-%d') AS 日期,门店,SUM(实收金额) AS 实际销售额
FROM '销售订制单（云南）' GROUP BY DATE_FORMAT(下单时间,'%Y-%m-%d'),门店
```

图 2-10　显示数据表

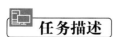

巩固与练习

（1）按日期和商品类型汇总统计"销售订制单（云南）"的实际销售额。

（2）按日期和商品名称汇总统计"销售订制单（云南）"的实际销售额，并只显示蛋糕类商品。

（3）按日期和门店汇总统计"销售订制单（云南）"的实际销售额及订单数量。

（4）按月份和商品名称汇总统计"销售订制单（云南）"的实际销售额、订单数量及退款额。

任务二　Python 入门及应用

子任务一　Python 数据采集

任务描述

网络上的数据量越来越大，人们单靠浏览网页获取信息越来越困难。如何有效地提取并利用信息成为大众面临的一个巨大挑战。爬虫是互联网时代用于获取主题内容的主流工具之一。人们使用爬虫技术，可以从不同的站点获取预先设置好的主题内容。

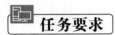

任务要求

掌握 Python 基本的数据采集流程，并能够利用 Python 从特定网站采集不同行业的数据。

任务实现

一、源数据路径获取

（1）打开谷歌浏览器，访问新浪财经网站。在左下侧"投资助手"导航栏中打开"股票基金"下的"板块行情"链接，进入"财经首页"界面，选择"电子信息"行，如图 2-11 所示。

板块	公司家数	平均价格	涨跌额	涨跌幅	总成交量(手)	总成交额(万元)	领涨股	涨跌幅	当前价	涨跌额
次新股	50	63.71	3.66	6.10%	7795943.69	2369214.10	N天智 (sh688277)	614.29%	86.00	73.96
酿酒行业	33	95.97	3.93	4.27%	7218504.54	3847629.64	金种子酒 (sh600199)	8.29%	8.10	0.62
生物制药	155	21.75	0.59	2.78%	47742231.35	8214236.56	科华生物 (sz002022)	10.02%	21.08	1.92
印刷包装	20	6.59	0.17	2.69%	13727643.52	1230349.28	省广集团 (sz002400)	10.04%	12.60	1.15
服装鞋类	49	8.77	0.21	2.51%	23047599.61	1679753.28	老凤祥 (sh600612)	10.01%	54.96	5.00
塑料制品	33	9.24	0.22	2.47%	13315725.76	889963.86	青龙管业 (sz002457)	10.03%	10.09	0.92
汽车制造	103	13.09	0.31	2.39%	31853777.52	3787142.38	北特科技 (sh603009)	10.08%	6.88	0.63
飞机制造	14	19.24	0.42	2.21%	6026506.22	1105603.56	洪都航空 (sh600316)	9.26%	19.35	1.64
商业百货	93	12.79	0.27	2.16%	34825451.42	3592984.15	茂业商业 (sh600828)	10.11%	5.01	0.46
医疗器械	31	26.39	0.54	2.07%	8594377.26	1729422.19	理邦仪器 (sz300206)	10.01%	22.43	2.04
化工行业	150	11.25	0.21	1.87%	42278596.01	4298743.13	新疆天业 (sh600075)	10.06%	7.11	0.65
仪器仪表	48	13.64	0.25	1.85%	13584047.35	2212634.09	智云股份 (sz300097)	10.02%	18.01	1.64
其它行业	202	8.85	0.16	1.83%	15433843.41	2173254.99	百联B股 (sh900923)	10.04%	1.01	0.09
电子器件	152	17.29	0.30	1.75%	103315688.39	14389480.93	华灿光电 (sz300323)	10.06%	7.00	0.64
家具行业	16	12.55	0.21	1.74%	4001886.16	418700.85	威华股份 (sz002240)	9.98%	14.76	1.34
电子信息	247	16.89	0.29	1.73%	125158317.38	19309652.67	大智慧 (sh601519)	10.05%	11.83	1.08
玻璃行业	19	14.04	0.22	1.56%	7188166.31	692494.92	金晶科技 (sh600586)	5.92%	3.76	0.21
电器行业	58	10.82	0.16	1.46%	13697527.52	1171949.82	英威腾 (sz002334)	10.00%	5.72	0.52

图 2-11　新浪财经首页

（2）在打开的电子信息行业个股信息汇总界面中单击鼠标右键，从弹出的快捷菜单中选择"检查"命令，打开"DevTools"（开发者工具）窗口。单击窗口上方的"Network"按钮，如图 2-12 所示。

图 2-12　"DevTools"窗口

（3）返回个股信息汇总界面，切换至第 2 页，如图 2-13 所示。

图 2-13 切换至第 2 页

（4）返回"DevTools"窗口，选中以"Market_Center"开头的网络请求，如图 2-14 所示。

图 2-14 选择以"Market_Center"开头的网络请求

（5）找到网络请求路径"Request URL"。在该路径中，"？"前为请求响应路径，"？"后为请求响应参数，如图 2-15 所示。

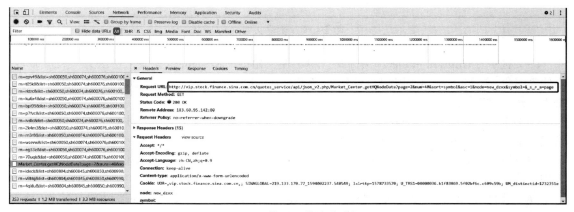

图 2-15 找到网络请求路径

二、创建 Notebook

（1）打开 Anaconda Navigator 程序，单击 Jupyter Notebook 下的"Launch"按钮，如图 2-16 所示。

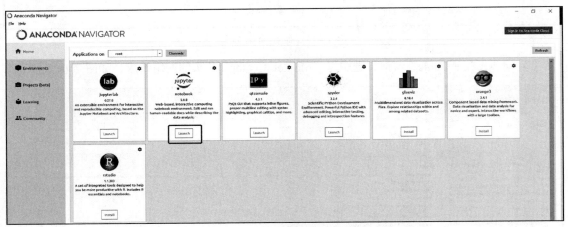

图 2-16　Anaconda Navigator 程序主界面

（2）在 Jupyter 主页，单击右侧的"New"下拉列表，从中选择"Folder"选项，新建一个文件夹，如图 2-17 所示。

图 2-17　新建文件夹

（3）选中"Untitled Folder"文件夹，单击左上角的"Rename"按钮，将该文件夹重命名。本任务中命名的格式为"学生学号+姓名"，因此，在弹出的对话框中输入"2020052537 张三"（此处为示例），如图 2-18 所示。

（4）选中新命名的"2020052537 张三"文件夹，从右侧的"New"下拉列表中选择"Python 3"选项，新建一个 Notebook，如图 2-19 所示。

（5）执行"File"—"Rename"命令，如图 2-20 所示，将 Notebook 重命名为"Python 入门"。

（6）返回已经建好的文件夹，从右侧的"New"下拉列表中选择"Folder"选项，新建一个文件夹，将其重命名为"财务报表"。

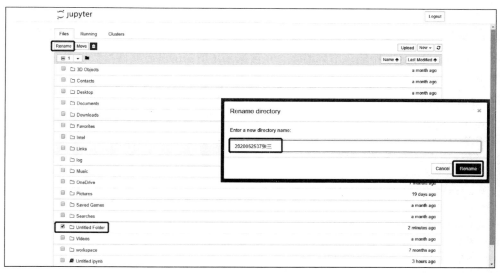

图 2-18　重命名文件夹

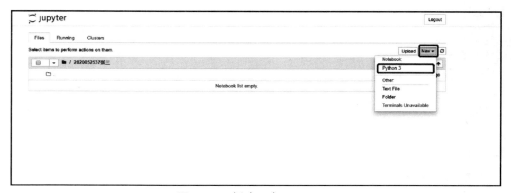

图 2-19　新建一个 Notebook

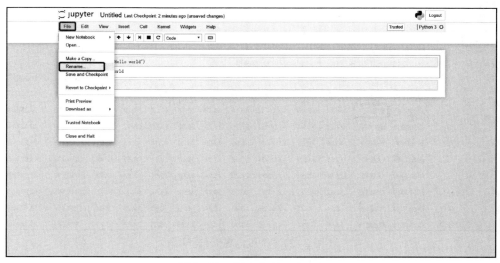

图 2-20　重命名 Notebook

三、基础属性设置

在 Jupyter Notebook 中输入下列语句，将数据采集所需的基础属性参数设置好，便于后续采集时调用。

1. 导入扩展库

```
import requests
import json
```

2. 解析请求路径和参数

```
url='http://vip.stock.finance.sina.com.cn/quotes_service/api/json_v2.php/
Market_Center.getHQNodeData'
page='1' # 页数
num='500' # 获取 500 条数据（保证一次获取完）
sort='symbol'
asc='1' # 按升序排列
node='new_dzxx' # 电子信息

params={
  'page': page,
  'num': num,
  'sort': sort,
  'asc': asc,
  'node': node
}
response=requests.get(url=url, params=params) # 爬虫返回的内容
```

四、下载三大报表

1. 获取三大报表下载路径

（1）返回个股信息汇总界面，如图 2-21 所示。单击“宝信软件”链接，可查看该上市公司发布的公告、财务数据、重大事项等信息。

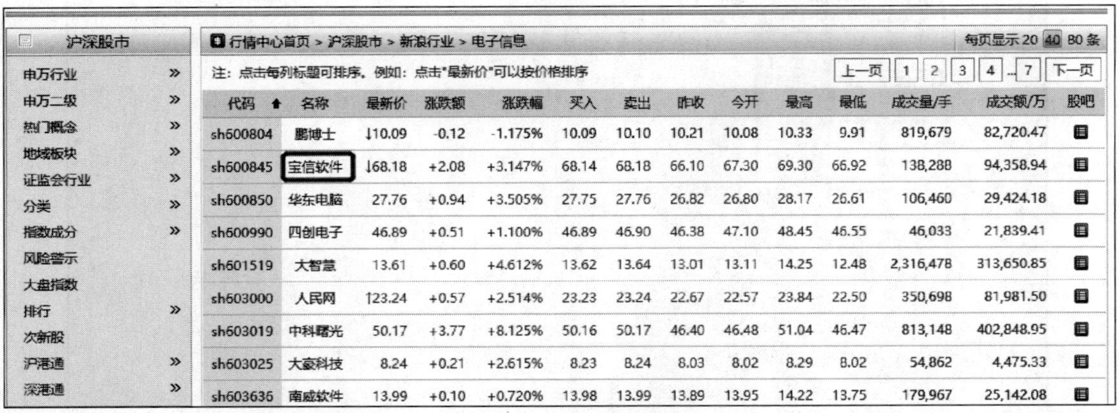

代码	名称	最新价	涨跌额	涨跌幅	买入	卖出	昨收	今开	最高	最低	成交量/手	成交额/万	股吧
sh600804	鹏博士	↓10.09	-0.12	-1.175%	10.09	10.10	10.21	10.08	10.33	9.91	819,679	82,720.47	
sh600845	宝信软件	↓68.18	+2.08	+3.147%	68.14	68.18	66.10	67.30	69.30	66.92	138,288	94,358.94	
sh600850	华东电脑	27.76	+0.94	+3.505%	27.75	27.76	26.82	26.80	28.17	26.61	106,460	29,424.18	
sh600990	四创电子	46.89	+0.51	+1.100%	46.89	46.90	46.38	47.10	48.45	46.55	46,033	21,839.41	
sh601519	大智慧	13.61	+0.60	+4.612%	13.62	13.64	13.01	13.11	14.25	12.48	2,316,478	313,650.85	
sh603000	人民网	↑23.24	+0.57	+2.514%	23.23	23.24	22.67	22.57	23.84	22.50	350,698	81,981.50	
sh603019	中科曙光	50.17	+3.77	+8.125%	50.16	50.17	46.40	46.48	51.04	46.47	813,148	402,848.95	
sh603025	大豪科技	8.24	+0.21	+2.615%	8.23	8.24	8.03	8.02	8.29	8.02	54,862	4,475.33	
sh603636	南威软件	13.99	+0.10	+0.720%	13.98	13.99	13.89	13.95	14.22	13.75	179,967	25,142.08	

图 2-21　个股信息汇总界面

（2）选择左侧"财务数据"下的"资产负债表"链接，如图 2-22 所示，可以看到宝信软件的资产负债表。

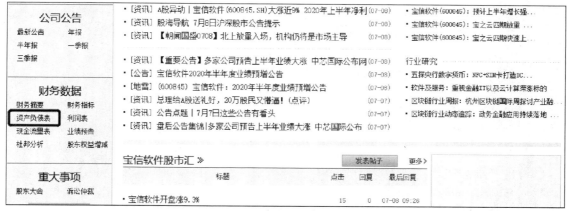

图 2-22　查看宝信软件的资产负债表

（3）将资产负债表页面下拉至底部，用鼠标右键单击"下载全部历史数据到 Excel 中"链接，从弹出的快捷菜单中选择"复制链接地址"选项，如图 2-23 所示。

所有者权益					
实收资本（或股本）	114,037.03	114,037.03	114,050.03	114,050.03	87,730.79
资本公积	258,939.48	258,598.09	268,723.79	268,994.24	294,632.73
减：库存股	4,339.98	6,517.13	6,603.13	6,603.13	6,603.13
其他综合收益	242.33	154.59	245.52	135.78	-34.26
专项储备	155.11	155.11	155.11	14.06	14.06
盈余公积	44,406.31	51,620.54	32,835.18	32,835.18	32,835.18
一般风险准备	—	—	—	—	—
未分配利润	在新标签页中打开链接(T)	8,411.72	269,767.08	250,405.81	263,475.42
归属于母公司股	在新窗口中打开链接(W)	6,459.95	879,173.57	659,831.96	672,050.79
少数股东权益	在隐身窗口中打开链接(G)	0,449.12	21,168.08	15,401.61	15,430.42
所有者权益（或	链接另存为(K)...	6,909.07	700,341.65	675,233.57	687,481.20
负债和所有者权益)总计	复制链接地址(E)	6,767.75	1,073,924.00	980,486.43	962,415.03
下载全部历史数据到	检查(N)　　　　　Ctrl+Shift+I				↑返回页顶

图 2-23　复制链接地址

（4）重复以上步骤，分别获取利润表和现金流量表的下载路径。

2. 利用循环语句下载利润表、资产负债表、现金流量表

```
if response.status_code == 200:  # HTTP 请求的返回状态，200 表示连接成功，404 表示失败
    company_list=json.loads(response.text.encode('utf-8').decode("unicode_escape"))
    # json.loads 将已编码的 JSON 字符串解码为 Python 对象

    # 利润表 url
    profit_statement_url='http://money.finance.sina.com.cn/corp/go.php/vDOWN_
ProfitStatement/displaytype/4/stockid/{COMPANY_SYMBOL}/ctrl/all.phtml'
```

```
    # 资产负债表 url
    balance_sheet_url='http://money.finance.sina.com.cn/corp/go.php/vDOWN_
BalanceSheet/displaytype/4/stockid/{COMPANY_SYMBOL}/ctrl/all.phtml'
    # 现金流量表 url
    cash_flow_url='http://money.finance.sina.com.cn/corp/go.php/vDOWN_CashFlow/
displaytype/4/stockid/{COMPANY_SYMBOL}/ctrl/all.phtml'
    for company in company_list:
        symbol=company['symbol']        # 公司代码
        code=company['code']            # 公司数字代码
        name=company['name']            # 公司名
        name=name.replace('*', '')      # 去除*号
        print(symbol, code, name)

        # 利润表
        print('正在下载利润表')
        response=requests.get(url=profit_statement_url.replace('{COMPANY_
SYMBOL}', code))
        if response.status_code == 200:
            with open('财务报表/'+name+'-利润表.xls',"wb") as f:
                f.write(response.content)

        # 资产负债表
        print('正在下载资产负债表')
        response=requests.get(url=balance_sheet_url.replace('{COMPANY_SYMBOL}',
symbol[-6:]))
        if response.status_code == 200:
            with open('财务报表/'+name+'-资产负债表.xls',"wb") as f:
                f.write(response.content)

        # 现金流量表
        print('正在下载现金流量表')
        response=requests.get(url=cash_flow_url.replace('{COMPANY_SYMBOL}',
symbol[-6:]))
        if response.status_code == 200:
            with open('财务报表/'+name+'-现金流量表.xls',"wb") as f:
                f.write(response.content)

    print('下载完成!!!')
```

巩固与练习

从新浪财经网站任选一家煤炭企业，采集其利润表、资产负债表和现金流量表的数据。

子任务二　Python 数据处理

任务描述

基于 Python 语言对采集的数据进行处理是一个非常重要的环节。数据处理不是简单地

整理和罗列数据，需要数据分析人员利用函数及 SQL 语言从获取的数据中筛选出有价值的数据。

我们获取的原始数据通常会存在诸多问题，比如数据残缺、数据重复、数据无效等。在数据处理过程中，我们需要对这些影响分析的数据加以处理，才能获得更加精确的分析结果。

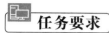 **任务要求**

掌握数据处理的基本思路和方法，并对子任务一中爬取的部分电子信息类企业的利润表、资产负债表和现金流量表进行处理。

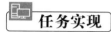 **任务实现**

一、导入扩展库及模块

```python
import pandas as pd
import os
```

二、Excel 数据清洗

```python
from datetime import datetime
df_profit_statement=[]               # 利润表
df_balance_sheet=[]                   # 资产负债表
df_cash_flow=[]                       # 现金流量表
# 获取数据文件
company_files=list(filter(lambda f_name: f_name.endswith('.xls'), os.listdir
('财务报表')))
for cf in company_files:
    print('正在处理：'+cf)
    # 公司名称
    company_name=cf.split('-')[0]
    df=pd.read_csv('财务报表/'+cf, sep="\t", index_col=0, encoding="GBK",
engine='Python')
    # 数据清洗
    df=df.drop(['19700101'], axis=1).dropna(axis=1, how='all').drop(df.columns
[df.columns.str.contains('\.')], axis=1)
    # 转置
    df=df.T
    # 数据整理
    df['公司名称']=[company_name for _ in range(df.shape[0])]
    df['报表日期']=[datetime.strftime(datetime.strptime(i, '%Y%m%d'),
'%Y-%m-%d') for i in df.index]
    # 保存到本地
    # df.to_Excel('财务报表/T_'+cf)
    # 保存处理后的 DataFrame
    if cf.endswith('利润表.xls'):
        # 利润表
        df_profit_statement.append(df)
```

```
if cf.endswith('资产负债表.xls'):
    # 资产负债表
    df_balance_sheet.append(df)
if cf.endswith('现金流量表.xls'):
    # 现金流量表
    df_cash_flow.append(df)
```

三、将 Excel 数据导入 MySQL 数据库中

1. 连接 MySQL 数据库

```
from sqlalchemy import create_engine
# 下面代码中 "root" 为用户名，"mysql" 为数据库密码
engine=create_engine("mysql+pymysql://root:mysql@localhost/report_data",
encoding='utf8')
```

2. 创建新的数据库

（1）从 Navicat Premium 官方网站下载并安装 Navicat Premium 程序。

（2）进入 Navicat Premium 程序的初始界面，单击左上角的"连接"按钮，选择"MySQL"，打开"MySQL-新建连接"窗口。输入连接名"localhost"，并输入用户名和密码，单击"确定"按钮，如图 2-24 所示。

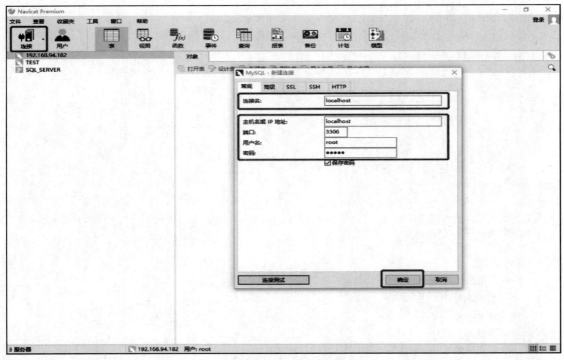

图 2-24　连接 MySQL

（3）选中左侧的连接名"localhost"，单击鼠标右键，从弹出的快捷菜单中选择"新建数据库"选项。在弹出的"新建数据库"对话框中，输入数据库名"report_data"，字符集输入"utf8 -- UTF-8 Unicode"，单击"确定"按钮，如图 2-25 所示。

图 2-25　新建数据库

3. 导入 MySQL 数据库

```
# 利润表导入数据库
df_profit_statement[0]
for df in df_profit_statement:
  df.to_sql('t_profit_statement',con=engine, if_exists='append', index=False)
# 资产负债表导入数据库
df_balance_sheet[0]
for df in df_balance_sheet:
  df.to_sql('t_balance_sheet',con=engine, if_exists='append', index=False)
# 现金流量表导入数据库
df_cash_flow[0]
for df in df_cash_flow:
  df.to_sql('t_cash_flow',con=engine, if_exists='append', index=False)
```

巩固与练习

对子任务一"巩固与练习"中采集到的利润表、资产负债表、现金流量表进行数据处理。

子任务三　Python 数据可视化

任务描述

数据可视化可以增强数据的呈现效果，方便用户以更加直观的方式观察数据，进而发现数据中隐藏的信息，在短时间内理解数据背后的规律与价值。

Matplotlib 是 Python 中常用的可视化库，为数据的可视化输出提供了高效的处理方式，方便用户快速绘制图表，实现数据挖掘和分析的目的。

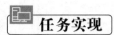

任务要求

结合 Python 中的 Matplotlib 及 Pandas 库，利用不同的可视化图表工具，完成对宝信软件 2019—2020 年三大报表（利润表、资产负债表、现金流量表）的分析。

任务实现

一、分析宝信软件 2019—2020 年的应收账款变动趋势（折线图）

1. 导入模块，并连接 MySQL 数据库

```
# 导入 pymysql 模块
import pymysql
import pandas as pd
from pandas import Series,DataFrame
import matplotlib.pyplot as plt
import numpy as np

# 连接 MySQL 数据库，修改成自己的用户名和密码
conn=pymysql.connect(user='root',password='mysql',port=3306,host='localhost',
db='report_data',charset='utf8')

# 解决图中无法显示中文的问题
plt.rcParams['font.sans-serif']=['SimHei']
plt.rcParams['axes.unicode_minus']=False
```

2. 读取数据并将其导入 DataFrame 中

```
sql_all='select 报表日期,sum(应收账款) as 应收账款 from t_balance_sheet where 报表
日期 > "2019-03-01" and 报表日期 < "2021-01-01" and 公司名称 like "宝信软件%" group by
报表日期,公司名称 order by 报表日期 asc'
data=pd.read_sql(sql_all,conn)
```

3. 绘制折线图

```
# 绘制折线图
data.plot(x='报表日期',kind='line',figsize=(16,4),title='应收账款变动趋势',
marker='o')

# 横、纵坐标描述
plt.xlabel('日期')
plt.ylabel('金额/元')
# 网格线
plt.grid(True)

# 显示图表
plt.show()
```

最终得到宝信软件 2019—2020 年应收账款的变动趋势，如图 2-26 所示。

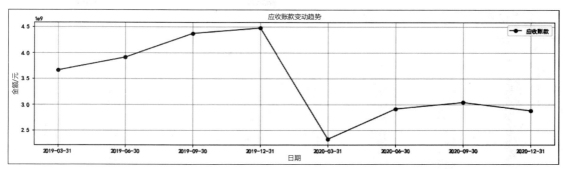

图 2-26 宝信软件 2019—2020 年应收账款变动趋势

二、统计宝信软件 2019—2020 年的应收账款情况（柱形图）

1. 导入模块，并连接 MySQL 数据库

```python
# 导入 pymysql 模块
import pymysql
import pandas as pd
from pandas import Series,DataFrame
import matplotlib.pyplot as plt
import numpy as np

# 连接 MySQL 数据库，修改成自己的用户名和密码
conn=pymysql.connect(user='root',password='mysql',port=3306,host='localhost',
db='report_data',charset='utf8')

# 解决图中无法显示中文的问题
plt.rcParams['font.sans-serif']=['SimHei']
plt.rcParams['axes.unicode_minus']=False
```

2. 读取数据并导入 DataFrame 中

```python
sql_all='select 报表日期,sum(应收账款) as 应收账款 from t_balance_sheet where 报表
日期 > "2019-03-01" and 报表日期 < "2021-01-01" and 公司名称 like "宝信软件%" group by
报表日期,公司名称 order by 报表日期 asc'
data=pd.read_sql(sql_all,conn)
```

3. 绘制柱形图，新增颜色、宽度等属性

```python
# 绘制柱形图
data.plot(x='报表日期',kind='bar',figsize=(16,4),title='统计应收账款情况',color=
'slateblue',width=1/4)

# 横、纵坐标描述
plt.xlabel('日期')
plt.ylabel('金额/元')

# X 轴斜着展示
plt.xticks(rotation=-30)

# 显示图表
plt.show()
```

最终得到宝信软件 2019—2020 年的应收账款情况，如图 2-27 所示。

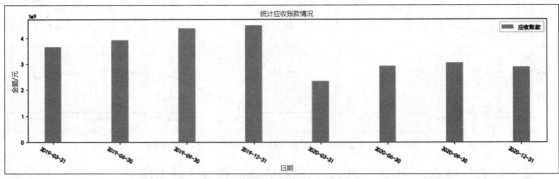

图 2-27　宝信软件 2019—2020 年应收账款情况

三、分析宝信软件 2020 年应收账款占流动资产的比例（饼图）

1. 导入模块，并连接 MySQL 数据库

```
# 导入 pymysql 模块
import pymysql,random
import pandas as pd
from pandas import Series,DataFrame
import matplotlib.pyplot as plt
import numpy as np
# 连接 MySQL 数据库
conn=pymysql.connect(user='root',password='mysql',port=3306,host='localhost',
db='report_data',charset='utf8')
# 解决图中无法显示中文的问题
plt.rcParams['font.sans-serif']=['SimHei']
plt.rcParams['axes.unicode_minus']=False
```

2. 读取数据并将其导入 DataFrame 中

```
sql_all='select distinct 货币资金,交易性金融资产,应收票据,应收账款,其他应收款,存货,其他
流动资产 from t_balance_sheet where 报表日期="2020-12-31" and 公司名称 like "宝信软件%" '
data=pd.read_sql(sql_all,conn).T
x=data.values[0:9, 0].tolist()
labels=data._stat_axis.values.tolist()
```

3. 绘制饼图

```
# 绘制饼图
x=data.iloc[0,:]
labels=[u'货币资金',u'交易性金融资产',u'应收票据',u'应收账款',u'其他应收款',u'存货',u'其
他流动资产']
explode =[0,0,0,0.3,0,0,0]  # 突出显示 "应收账款"
plt.pie(x=x,labels=labels,explode=explode ,autopct='%.2f%%',labeldistance=
1,radius=2)
 # autopct 参数的作用是指定饼图中数据标签的显示方式，'%.2f%%'表示数据标签的格式是保留两位小数
的百分数
 # labeldistance 参数指定每个扇形对应的标签到圆心的距离
plt.show()
```

最终得到宝信软件 2020 年应收账款占流动资产的比例，如图 2-28 所示。

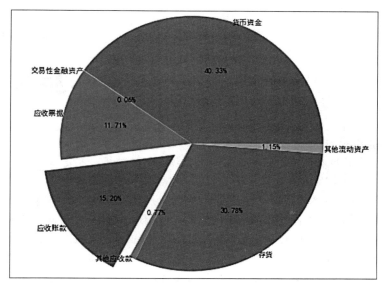

扫码查看

彩色效果

图 2-28 宝信软件 2020 年应收账款占流动资产的比例

巩固与练习

绘制 2020 年电子信息行业股票名称里含有"ST"的公司的应收账款柱形图，并对图形进行对比分析。

数据采集、处理与挖掘

数据采集（Data Acquisition，DAQ）又称数据获取，是指从传感器和其他待测设备等模拟和数字被测单元中自动采集信息的过程。数据采集是进行大数据分析的前提，也是必要条件，在整个流程中占据重要地位。数据的主要来源有商业数据、互联网数据和传感器数据。

数据处理（Data Processing）的本质是为了将原始数据转换为可以理解的格式或者符合挖掘的格式，主要任务包括数据清洗、数据集成、数据转换、数据简化、数据离散化。在真实世界中，数据通常是不完整的、不一致的，极易受到噪声侵扰。数据库太大，而且数据集经常来自多个异种数据源，低质量的数据将导致低质量的挖掘结果，因此在数据挖掘前需要对数据进行一些处理。

数据挖掘（Data Mining）是一个决策支持过程，它主要基于人工智能、机器学习、模式识别、统计学、数据库、可视化等知识或技术，高度自动化地分析企业的数据，做出归纳性的推理，从中挖掘出潜在的模式，帮助决策者调整市场策略，减少风险，做出正确的决策。数据挖掘常用的方法主要有分类、回归分析、聚类、关联规则、特征、变化和偏差分析、Web 页挖掘等，它们分别从不同的角度对数据进行挖掘。

本项目主要介绍在金蝶大数据处理平台中进行数据采集、数据处理和数据挖掘的具体方法。

学习目标

1. 掌握利用金蝶大数据处理平台进行报表数据采集的方法
2. 掌握利用金蝶大数据处理平台进行电商平台评论数据采集的方法
3. 掌握利用金蝶大数据处理平台进行数据清洗的方法
4. 掌握利用金蝶大数据处理平台进行数据转换的方法
5. 掌握利用金蝶大数据处理平台进行数据挖掘的方法

职业素养点拨

事半功倍

爱迪生在研究一个项目时，吩咐学生阿普顿去测量一个梨形玻璃泡的体积。阿普顿是个高材生，不屑地接受了任务。但是两个小时过去了，他一连换了几十个公式，仍无法得出答案。爱迪生见状，拿起玻璃泡向其中倒满水，对阿普顿说："你去测量一下水的体积，那就是我们想要的答案。"阿普顿茅塞顿开，从此对爱迪生毕恭毕敬。

大数据是大量、高速、多变的信息，需要新型的处理方式去挖掘其背后隐藏的信息。大数据技术为企业获得更为深刻、全面的洞察能力提供了前所未有的空间与潜力，能够有效地帮助企业迅速做出正确的决策，达到事半功倍的效果。

任务一　数据采集

子任务一　采集报表数据

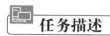

任务描述

　　资产负债表、利润表和现金流量表这三大财务报表可以从多个角度展现企业的运营情况。金蝶大数据处理平台内置了从上海证券交易所官方网站和东方财富网中采集企业三大报表数据的 Python 代码，可以针对没有 Python 编程能力的用户，根据具体的采集需求灵活设置参数。

任务要求

　　从东方财富网站爬取三一重工集团 2019 年和 2020 年的资产负债表数据，并进行对比。

任务实现

　　（1）查询获取三一重工集团的完整股票代码为 SH600031（股票代码前的字母代表该股票的上市地点，即 SH 表示股票"三一重工"在上海证券交易所上市）。

　　（2）打开金蝶大数据处理平台登录界面，输入登录账号、密码及验证码，单击"立即登录"，如图 3-1 所示。

图 3-1　金蝶大数据处理平台登录界面

　　（3）执行"大数据采集"—"企业财务报表采集"命令，根据任务要求，选择数据源为"东方财富"，然后单击"参数"按钮，可以看到参数设置项目，如图 3-2 所示。

　　（4）根据任务要求填写企业完整代码为"SH600031"，报表类型选择"资产负债表"，报表年份填写"2019，2020"，参数设置完成后，单击"运行"按钮开始抓取数据，如图 3-3 所示。

　　（5）数据采集运行结束后，单击"数据结果"按钮，可以看到抓取的数据结果。单击"下载"按钮，将采集到的数据下载到 Excel 表格中，如图 3-4 所示。

图 3-2　选择数据源并单击"参数"按钮（采集报表数据）

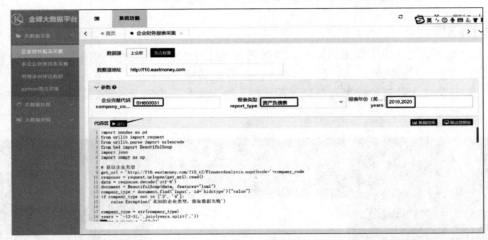

图 3-3　设置参数并运行程序

图 3-4　将数据结果下载到 Excel 表格中

巩固与练习

任意选择一家企业，利用金蝶大数据处理平台从东方财富网中爬取 2019 年和 2020 年的利润表数据，并做对比。

子任务二 采集电商平台的评论数据

任务描述

随着互联网与电子商务技术的快速发展，人们对网络购物的需求越来越大，这种需求推动了更多电商平台的发展，引起了激烈的竞争。在这种竞争环境下，了解消费者的想法，从而提高商品的竞争力，对电商平台尤为重要。其中，非常重要的一种方式就是采集电商平台的评论数据，并对其进行挖掘分析。本任务将通过金蝶大数据处理平台，获取对应电商平台某产品的历史评论数据。

任务要求

获取唯品会网站上飞科 FS310 电动剃须刀的全部历史评论数据，最新的评论排在最前面。

任务实现

（1）获取需要分析的产品飞科 FS310 电动剃须刀在唯品会网站上的链接地址。

（2）登录金蝶大数据处理平台，执行"大数据采集"—"电商平台评论数据"命令，进入"电商平台评论数据"采集界面。根据任务要求，选择数据源为"唯品会"，单击"参数"按钮，可以看到参数设置项目，如图 3-5 所示。

图 3-5 选择数据源并单击"参数"按钮（采集电商平台评论数据）

（3）根据任务要求，填写商品链接为前面查询到的飞科 FS310 电动剃须刀在唯品会网站的链接地址，评论页数不填写（默认为全部页数），每页评论数选择"30"，按评论时间排序选择"降序"，如图 3-6 所示。

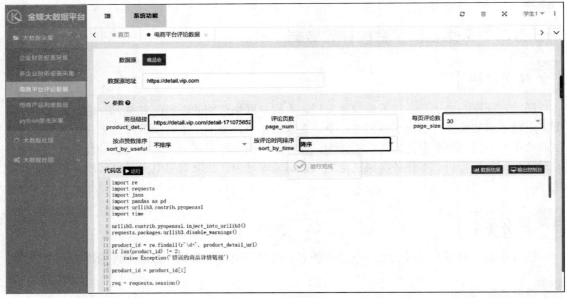

图 3-6　参数设置

（4）参数设置完成后，单击"运行"按钮，开始数据采集。程序运行结束后，单击"数据结果"按钮，可以看到抓取的数据结果，如图 3-7 所示。单击"下载"按钮，可将采集到的数据下载到 Excel 表格中，并命名为"电商平台评论数据-唯品会-数据（1）.xlsx"。

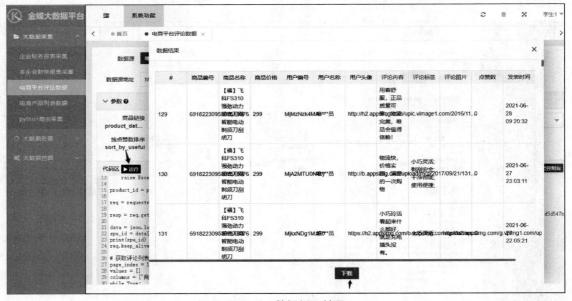

图 3-7　数据抓取结果

（5）如果想对采集到的数据做列的选择，还可以手动调整代码区的代码。比如，只想采集"用户名称""评价内容"和"发表时间"的话，可以在代码区最后一行加上对应代码，如图 3-8 所示。代码添加结束，确定无误后，单击"运行"按钮，开始采集数据。采集完成后，单击"数据结果"按钮可以看见新采集的数据信息。同样，单击"下载"按钮，可将采集到的数据下载到 Excel 表格中。

添加的代码

```
_kd_spider_result=_kd_spider_result.loc[:,['用户名称','评论内容','发表时间']]
```

!!! 提示

如果运行报错，可以单击"输出控制台"按钮，查看报错的原因。

图 3-8　添加代码

巩固与练习

获取唯品会网站上任一商品的全部历史评价数据，并将最热门的评论排在最前面。

任务二　数据处理

子任务一　数据清洗

任务描述

数据清洗是指对有重复、错误或残缺等问题的数据进行相应的处理，得到标准的、连续的数据。金蝶大数据处理平台可以对上传的 Excel 表格数据进行数据清洗（全局清洗或局部清洗），具体功能包括数据去重、列删除、字符替换等。

財务大数据分析

任务要求

对采集到的电商平台评论数据进行清洗，要求同一个用户的评论只保留一条，删除用户头像信息，将匿名用户评论中的用户名称改成"匿名用户"，匿名的 VIP 会员改成"匿名 VIP 用户"。

任务实现

（1）登录金蝶大数据处理平台，执行"大数据处理"—"数据清洗"命令，进入"数据清洗"界面。单击"上传文件"按钮，将任务一采集的评论数据文件上传到平台中。选择数据源为之前上传的"电商平台评论数据-唯品会-数据（1）.xlsx"文件，数据显示选择"显示 50 行"，单击"下一步"按钮，如图 3-9 所示。

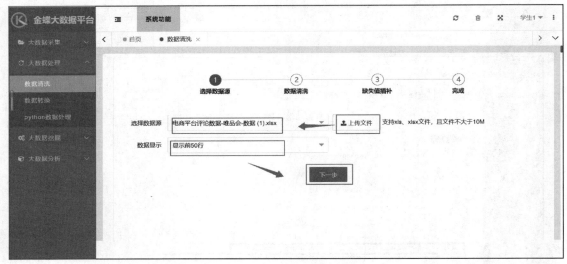

图 3-9　选择数据源

（2）在"数据清洗"界面单击"添加规则"按钮，按任务要求配置以下清洗规则，如图 3-10 所示。配置完成后单击"执行清洗"按钮，可以看到清洗结果。

- 数据去重：要求同一个用户的评论只保留一条，所以选择"全局清洗"，并选择"重复数据删除"。单击数据清洗规则右侧的+按钮，勾选字段"用户编号"，并单击右上角的"选择"按钮，该清洗规则配置成功。

- 去除多余数据：要求删除用户头像信息，所以选择"局部清洗"，并选择"列删除"。单击右侧的+按钮，勾选准备删除的字段"用户头像"，并单击右上角的"选择"按钮，该清洗规则配置成功。

- 字符替换：要求将匿名用户评论中的用户名称改成"匿名用户"，匿名的 VIP 会员改成"匿名 VIP 用户"，所以选择"局部清洗"，并选择"字符替换"。单击右侧的+按钮，勾选准备替换的字段"用户名称"，并单击右上角的"选择"按钮，输入需要被替换的字符和替换的字符，即分别填入"唯***员"和"匿名用户"，该清洗规则配置成功。同理，重复上述操作，再次添加一条规则，填入"VIPSHOP 会员"和"匿名 VIP 用户"。

- 其他清洗功能可以自行探索。

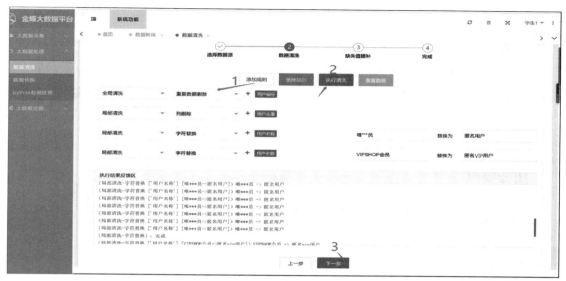

图 3-10　配置清洗规则

（3）在下方的"数据预览"框中查看清洗后的数据，如图 3-11 所示。单击"下载"按钮，可将清洗后的数据下载到 Excel 表格中保存，便于完成课后作业（即巩固与练习）和子任务二。

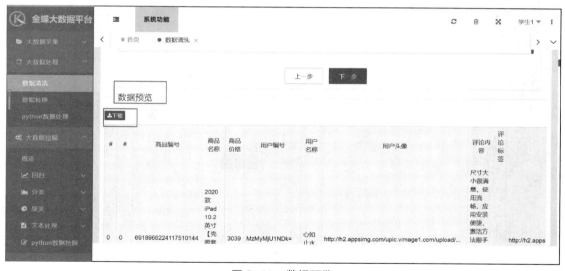

图 3-11　数据预览

巩固与练习

（1）基于子任务一中获取的评论数据，删除"商品价格""商品编号""评论标签"和"#"字段，并将商品名称统一改成"2020 款 iPad"。

（2）删除"匿名 VIP 用户"的评论数据。

子任务二　补全数据缺值

任务描述

在实践中，我们获取的数据可能包含大量缺失值。在处理缺失值时，可以对缺失值进行舍弃或补全操作。但在实践中，缺失数据往往占据相当大的比例，如果舍弃缺失数据，就会丢失大量信息，不利于后续数据的处理和分析。因此，数据缺失值补全是数据清理中十分重要的一步。

任务要求

上传子任务一中保存的经过数据清洗的文件，选择恰当的补全方法，将表中的空缺值补全，并对无图片的评价记录填写"无图评价"。

任务实现

（1）登录金蝶大数据处理平台，执行"大数据处理"—"数据清洗"命令，进入"数据清洗"界面。单击"上传文件"按钮，将需要补全数据缺值的文件上传到平台中。选择数据源为之前上传的数据源，数据显示选择"显示前50行"，单击"下一步"按钮，如图3-12所示。

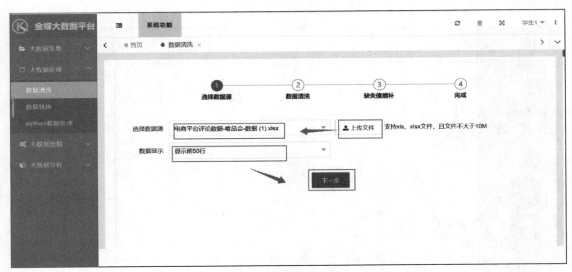

图3-12　选择数据源

（2）数据清洗步骤参照子任务一，此处略过。继续单击"下一步"按钮，开始缺失值插补操作，如图3-13所示。

（3）在"缺失值插补"界面设置缺失值规则。选择"为空缺失值插补"，字段选择"评论图片"，插补要求选择"默认值补缺"，默认值输入"无图评价"，如图3-14所示。

（4）单击"执行插补"按钮，成功后可在下方"数据预览"处查看并下载Excel表格，如图3-15所示。

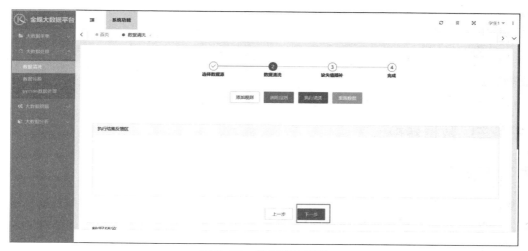

图 3-13 数据清洗流程

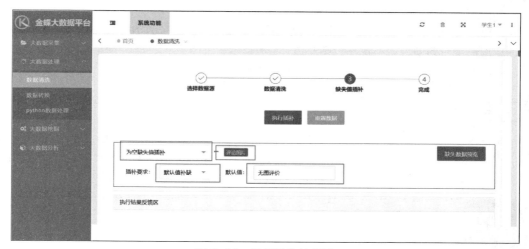

图 3-14 设置缺失值规则

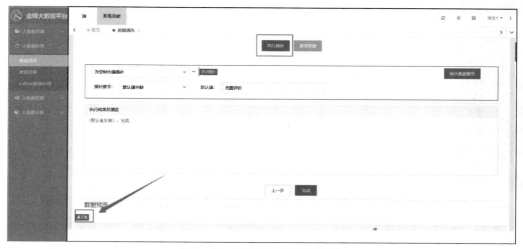

图 3-15 执行插补并下载表格

巩固与练习

导入"销售订单"表，对"单据编号"字段中的空缺值进行插补，要求格式相同且不与其他单据编号重复。

（本练习所用数据表"销售订单"从配套教学资源中获取）

子任务三　数据转换

任务描述

对数据进行规范化处理，将上传的 Excel 表格中的数据进行转换，以实现字段精度统一、日期格式转换等功能，满足后面数据挖掘的需要。

任务要求

对"销售订单（一）"表中的数据做格式转换，要求：单据编号为 10 位，如不足 10 位则右边补"0"；商品编号为 7 位，不足 7 位则左边补"*"。

（本任务所用数据表"销售订单（一）"从配套教学资源中获取）

任务实现

（1）登录金蝶大数据处理平台，执行"大数据处理"—"数据转换"命令，进入"数据转换"界面。单击"上传文件"按钮，将需要转换的文件上传到金蝶大数据处理平台中，选择数据源为之前上传的数据源，单击"下一步"按钮，如图 3-16 所示。

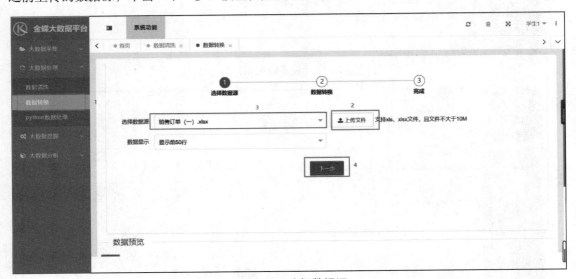

图 3-16　选择数据源

（2）在"数据转换规则"界面单击"添加规则"按钮，按案例任务要求填写数据转换规则。然后单击"执行转换"按钮，转换成功后可在下方的"数据预览"处看到转换后的数据，并且可以将数据下载到 Excel 中，如图 3-17 所示。

- 长度统一转换（右处理）：单击"添加规则"按钮，选择"长度统一转换"，字段选择"单据编号"，选择"右处理"，补齐符填写"0"。
- 长度统一转换（左处理）：单击"添加规则"按钮，选择"长度统一转换"，字段选择"商品编号"，选择"左处理"，补齐符填写"*"。

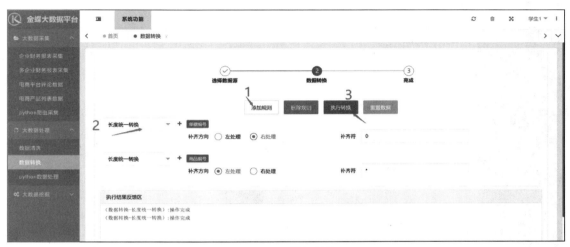

图 3-17 数据转换

巩固与练习

将"电商平台评论数据-唯品会-数据（1）.xlsx"文件中"发表时间"字段的日期格式统一改为"yy/mm/dd"。

任务三 数据挖掘

子任务一 文本处理词云

任务描述

词云是数据可视化的一种形式，通过形成关键词云层或关键词渲染，对文本中出现频率较高的关键词予以视觉上的突出显示。词云图会过滤掉大量低质量、低频率的文本信息，使浏览者一眼扫过就能获取文本中包含的关键信息。比如采集电商平台某商品的评论数据，在经过一系列的数据处理后，绘制出的词云图能帮助浏览者快速了解大众对这一商品的主要评价词。

任务要求

对电商平台评论数据进行处理，只保留"评论内容"列，绘制出电商平台评论的词云图，并对词云图中包含的信息进行简单阐述。

🖥️ **任务实现**

（1）登录金蝶大数据处理平台，执行"大数据处理"—"数据清洗"命令，进入"数据清洗"界面。单击"上传文件"按钮，将"电商平台评论数据-唯品会-数据（1）.xlsx"文件上传到平台中。选择数据源为之前上传的数据源，数据显示选择"显示前 50 行"，单击"下一步"按钮，如图 3-18 所示。

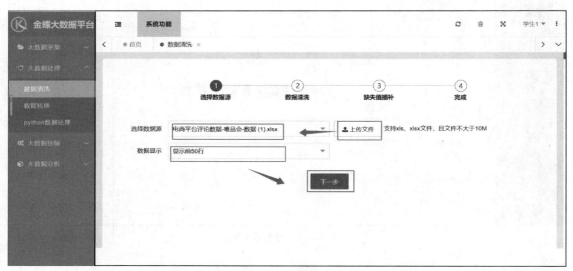

图 3-18　选择数据源

（2）在"数据清洗规则"界面单击"添加规则"按钮，要求只保留评论数据，因此选择"局部清洗"和"列删除"选项。单击规则右侧的➕按钮，选中除"评论内容"外的所有字段，如图 3-19 所示。

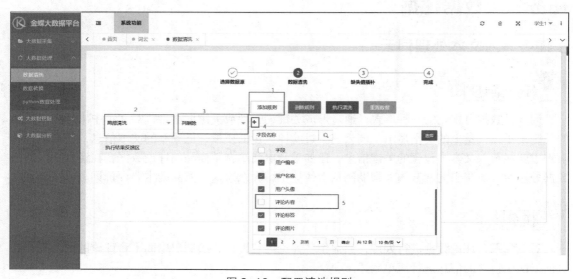

图 3-19　配置清洗规则

（3）配置完成后单击"执行清洗"按钮，在下方的"数据预览"处可以查看清洗后的数据。单击"下载"按钮，将清洗后的数据下载到 Excel 表格中保存，如图 3-20 所示。

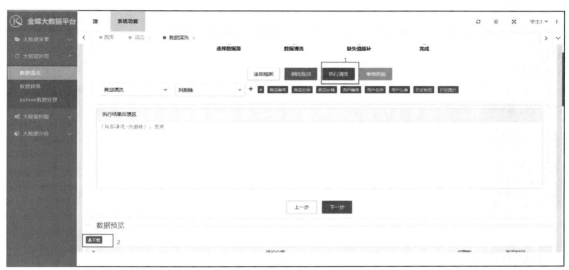

图 3-20　下载清洗后的数据

（4）执行"大数据挖掘"—"文本处理"—"词云"命令，进入"词云"界面。单击"导入数据"按钮，导入刚刚下载的清洗后的电商平台评论数据，如图 3-21 所示。

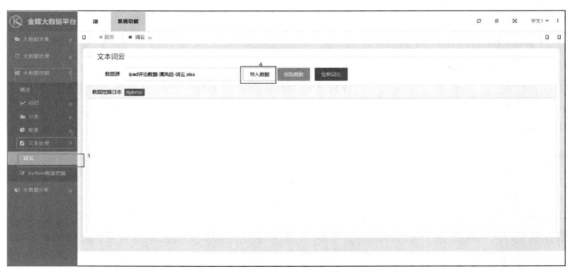

图 3-21　在"词云"界面导入数据

（5）单击"绘制词云"按钮，即生成词云图，如图 3-22 所示。

通过词云图可以看出，购买者对该商品的评价最主要的关键词有"不错""支持""正品""流畅"等，说明多数购买者对该商品的满意度都比较高。还有一些关键词，如"孩子""学习"等则包含着该产品主要客户群体的特征信息。

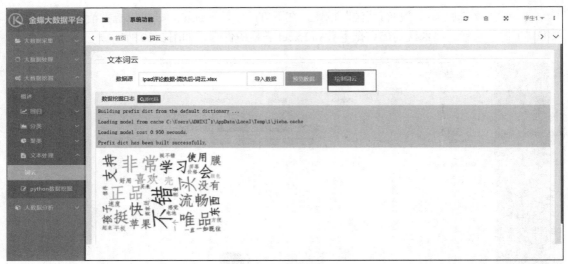

图 3-22　生成词云图

巩固与练习

采集唯品会网站上任一商品的评论数据,在金蝶大数据处理平台中绘制词云图,并对词云图中包含的信息进行分析。

子任务二　线性回归

任务描述

回归分析是一种通过建立模型来研究变量之间相互关系的密切程度、结构状态并进行模型预测的有效工具。线性回归是利用回归分析确定两种或两种以上变量之间相互依赖的定量关系的一种统计分析方法。通过线性回归分析,我们希望能够用一条直线较为精确地描述数据之间的关系,当出现新的数据时,就能够预测出一个较为精确的结果。

任务要求

某公司希望预测市场投入对广告的影响,于是整理了过往的市场投入数据和销售数据,计划用数据挖掘算法来构建预测模型。本任务基于"广告投放销量数据(线性回归)"表使用线性回归算法构建一个预测模型,观察商品销量与不同广告投放渠道投入力度之间的关系。此外,导入"广告投放销量数据(待预测数据)"表,根据模型得到预测数据。

(本任务所用数据表"广告投放销量数据(线性回归)"和"广告投放销量数据(待预测数据)"从配套教学资源中获取)

任务实现

(1)登录金蝶大数据处理平台,执行"大数据挖掘"—"回归"—"线性回归"命令,如图 3-23 所示。在"线性回归"界面,单击"导入文件"按钮,将构建模型的数据文件上传到平台中，导入数据后单击"模型构建"按钮，完成预测模型的构建。同时，也可以单击"源代码"按钮查看线性回归模型构建的代码实现内容，如图 3-24 所示。

图 3-23　"线性回归"界面

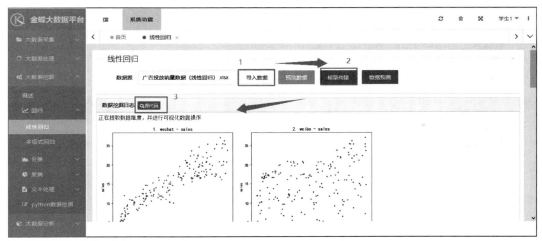

图 3-24　导入数据并构建模型

（2）模型构建完成后，可在数据挖掘展示区看到数据可视化结果，如图 3-25 所示。由该图可以看出微信的广告投入力度与商品销量之间呈现较为明显的线性相关关系，其余渠道广告投入力度与商品销量之间关系不明显。模型构建完成后，还可以看到不同维度和销量的线性系数，以及当前模型在现有测试数据中的预测准确度，如图 3-26 所示。

（3）单击"数据预测"按钮，导入"广告投放销量数据（待预测数据）"表，如图 3-27 所示。"广告投放销量数据（待预测数据）"表中包含微信（wechat）、微博（weibo）及其他（others）平台广告投入力度的相关数据。导入完成后，根据已构建的模型可以得到商品销量预测数据，如图 3-28 所示。

根据公司在微信、微博和其他平台投入的营销广告费用，可以预测出商品在对应平台上的销售收入。该预测结果可以作为企业进行营销广告投入的决策辅助参考。另外，从构建的模型可以看出，商品销量与微信广告投放力度有着很大的相关性，其次是微博，所以可重点加大微信和微博的广告投放力度。

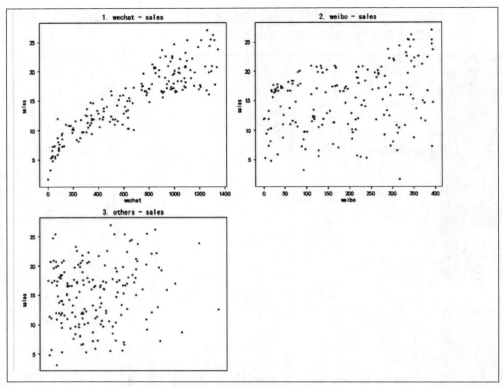

图 3-25 数据可视化结果

图 3-26 不同维度和销量的线性系数及模型在现有测试数据中的预测准确度

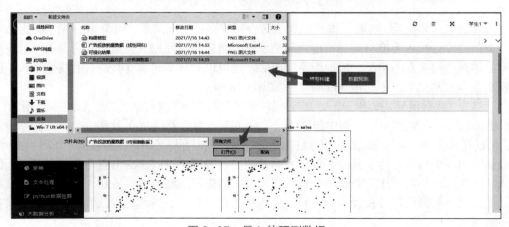

图 3-27 导入待预测数据

预测结果如下：

下载表格	wechat	weibo	others	sales
0	428.6	39.2	64.8	10.060720
1	173.8	29.6	110.4	6.890119
2	1037.4	301.6	256.0	21.086980
3	712.5	20.8	66.4	13.197713
4	172.9	322.4	95.2	10.997272
5	456.8	76.8	28.8	10.917784
6	396.8	94.4	207.2	10.495220
7	1332.7	226.4	345.6	23.584043
8	546.9	156.8	92.8	13.138613
9	857.2	144.8	204.8	16.710733
10	905.9	244.8	309.6	18.728768
11	475.9	45.6	275.2	10.772338

图 3-28 预测结果

巩固与练习

　　使用"房价数据(线性回归)"表构建模型，预测城市道路拥堵系数、大型住宅用地比例、非零售商业用地比例等因素对房屋均价的影响。通过生成的散点图，观察分析这些因素与房屋均价之间的关系，并导入"房价数据（待预测数据）"表，根据预测模型得到预测数据。

　　（本任务所用数据表"房价数据(线性回归)"和"房价数据（待预测数据）"从配套教学资源中获取）

第二部分

财务大数据分析实训

分析企业背景

本项目主要介绍案例企业的相关背景。读者通过本项目的学习，可了解对一家企业及其所在行业进行分析、研究的基本思路和方法。

学习目标

1. 掌握行业研究分析的基本思路
2. 掌握 SWOT 分析方法
3. 了解企业战略目标分析的方法

职业素养点拨

知己知彼，百战不殆

"知己知彼，百战不殆"是《孙子兵法》的精髓，它概括性地描述了孙武对战争中敌我势力的认识。古往今来，历代军事学家都在运用这一基本规律制订作战计划。实践证明，它不管是对战争还是商业活动，都有深刻的指导意义。

商业竞争激烈，企业需要对竞争对手进行详细、准确、全面、深入的了解，并进行周密严谨的分析，从而制订出切合企业实际情况的战略和应对措施，获得竞争的胜利。企业首先需要对市场需求以及消费者使用本企业产品和竞品的情况进行深入调查，了解自身环境和竞争对手的详细信息，然后进行 SWOT 分析，这是企业在纷繁复杂的竞争环境中取胜的关键。

任务一　了解企业概况

任务描述

随着 5G、云计算、大数据、人工智能等新技术与不同产业的结合，很多产业都在发生革命性的转变。了解一家企业的发展历程及其当前的状况，对于研究该企业的运作和管理模式是非常重要的。

任务要求

查找一家食品类的新零售企业，了解其发展历程和当前发展现状，分析该企业与新技术怎样结合才能实现向新零售业态的转型。

📋 任务实现

本任务以幸福蛋糕为研究对象，分析该企业的背景及发展状况。

幸福蛋糕 2008 年创立于深圳，是一家集面包、蛋糕等烘焙类食品生产、销售为一体的知名企业。经过多年发展，目前幸福蛋糕已经成为一个以数据和技术驱动的 O2O（Online to Offline，线上到线下）蛋糕品牌。幸福蛋糕基于信息技术的革新和顾客消费习惯的改变，以及新零售基础设施的完善，通过"线上下单，线下配送"及定制化服务，力求为消费者提供良好的消费体验。

幸福蛋糕自 2015 年开放品牌合作，以招募城市合伙人为主要形式进行扩张，先后覆盖了全国 200 多个城市，包括深圳、上海、北京、广州、澳门等，建立了 400 多个分布式制作中心，自营及加盟的新零售门店达 140 余家。客户在各大网购平台、官网及微信公众号等下单后，各地分布式制作中心即时快速生产，覆盖范围内 2～5 小时专业冷链高效配送，配送量达 2 亿人次。

📋 巩固与练习

（1）查阅相关资料，了解烘焙行业有什么特点，简述其主要的运作模式。

（2）查阅相关资料，阐述幸福蛋糕采用了哪些新技术、新模式不断增强自身的竞争力。

（3）查阅相关资料，列举两个典型的新零售企业，说明这些新零售企业有哪些突出的特点。

任务二　企业 SWOT 分析

📋 任务描述

SWOT 分析具体指的是 S（Strengths，优势）、W（Weaknesses，劣势）、O（Opportunities，机会）、T（Threats，威胁）四个方面的分析。采用 SWOT 分析方法，可以快速了解一家企业的核心竞争力，也可以对该企业未来的发展前景做一定的预判，并能提出针对性的改进措施来提升企业的综合实力。

📋 任务要求

查阅 SWOT 分析方法的具体介绍，针对幸福蛋糕这家企业进行全面的分析，掌握 SWOT 分析方法。

📋 任务实现

以下是对幸福蛋糕进行 SWOT 分析的内容。

1. 优势

（1）数字技术应用能力强。幸福蛋糕作为烘焙业新零售的先行者，自 2014 年开始与金蝶集团合作，利用大数据技术对客群和产品进行分析，使得产品能够精准触达顾客。在算法驱动下，企业可以降低打包、配送、调货等出错率，节约成本，提高人效。

（2）品牌优势明显。经过十多年的稳健经营，幸福蛋糕已发展成为一家由数据和技术驱动的新零售烘焙品牌。某机构的调查数据显示，幸福蛋糕在蛋糕品牌排名中位列第六名。

（3）产品研发能力强。幸福蛋糕拥有成熟的烘焙食品研发团队，具有较强的产品研发能力。

2. 劣势

（1）地方市场知名度不高。地方市场的地推广度和市场压力使得幸福蛋糕在进驻新市场时举步维艰，即使有很独特的品牌特色，在开创地有着较高的知名度，但在地方市场消费者认知度低、关联度低的环境下，也较难快速占领市场。

（2）初始资金有限。2017—2018 年，幸福蛋糕先后完成 A 轮和 B 轮融资，获得上亿元股权投资，为企业扩张提供了一定的保障，但这些资金用于全国布局仍然存在较大缺口。

3. 机会

（1）烘焙市场的增长潜力较大。随着我国经济增长、人民生活水平不断提高及食品加工技术的引进，烘焙食品从 20 世纪末开始呈现快速发展的态势，顾客的购买频次和客单价逐步提高。近几年，我国烘焙市场规模一直保持 8% 左右的增长速度。

目前，我国人均年消费烘焙食品数量大约是 1.2 千克，欧美国家的人均消费量约为 60 千克，日本约为 21.8 千克，韩国约为 5.6 千克。由此可见，我国烘焙市场还有很大的提升空间。

（2）产业整合速度加快。烘焙食品行业存在较强的区域性，由于产品保质期较短，受冷链运输半径和品牌影响力限制，烘焙食品企业的销售半径较小，集中度低。随着物流行业和数字技术的快速发展，规模生产和品牌效应促使大型厂商快速扩张，品质低下、品牌影响力较弱的烘焙食品生产厂商的生存空间越来越小，行业的集中度越来越高。因此，幸福蛋糕有机会通过快速扩张、规模化生产降低成本，获得更多市场份额。

（3）数字技术的发展催生新零售理念。依托数字技术的高速发展，幸福蛋糕、21Cake 和诺心等烘焙企业都开拓了依靠"中央工厂+线上交易、线下送货"的运作方式。通过线上海量广告宣传、线下建厂，部分先行的企业实现了从原料采购到生产、配送、服务、评价的全链条数字化处理。

近年来，O2O 糕点行业总销量呈上升趋势，但目前也只占糕点市场 5% 的份额，还有巨大的发展潜力。

4. 威胁

（1）竞争激烈。幸福蛋糕所处的烘焙行业竞争激烈，准入门槛低，市场化程度高。当前我国取得糕点面包生产资格的厂商有上万家，还有很多外资品牌进入国内市场，且各地区仍存在大量生产作坊，生产规模较小，产品价格较低，导致行业竞争加剧。

（2）消费者口味变化快，产品生命周期短。消费者对烘焙类产品的口味、外形、包装等要求不断提高，烘焙食品的品类流行周期越来越短。近年来，类似"脏脏包""肉松小贝"等"爆品"的快速兴起又快速衰落证明了年轻顾客对新产品的要求越来越高，流行产品的生命周期越来越短，品牌忠诚度也越来越低。在新媒体和社交网络的红利下，受众愿意尝试新品牌的可能性越来越大，但顾客产生选择的动因却越来越难琢磨。

（3）租金和人力成本增加。一、二线城市店面租金压力大、用工成本高，迫使一些企业将业务下沉至三、四线城市。

巩固与练习

（1）简述 SWOT 分析法的主要思路。

（2）阅读幸福蛋糕的 SWOT 分析内容，你觉得幸福蛋糕在哪些方面可进一步加强和改进？

（3）利用 SWOT 分析法分析元祖食品的相关特点。

任务三　企业战略目标分析

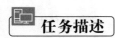 **任务描述**

通过对行业的分析，以及企业的 SWOT 分析，我们可以对企业及其所在的行业有较深入的理解。在此基础上，才能更有效地理解企业的战略目标。

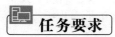 **任务要求**

根据前面所提供的资料，分析幸福蛋糕的战略目标。

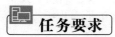 **任务实现**

以下是幸福蛋糕的企业战略目标分析。

1．企业扩张愿景

2018 年 12 月 4 日下午，幸福蛋糕在北京召开战略发布会，创始人兼董事长提出愿景——实现营业收入超 100 亿元，做强蛋糕品牌。

2．产品差异化战略

一方面，幸福蛋糕强调产品新鲜现做，及时配送，确保产品口味；另一方面，致力于通过提供增值服务，增加产品溢价。

3．成本领先战略

幸福蛋糕拟通过数字技术提高效率，降低成本，成为行业成本领先者。

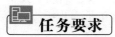 **巩固与练习**

（1）企业高层管理人员如何制订战略目标？

（2）根据本项目提供的案例材料，你觉得幸福蛋糕制订的战略目标是否合理？请分析评述。

（3）根据本项目提供的案例材料，制作关于新零售烘焙食品行业的 PPT 分析报告，并进行汇报。

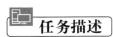

项目五
销售主题分析

销售是企业经营的重要环节。对销售环节进行大数据分析，管理人员可以快速发现企业在营销策略方面的问题，也有助于发现潜在的销售机会。本项目主要介绍基于销售大数据进行数据建模，构建典型指标体系，实现指标可视化及诊断、分析的全过程，并提出改进措施。

学习目标

1. 熟悉销售主题分析的整体思路
2. 掌握销售计划完成情况分析的方法
3. 掌握销售额趋势分析的方法
4. 掌握销售额贡献分析的方法
5. 掌握客户分析的方法
6. 掌握销售渠道分析的方法
7. 掌握销售供货分析的方法
8. 学会构建销售分析的整体关键指标体系

职业素养点拨

凡事预则立，不预则废

《礼记·中庸》中有句话："凡事预则立，不预则废。"在做一件事时，只有美好的设想是远远不够的，还需要有合理的计划。计划可以对最初的设想进行科学分析，明确知道设想是否可以实现。同时，计划也可以指导设想实现的过程，大大节省时间，减轻压力。

企业在开展营销活动之前，不对内外环境进行精准分析，不对可能变化的主要因素做出预测并制订备选方案，而是盲目制订计划，就可能带来巨大损失。因此，数据分析人员需要广搜数据、精准分析，对可能发生重大变化的主要因素做出应有的预测，相应地制订多个方案，选择最为满意的方案及备选方案。只有这样，企业才能在激烈的市场竞争中立于不败之地。

任务一　销售计划完成情况

任务描述

幸福蛋糕销售店面分为加工中心和新零售门店两种，加工中心只承接线上订单，新零售门店可同时承接线上订单和线下订单。

新零售门店是企业 2018 年为推动业态智慧零售转型升级的重点发展战略，相比原来的普通门店，更注重店面场景的打造，可以让消费者的个性化需求得到更多的尊重与照顾。新零售门店主要以下午茶和面包作为重点产品，与蛋糕的低频购买相比，面包显然能有更多机会出现在人们的生活场景中，非常适合弥补烘焙品牌在高频次消费方面的不足。2019 年 11 月，幸福蛋糕开始快速布局智慧零售门店。

2020 年，因疫情的冲击，幸福蛋糕的销售受到较大影响。从门店店长到公司的管理人员都做了各种努力，如加大线上推广、丰富家庭烘焙材料产品等。在公司的经营会议上，有店长反映疫情的冲击使得门店冷清，严重影响本年销售业绩；也有管理人员认为疫情加速了企业转型，从危机中找到了发展之路，销售业绩要好于预期。公司高层管理人员想知道 2020 年销售计划的实际完成情况。

任务要求

分析幸福蛋糕 2020 年销售计划的完成情况，列出销售计划制订和执行中存在的问题或风险，讨论问题产生的原因及后果，并提出改进建议。

本任务需要分析的指标和使用的数据表			
具 体 指 标	▣ 总体销售计划完成率 ▣ 片区销售计划完成率 ▣ 不同店面类型的销售计划完成率 ▣ 新零售门店销售计划完成率（呈现排名后五位的门店）	数 据 表	◉ 门店信息表 ◉ 销售计划表（2020 年） ◉ 销售汇总表（2020 年）

任务实现

视频 5-1

一、总体销售计划完成率

本指标具体操作步骤可参考视频 5-1。

（1）打开金蝶云星空网页端登录界面，如图 5-1 所示，选择"金蝶云星空账号"，选择教师指定的数据中心（本例中是"大数据课程"），输入个人的登录名（由教师分配），密码统一为"888888"，单击"登录"按钮。

图 5-1　金蝶云星空网页端登录界面

（2）进入菜单功能界面，执行"经营分析"—"轻分析"—"分析平台"—"轻分析"命令，如图 5-2 所示。

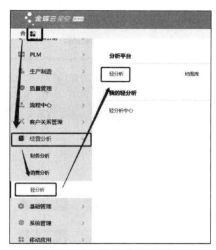

图 5-2　菜单功能界面

（3）单击"新建分类"按钮 ╋，并命名为"销售计划完成情况"。选择已建好的分类，新建一个业务主题，命名为"销售完成情况"，如图 5-3 所示。

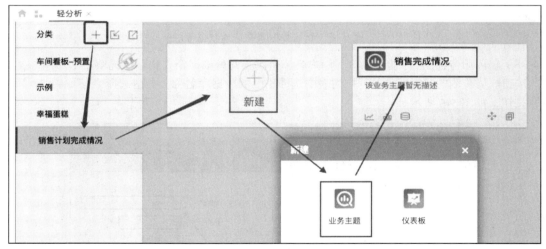

图 5-3　新建业务分类和业务主题

（4）单击"数据建模"按钮 ◴，如图 5-4 所示，打开"数据建模-销售计划完成情况分析"窗口。

图 5-4　进入数据建模界面

（5）单击"新建数据表"按钮，选择"MySQL"数据库，然后单击"下一步"按钮，如图 5-5 所示。

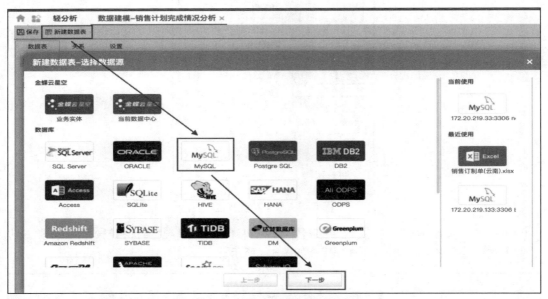

图 5-5　新建数据表并选择数据源

（6）输入服务器 IP 地址、端口、用户名、密码（此处根据个人实际情况填写），并单击"连接"按钮。从右侧的"数据库"下拉列表中选择正确的数据库名称，类型选择"表"，单击"下一步"按钮，如图 5-6 所示。

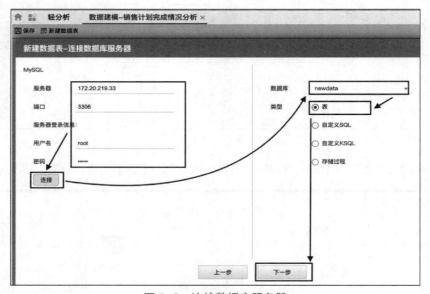

图 5-6　连接数据库服务器

（7）勾选"销售汇总表（2020 年）""销售计划表（2020 年）"和"门店信息表"，单击"下一步"按钮，如图 5-7 所示。

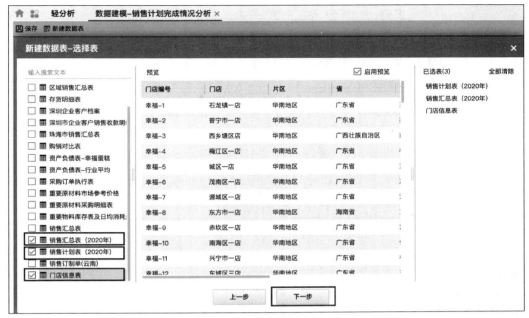

图 5-7　选择数据表

（8）选择"销售汇总表（2020年）"，将不需要的数据选项"销售期间""商品类型""单位""数量""平均价"取消勾选，然后单击"完成"按钮，如图5-8所示。

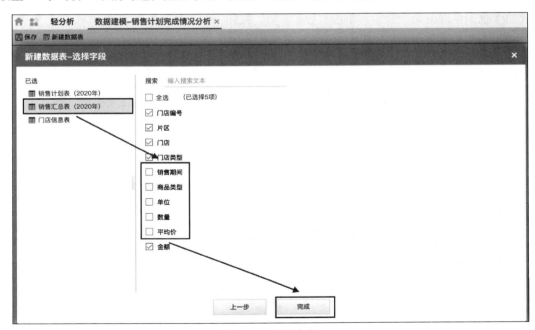

图 5-8　选择字段

（9）选择"关系"标签，然后单击上面的"新建关系"按钮，在弹出的"新建关系"对话框中建立"销售计划表（2020年）"与"销售汇总表（2020年）"的共同字段"门店编号"一对多的关系，然后单击"确定"按钮，如图5-9所示。

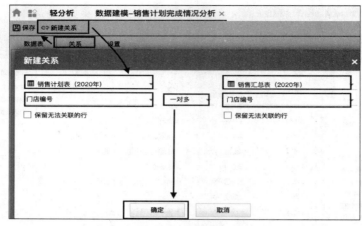

图 5-9　新建关系

!!!提示

　　"销售汇总表（2020 年）"中有多个重复的"门店编号"字段，而"销售计划表（2020 年）"中"门店编号"字段是唯一的，因此是"一对多"的关系。

　　（10）单击"新建关系"按钮，在弹出的对话框中新建"销售汇总表（2020 年）"与"门店信息表"的共同字段"门店编号"多对一的关系，单击"确定"按钮，然后单击左上角的"保存"按钮。

　　（11）返回"轻分析"界面，单击"数据斗方"按钮 ，如图 5-10 所示。

图 5-10　单击"数据斗方"按钮

　　（12）在"数据斗方-销售计划完成情况分析"窗口选中"销售汇总表（2020 年）"，单击"字段"右边的快速功能按钮 ，选择"创建计算字段"选项，如图 5-11 所示。

图 5-11　选择"创建计算字段"选项

（13）在"创建计算字段"对话框中输入计算字段的名称"销售计划完成率"，并设置表达式，如图 5-12 所示。表达式可以自行输入或者从下面的"字段"栏和"函数"栏中选择正确的选项完成，然后单击"确定"按钮。

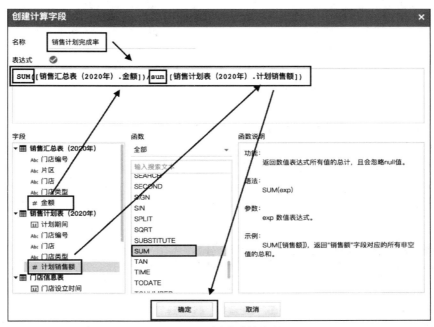

图 5-12　创建计算字段

（14）图表类型选择"仪表图"，然后将"销售计划完成率"字段拖入"指针值"栏中，如图 5-13 所示。

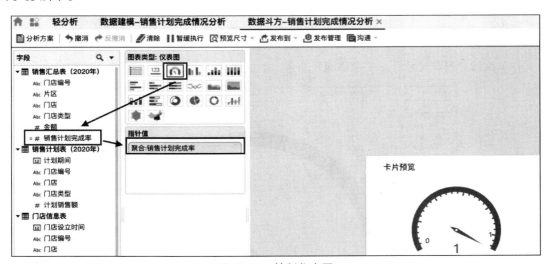

图 5-13　绘制仪表图

（15）为显示更清楚，可在窗口最右侧的"指针"栏单击"数值格式"编辑按钮 ✎ ，打开"数字格式"对话框。选择小数位数为 2，数量单位为"百分之一（%）"，然后单击"确定"按钮，如图 5-14 所示。

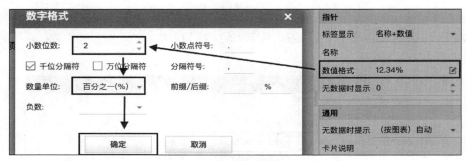

图 5-14　设置数字格式

（16）同样，在"表盘"栏将刻度值格式也设置为"百分之一（%）"，小数位数为2。

（17）在"表盘"栏，单击"分段"编辑按钮 ✎，在弹出的"分段"对话框中设置起始刻度值为0，结尾刻度值为1.5。单击"添加分刻度"按钮，将表盘分为三段：范围在0~0.8（不含0.8）表示销售计划完成率过低，显示为红色，添加标签名"预警"；范围在0.8~1（不含1）的表示销售计划完成率较低，显示为黄色，添加标签名"关注"；范围在1~1.5的表示已完成销售计划，显示为绿色，添加标签名"合格"。单击"确定"按钮，如图5-15所示。

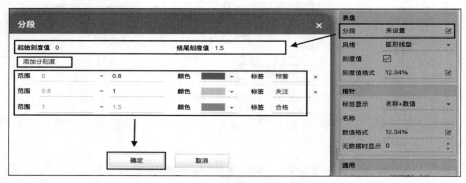

图 5-15　设置分段标准

（18）执行"预览尺寸"—"全画面"命令，生成销售计划完成率仪表图，如图5-16所示。

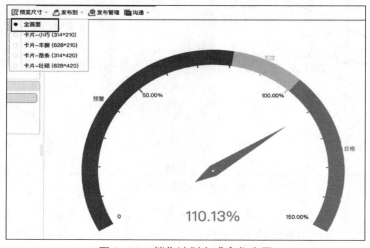

图 5-16　销售计划完成率仪表图

（19）单击左上角的"分析方案"按钮，再单击"另存为"按钮，在打开的"另存方案"对话框中输入方案名称"总体销售计划完成率"，然后单击"确定"按钮，如图 5-17 所示。

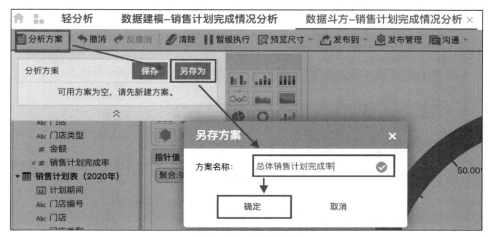

图 5-17　另存方案

二、片区销售计划完成率

本指标具体操作步骤可参考视频 5-1。

（1）在"数据斗方-销售计划完成情况分析"窗口，单击"清除"按钮。图表类型选择"多系列条形图"，将"销售汇总表（2020 年）"中的"销售计划完成率"字段拖入"横轴"栏，"片区"字段拖入"纵轴"栏，如图 5-18 所示。

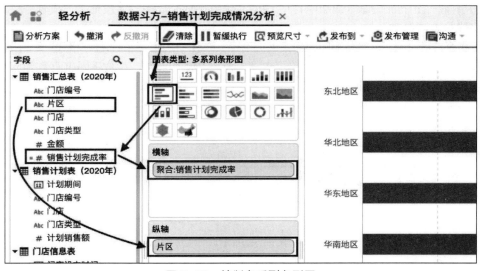

图 5-18　绘制多系列条形图

（2）在窗口最右侧，可对条形图的样式进行设置。单击"横轴"栏的"数字格式"编辑按钮 ，在打开的"数字格式"对话框中，选择小数位数为 2，数量单位为"百分之一（%）"。

（3）在"绘图区"栏勾选"数据标签"选项，在"数据"栏将排序设为"降序"，生成各片区销售计划完成率条形图，如图 5-19 所示。

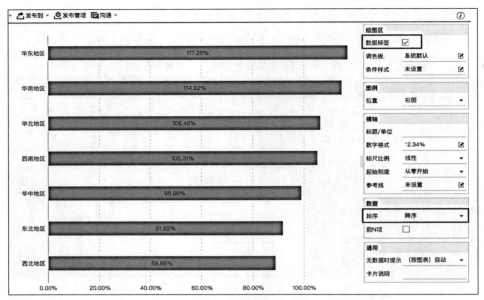

图 5-19　各片区销售计划完成率条形图

（4）单击左上角的"分析方案"按钮，然后再单击"另存为"按钮，在打开的"另存方案"对话框中输入方案名称"片区销售计划完成率"。

三、不同店面类型的销售计划完成率

（1）在"数据斗方-销售计划完成情况分析"窗口，单击"清除"按钮。图表类型选择"多系列条形图"，将"销售汇总表（2020 年）"中的"销售计划完成率"字段拖入"横轴"栏，"门店类型"字段拖入"纵轴"栏。

（2）在窗口最右侧，可对条形图的样式进行设置。单击"横轴"栏的"数字格式"编辑按钮，选择小数位数为 2，数量单位为"百分之一（%）"，勾选"数据标签"，生成不同店面类型的销售计划完成率条形图，如图 5-20 所示。

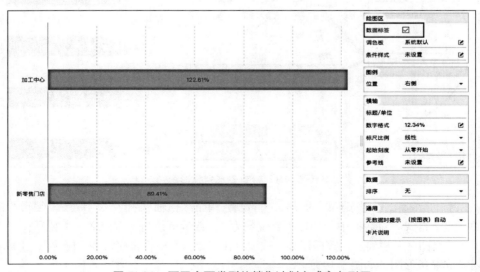

图 5-20　不同店面类型的销售计划完成率条形图

（3）单击左上角的"分析方案"按钮，再单击"另存为"按钮，在打开的"另存方案"对话框中输入方案名称"不同店面类型的销售计划完成率"。

四、新零售门店销售计划完成率（呈现排名后五位的门店）

（1）在"数据斗方-销售计划完成情况分析"窗口，单击"清除"按钮。将"销售汇总表（2020年）"中的"销售计划完成率"字段拖入"横轴"栏，"门店"字段拖入"纵轴"栏，将"门店信息表"中的"省"字段拖入"系列"栏。

（2）勾选"绘图区"栏的"数据标签"。单击"横轴"栏的"数字格式"编辑按钮 ✎ ，数量单位选择"百分之一（%）"，小数位数选择2。在"数据"栏将排序方式设为"升序"，勾选"前N项"，选择条目数为5，生成条形图，展示新零售门店销售计划完成率排名后五位的门店，如图5-21所示。

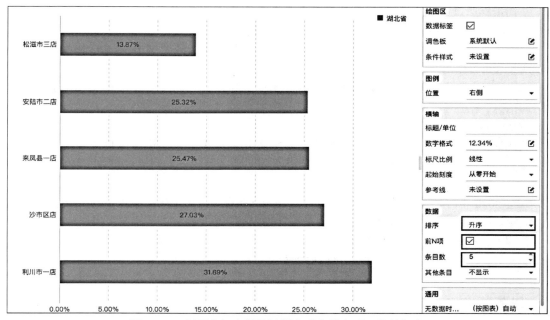

图 5-21　新零售门店销售计划完成率排名后五位的门店

（3）单击左上角的"分析方案"按钮，再单击"另存为"按钮，在打开的"另存方案"窗口中输入方案名称"新零售门店销售计划完成率排序"。

📺 指标分析

相关分析结论可参考指标分析 5-1。

📺 巩固与练习

指标分析 5-1

幸福蛋糕要制订下一年度销售计划。根据公司的战略目标，下一年公司的新零售门店数量要增长 200%，销售收入增长 100%。

根据地区和规模不同，每家新零售门店的初始投资为 80 万～500 万元不等，可以自营或招募城市合伙人的方式实现。若招募城市合伙人，初始投资由合伙人出资。另外，为配合新增销量，中央工厂扩大产能，需新增投资额约 1 000 万元。

结合目前的形势，讨论下一年度影响计划实现的因素。

任务二　销售额趋势分析

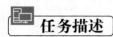 **任务描述**

幸福蛋糕依托数字技术，通过对市场环境和各项数据的分析，能够较好地把握市场需求。

2017 年 9 月 10 日，公司开启"910 幸福狂欢节"活动，取得良好的营销效果，当日销售额突破 1 000 万元。

幸福蛋糕通过数字技术挖掘"儿童专属蛋糕"这一市场空缺，于 2018 年与国内多个知名动漫 IP[①]签订合作协议，开拓尚属空缺的正版授权儿童蛋糕市场。

另外，节日场景对蛋糕的销售有着强有力的提振效果，2018 年母亲节蛋糕产品单日销量同比上年增长 338%。

2018 年 10 月，某合作商因经营问题与幸福蛋糕总部产生矛盾，11 月开始向外传播关于品牌的负面信息，给产品销售带来较大影响。

幸福蛋糕新产品线的开发还包括烘焙材料的产销。我国家庭烘焙习惯正在养成，2020 年春节，美团烘焙类商品搜索量增长 100 多倍。2020 年第一季度，京东烘焙原料销售增长 321%。幸福蛋糕顺应需求增加烘焙材料的生产与销售业务，并通过设备和材料的创新反推顾客积极参与尝试。

截至 2020 年，幸福蛋糕覆盖全国 200 多个城市，拥有 400 多个生产配送中心，新零售门店突破 140 家。2021 年继续大力扩张新零售门店，计划超过 500 家。

管理人员拟分析近几年的销售趋势，评估企业在各个时期战略执行的效果和外部因素对销量的影响，并对未来销售目标的制订和执行提供参考。

任务要求

分析幸福蛋糕 2016—2020 年总体、各区域、不同商品类型的月度销售额趋势，以及各门店的年度销售额趋势，指出销售额是否实现增长、趋势变动中存在的规律，以及是否存在异常波动，并分析规律形成的原因。如果存在异常波动，分析可能存在的问题和风险，以及可能造成的后果，并提出改进建议。

门店销售趋势分析以珠海市的 7 家门店为例，按年度呈现。

本任务需要分析的指标和使用的数据表		
具体指标	总体销售额趋势（月度） 总体销售额年度增长率变动趋势 区域销售额趋势（月度） 商品类型销售额趋势（月度） 门店销售额趋势（年度）	**数据表**
		区域销售汇总表 珠海市门店销售汇总表

---

① IP（intellectual property，知识产权），指的是权利人对其创造的智力劳动成果所享有的财产权利。这里的动漫 IP 即动漫知识产权，如动漫人物肖像权等。

 **任务实现**

一、总体销售额趋势

（1）登录金蝶云星空网页端，进入"轻分析"界面。新建分类，命名为"销售额趋势分析"。新建业务主题，命名为"销售额趋势分析"。

（2）进入"数据建模"界面，新建数据表，选择数据源并连接数据库，也可以选择右侧已连接过的数据源。勾选"区域销售汇总表"和"珠海市销售汇总表"，单击"下一步"按钮。勾选"全选"，单击"完成"按钮，并单击左上角的"保存"按钮。

以上详细步骤可参照任务一的操作过程，此处不再赘述。

（3）返回"轻分析"界面，进入"数据斗方"界面，图表类型选择"折线图"。将"区域销售汇总表"中的"销售期间"字段拖入"横轴"栏，并选择维度为"年月"；将"区域销售汇总表"中的"金额"拖入"纵轴"栏。

（4）执行"预览尺寸"—"全画面"命令。为显示更清楚，可以单击"纵轴"栏的"数字格式"编辑按钮 ☑，将数量单位修改为"百万"，生成总体销售额趋势折线图，如图 5-22 所示。

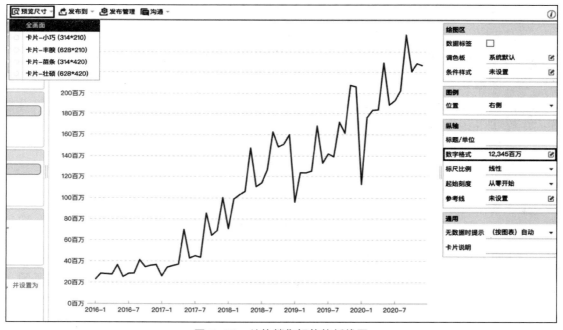

图 5-22　总体销售额趋势折线图

（5）另存方案，输入方案名称"总体销售额趋势"。

二、总体销售额年度增长率变动趋势

（1）在"数据斗方"界面，单击"清除"按钮，图表类型选择"折线图"。将"区域销售汇总表"中的"销售期间"字段拖入"横轴"栏，选择维度为"年"；将"金额"字段拖入"纵轴"栏，在"按日期计算"标签选择"环比"或"去年同期"。

（2）在窗口最右侧，勾选"数据标签"。单击"纵轴"栏的"数字格式"编辑按钮 ，设置小数位数为 2，数量单位为"百分之一（%）"，单击"确定"按钮，生成总体销售额年度增长率变动趋势折线图，如图 5-23 所示。

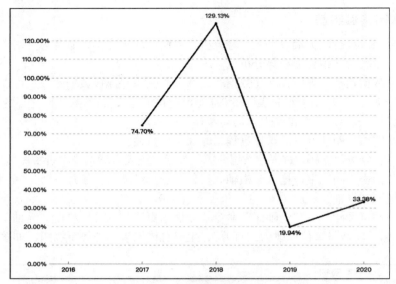

图 5-23　总体销售额年度增长率变动趋势折线图

（3）另存方案，输入方案名称"总体销售额年度增长率变动趋势"。

三、区域销售额趋势

（1）在"总体销售额趋势（月度）"方案的基础上，将"区域销售汇总表"中的"片区"字段拖入"系列"栏中，生成区域销售额趋势（月度）折线图，如图 5-24 所示。

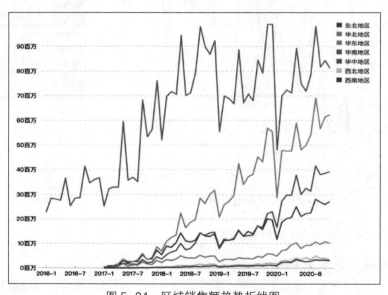

图 5-24　区域销售额趋势折线图

（2）另存方案，输入方案名称"区域销售额趋势"。

四、商品类型销售额趋势

（1）在"总体销售额趋势"方案的基础上，将"区域销售汇总表"中的"商品类型"字段拖入"系列"栏中，生成商品类型销售额趋势折线图，如图 5-25 所示。

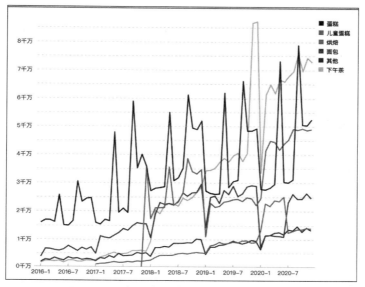

扫码查看

彩色效果

图 5-25　商品类型销售额趋势折线图

（2）另存方案，输入方案名称"商品类型销售额趋势"。

五、门店销售额趋势

（1）在"数据斗方"界面，单击"清除"按钮，图表类型选择"折线图"。将"珠海市销售汇总表"中的"销售期间"字段拖入"横轴"栏，维度选择"年"；"金额"字段拖入"纵轴"栏；"门店"字段拖入"系列"栏。最终得到门店销售额趋势折线图，如图 5-26 所示。

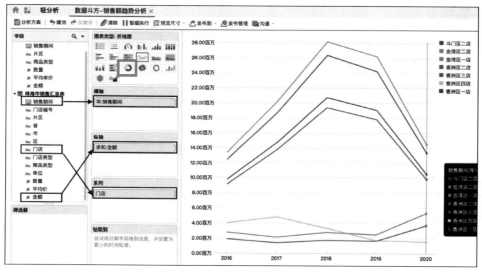

图 5-26　门店销售额趋势折线图

（2）另存方案，输入方案名称"门店销售额趋势"。

 指标分析

相关分析结论参考指标分析5-2。

指标分析 5-2

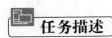 **巩固与练习**

分析讨论幸福蛋糕部分门店销售额迅速增长的原因。

任务三　销售额贡献分析

任务描述

2021年年初，幸福蛋糕对过去一年的销售工作进行总结，管理人员希望对商品类型及具体产品的贡献度进行分析。

高层管理人员关注新的商品品类在市场上的推广程度和市场反应，以便及时进行战略调整。例如，2019年12月以下午茶和面包为主打产品，在店内构建消费场景的新零售门店，虽然2020年上半年增长有所停滞，但是从"线上"订单再次走到"线下"消费，仍然是董事会坚持的战略目标。

产品开发负责人则关注具体产品在各地的销售情况及产生销售差异的原因，听取各区域的反馈，以对现有产品进行改进，或根据市场的需求开发出更适合的新产品。例如，本月推出了"新烈焰莓莓""小团圆火锅蛋糕"两款新品。

通过对商品类型和商品占比的分析，店长可以将本店商品/品类与其他门店的业绩进行横向对比，借鉴其他门店的经验，提升本店业绩。

任务要求

根据以下具体指标分别呈现各商品品类的2020年销售额占比；占比最大的商品品类（即下午茶）其销售额占比的变动趋势；以云南省2020年12月销售数据为例，分析各商品销售额占比，分别列出占比最大和最小的前五项商品并分析其趋势，尝试商品定位，评估其所处生命周期；以"新烈焰莓莓"为例，评估云南省内各门店推进新品的表现；指出企业的商品类型、产品结构、门店营销是否存在问题或风险，讨论问题产生的原因及后果，并提出改进建议。

> 说明
>
> （1）商品定位参照波士顿矩阵，分为现金牛、明星、问题、瘦狗四类商品。市场份额指标参照销售额占比指标，即高增长、高占比为明星商品，高增长、低占比为问题商品，低增长、高占比为现金牛商品，低增长、低占比为瘦狗商品。
>
> （2）商品生命周期分为导入期、成长期、成熟期、衰退期。
>
> （3）某商品客户复购率=重复购买该商品的客户ID数/购买该商品的客户ID总数量×100%。

本任务需要分析的指标和使用的数据表		
具体指标	▢ 总体商品类别销售额占比（2020 年） ▢ 下午茶销售额占比变动趋势（2016—2020 年，按年） ▢ 商品销售额占比 ▢ 占比前五名的商品销售额变动趋势（按日） ▢ 占比后五名的商品销售额变动趋势（按日） ▢ 新烈焰莓莓复购率 ▢ 新烈焰莓莓在不同门店销售额占比 ▢ 云南省各门店 2020 年 12 月销售排名	数据表	◎ 区域销售汇总表 ◎ 销售订制单（云南）

任务实现

一、总体商品类别销售额占比

（1）登录金蝶云星空网页端，进入"轻分析"界面。新建分类，命名为"2020 年度销售额贡献分析"。新建业务主题，命名为"各商品类型\商品销售额贡献分析"。

（2）进入"数据建模"界面，新建数据表，选择数据源并连接数据库。选择"区域销售汇总表"和"销售订制单（云南）"，单击"下一步"按钮。勾选"全选"，单击"完成"按钮，并单击左上角的"保存"按钮。

（3）返回"轻分析"界面，进入"数据斗方"界面，图表类型选择"饼图"。将"区域销售汇总表"中的"销售期间"字段拖入"筛选器"栏，选择销售期间为 2020 年，单击"确定"按钮；将"金额"字段拖入"角度"栏，"商品类型"字段拖入"颜色"栏，勾选"数据标签"。

（4）执行"预览尺寸"—"全画面"命令，生成总体商品类别销售额占比饼图，如图 5-27 所示。

（5）另存方案，输入方案名称"总体商品类别销售额占比"。

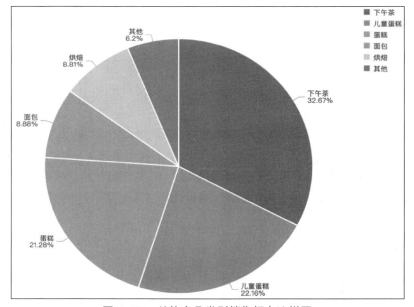

扫码查看

彩色效果

图 5-27　总体商品类别销售额占比饼图

二、下午茶销售额占比变动趋势

（1）进入"数据建模"界面，新建数据表，选择数据源并连接数据库，类型选择"自定义 SQL"。在"自定义 SQL"框中，输入名称"下午茶销售额占比变动趋势"。在"SQL"框中，输入以下 SQL 语句，单击"完成"按钮，然后单击左上角的"保存"按钮。

```
SELECT
  a.日期,
  b.下午茶销售额,
  a.总金额
FROM
  (
  SELECT
    DATE_FORMAT(销售期间, '%Y-01-01') AS 日期,
    SUM(金额) AS 总金额
  FROM
    区域销售汇总表
  GROUP BY
    DATE_FORMAT(销售期间, '%Y-01-01')
  ) a,
  (
  SELECT
    DATE_FORMAT(销售期间, '%Y-01-01') AS 日期,
    SUM(金额) AS 下午茶销售额
  FROM
    区域销售汇总表
  WHERE
    商品类型='下午茶'
  GROUP BY
    DATE_FORMAT(销售期间, '%Y-01-01')
  ) b
WHERE
  a.日期=b.日期
```

（2）返回"轻分析"界面，进入"数据斗方"界面。选择"下午茶销售额占比变动趋势"，然后单击其快速功能按钮▼，选择"创建计算字段"选项。在"创建计算字段"对话框中输入名称"下午茶销售额占比"，在"下午茶销售额占比变动趋势"表中选择"下午茶销售额/总金额"，单击"确定"按钮。

（3）将"下午茶销售额占比变动趋势"表中的"日期"字段拖入"横轴"栏，"下午茶销售额占比"字段拖入"纵轴"栏。

（4）在窗口最右侧，勾选"数据标签"。设置"纵轴"栏的数量单位为"百分之一（％）"，小数位数为 2，生成下午茶销售额占比变动趋势折线图，如图 5-28 所示。

（5）另存方案，输入方案名称"下午茶销售额占比变动趋势"。

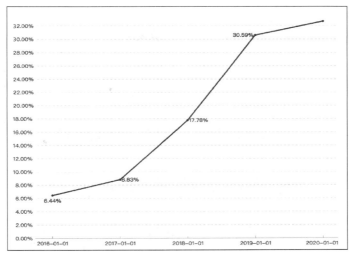

图 5-28　下午茶销售额占比变动趋势折线图

三、商品销售额占比

（1）在"数据斗方"界面，单击"清除"按钮，图表类型选择"饼图"。将"销售订制单（云南）"中的"实收金额"字段拖入"角度"栏，"商品名称"字段拖入"颜色"栏，并勾选"绘图区"栏的"数据标签"，生成商品销售额占比饼图，如图 5-29 所示。其中占比较小的一些商品无法完整显示其名称和数据。

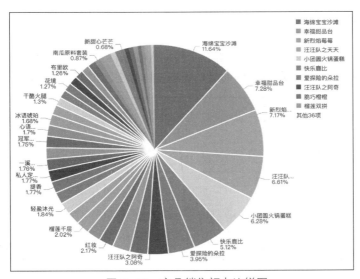

图 5-29　商品销售额占比饼图

扫码查看

彩色效果

（2）另存方案，输入方案名称"商品销售额占比"。

（3）在"数据斗方"界面，单击"清除"按钮，图表类型选择"多系列条形图"。将"销售订制单（云南）"中的"实收金额"字段拖入"横轴"栏，"商品名称"字段拖入"纵轴"栏，并在"数据"栏选择排序方式为"升序"，勾选"前 N 项"，条目数输入 5，则可以清楚地看到销售额排名后五位的商品名称，如图 5-30 所示。

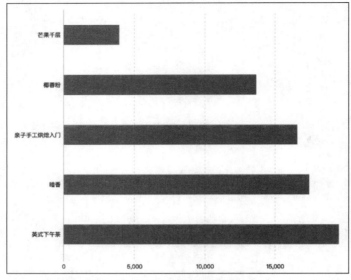

图 5-30　销售额排名后五位的商品

四、占比前五名的商品销售额变动趋势

（1）单击"清除"按钮，将"销售订制单（云南）"中的"商品名称"字段拖入"筛选器"栏，根据图 5-29 显示的占比较大的商品，勾选"海绵宝宝沙滩""幸福甜品台""新烈焰莓莓""汪汪队之天天"和"小团圆火锅蛋糕"。

（2）图表类型选择"折线图"。将"销售订制单（云南）"中的"下单时间"字段拖入"横轴"栏，维度选择"年月日"。

（3）将"销售订制单（云南）"中的"实收金额"字段拖入"纵轴"栏，"商品名称"字段拖入"系列"栏，生成折线图，展示占比前五名的商品销售额变动趋势，如图 5-31 所示。

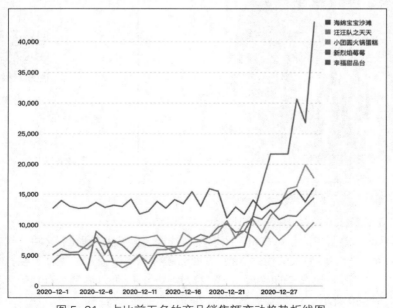

扫码查看

彩色效果

图 5-31　占比前五名的商品销售额变动趋势折线图

（4）另存方案，输入方案名称"占比前五名的商品销售额变动趋势"。

五、占比后五名的商品销售额变动趋势

（1）单击"清除"按钮，将"销售订制单（云南）"中的"商品名称"字段拖入"筛选器"栏，根据图 5-30 显示的占比较小的商品，勾选"芒果千层""椰蓉粉""亲子手工烘焙入门""暗香"和"和英式下午茶"。

（2）图表类型选择"折线图"。将"销售订制单（云南）"中的"下单时间"字段拖入"横轴"栏，维度选择"年月日"。

（3）将"销售订制单（云南）"中的"实收金额"字段拖入"纵轴"栏，"商品名称"字段拖入"系列"栏，生成折线图，展示占比后五名的商品销售额变动趋势，如图 5-32 所示。

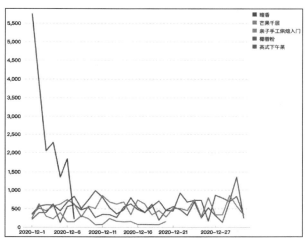

扫码查看

彩色效果

图 5-32 占比后五名的商品销售额变动趋势折线图

（4）另存方案，输入方案名称"占比后五名的商品销售额变动趋势"。

六、新烈焰莓莓复购率

（1）进入"数据建模"界面，新建数据表，选择数据源并连接数据库，类型选择"自定义 SQL"。

（2）在"自定义 SQL"框中，输入名称"客户复购数量"。在"SQL"框中，输入以下 SQL 语句，单击"完成"和"保存"按钮。

```
SQL 语句
SELECT 客户 ID, COUNT(客户 ID) 重复个数
FROM
'销售订制单(云南)'
GROUP BY 客户 ID
HAVING COUNT(客户 ID) > 1
ORDER BY 客户 ID
```

（3）切换至"关系"页签，单击"新建关系"按钮，设置"销售订制单（云南）"的"客户 ID"和前面生成的"客户复购数量"表中的"客户 ID"字段建立"多对一"关系，并勾选"销售订制单（云南）"下方的"保留无法关联的行"，单击"确定"按钮，然后单击左上角的"保存"按钮。

（4）返回"轻分析"界面，进入"数据斗方"界面。选择"客户复购数量"，然后单击其快速功能按钮▼，选择"创建计算字段"选项。在"创建计算字段"对话框中，输入名称"复购"，并输入以下表达式，单击"确定"按钮。

表达式	COUNTD([客户复购数量.客户 ID])/COUNTD([销售订制单(云南).客户 ID])

该表达式的含义是统计有重复的客户 ID 数除以所有去重的客户 ID 数。

（5）图表类型选择"业务指标"。将"客户复购数量"表中的"客户复购率"字段拖入"主指标"栏，"销售订制单（云南）"中的"商品名称"字段拖入"筛选器"栏，筛选"新烈焰莓莓"。选择"客户复购数量"，然后单击其快速功能按钮▼，设置数量单位为"百分之一（%）"，小数位数为 2，单击"确认"按钮，显示"新烈焰莓莓"的复购率为 61.98%，如图 5-33 所示。

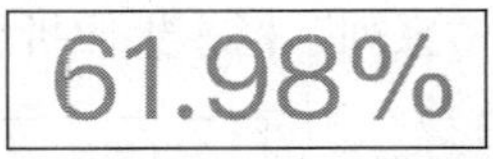

（6）另存方案，输入方案名称"新烈焰莓莓复购率"。

61.98%

图 5-33　新烈焰莓莓复购率

七、新烈焰莓莓在不同门店销售额占比

（1）单击"清除"按钮。选择"销售订制单（云南）"，然后单击其快速功能按钮▼，选择"创建计算字段"。在"创建计算字段"对话框中，输入名称"新烈焰莓莓销售额占比"，并输入以下表达式，单击"确定"按钮。

表达式	IF([销售订制单(云南).商品名称]="新烈焰莓莓",[销售订制单(云南).实收金额],0)/[销售订制单(云南).实收金额]

该表达式的含义是统计商品名称为"新烈焰莓莓"的销售额，并计算其在总销售额中的占比。

（2）图表类型选择"多系列柱形图"。将"销售订制单（云南）"中的"门店编号"字段拖入"横轴"栏，"新烈焰莓莓销售额占比"字段拖入"纵轴"栏，度量选择"平均"。

（3）勾选"绘图区"栏的"数据标签"。设置纵轴的数量单位为"百分之一（%）"，小数位数选择 2。为显示更清晰，可将排序选择"降序"或"升序"，生成柱形图，展示新烈焰莓莓在不同门店的销售额占比，如图 5-34 所示。

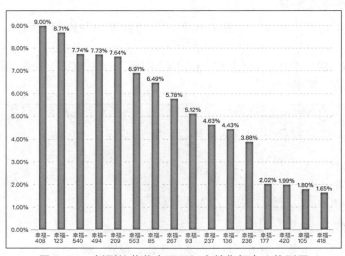

图 5-34　新烈焰莓莓在不同门店销售额占比柱形图

（4）另存方案，输入方案名称"新烈焰莓莓在不同门店销售额占比"。

八、云南省各门店 2020 年 12 月销售排名

（1）单击"清除"按钮，图表类型选择"多系列条形图"。将"销售订制单（云南）"中的"门店编号"字段拖入"纵轴"栏，"实收金额"拖入"横轴"栏，生成云南省各门店 2020 年 12 月销售排名条形图，如图 5-35 所示。

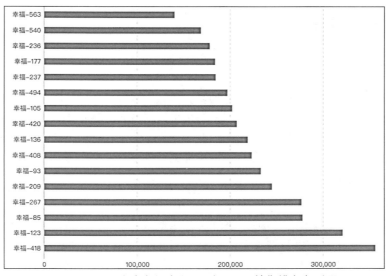

图 5-35　云南省各门店 2020 年 12 月销售排名条形图

（2）另存方案，输入方案名称"云南省各门店 2020 年 12 月销售排名"。

指标分析 5-3

指标分析

相关分析结论参考指标分析 5-3。

巩固与练习

（1）分析"小团圆火锅"蛋糕的复购率及其在不同门店的销售额占比情况，对该款蛋糕做合理的定位，评估其所处的生命周期及省内各门店推进新品的表现，指出是否存在问题或风险，讨论问题产生的原因及后果，并提出改进建议。

（2）在 2020 年的销售工作总结中，除了对商品类型及具体产品的贡献度进行分析外，幸福蛋糕的高层管理人员也希望了解各个区域、门店的销售额贡献度，用于评价区域销售总监、门店店长的业绩，同时也有助于后续调整业绩指标。

本题目需要分析的指标和使用的数据表		
具体指标	▣ 各区域销售额占比 ▣ 各区域单店平均销售额排名 ▣ 西北区域各门店销售额排名	**数据表**　◉ 销售汇总表（2020 年）

按上述具体指标呈现 2020 年度各区域和西北区域各门店的销售额占比；评价各区域、各门店

的重要性；指出各区域以及西北区域销售较差的五家门店在销售执行中存在的问题或风险，讨论问题产生的原因及后果，并提出改进建议。

（3）在"轻分析"模块中呈现幸福蛋糕 2020 年西南区域的门店销售额排名（筛选出排名最后的五个门店），试分析西南区域市场开拓强于北方区域的原因。

任务四　客户分析

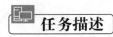 **任务描述**

客户是企业收入的来源。企业应根据各种客户信息和数据分析客户特征，评估客户价值，以更好地满足客户需求，从而创造更多利润。幸福蛋糕为提高客户留存率，推出会员制，给予会员客户一定的价格优惠。管理人员拟首先对客户进行总体分析，筛选出重要客户并分析其重要程度，评估会员制是否能够有效提高客户留存率，以设计更有针对性的营销方案。

任务要求

以云南省的客户数据为例，分析公司以何种类型的客户为主，评估公司对客户的议价能力；对比会员与非会员的客户留存率，讨论公司付出的优惠价格成本与提高的留存率是否符合成本效益原则；指出客户管理中存在的问题或风险，讨论问题产生的原因及后果，并提出改进建议。

假设提高的收益按以下公式计算，贡献毛益率为 40%：

提高留存率带来的预期收益=会员的收入总额×（会员留存率-非会员留存率）×贡献毛益率

本任务需要分析的指标和使用的数据表		
具体指标	不同客户性质销售额占比 排名前五的企业客户销售额占比 会员客户占个人客户销售额之比 会员/非会员留存率 会员收入额与优惠成本额	**数据表** 销售订制单（云南）

注：（1）排名前五的企业客户销售额占比是指这五个客户的销售额占企业客户销售总额的比例。

（2）留存率=有回购的个人客户数量/个人客户总数×100%。

任务实现

一、不同客户性质销售额占比

（1）登录金蝶云星空网页端，进入"轻分析"界面。新建分类，并命名为"客户分析"。新建业务主题，命名为"总体客户分析"。

（2）进入"数据建模"界面，新建数据表，选择数据源并连接数据库。选择"销售订制单（云南）"，单击"下一步"按钮。将本任务不需要的数据项（订单来源、渠道、数量、单价、要求送达时间、送达时间、退款额、退款原因）勾选掉，单击"完成"按钮，并单击左上角的"保存"按钮。

（3）返回"轻分析"界面，进入"数据斗方"界面，图表类型选择"饼图"。将"销售订制单（云南）"中的"客户性质"字段拖入"颜色"栏，将"实收金额"字段拖入"角度"栏，勾选"数据标签"。执行"预览尺寸"—"全画面"命令，生成不同客户性质销售额占比饼图，如图 5-36 所示。

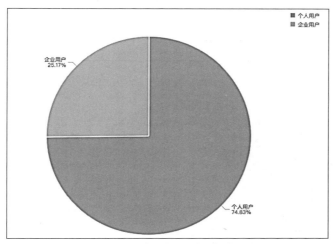

图 5-36　不同客户性质销售额占比饼图

（4）另存方案，输入方案名称"不同客户性质销售额占比"。

二、排名前五的企业客户销售额占比

（1）单击"清除"按钮，图表类型选择"饼图"。将"实收金额"字段拖入"角度"栏，"客户 ID"字段拖入"颜色"栏，"客户性质"字段拖入"筛选器"栏，筛选"企业客户"，单击"确认"按钮。

（2）勾选"数据标签"和"前 N 项"，选择条目数为 5，显示其他条目，生成饼图，展示销售额占比排名前五位的企业客户，如图 5-37 所示。

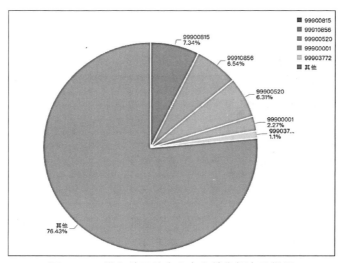

图 5-37　排名前五的企业客户销售额占比饼图

（3）另存方案，输入方案名称"排名前五的企业客户销售额占比"。

三、会员客户占个人客户销售额之比

（1）单击"清除"按钮，图表类型选择"饼图"。将"实收金额"字段拖入"角度"栏，"会员"字段拖入"颜色"栏，"客户性质"字段拖入"筛选器"栏，筛选"个人客户"，单击"确认"按钮。

（2）勾选"数据标签"，生成饼图，展示会员客户占个人客户销售额之比，如图 5-38 所示。

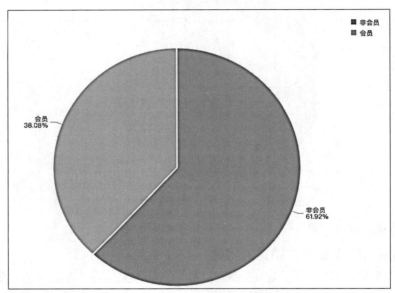

图 5-38　会员客户占个人客户销售额之比饼图

（3）另存方案，输入方案名称"会员客户占个人客户销售额之比"。

四、会员/非会员留存率

（1）进入"数据建模"界面，新建数据表，选择数据源并连接数据库，类型选择"自定义 SQL"。在"自定义 SQL"框中，输入名称"客户 ID 重复数"。在"SQL"框中，输入以下 SQL 语句，单击"完成"和"保存"按钮。

```
SQL 语句
SELECT 客户ID, COUNT(客户ID) AS 重复个数
FROM
'销售订制单(云南)'
GROUP BY 客户ID
HAVING COUNT(客户ID) > 1
ORDER BY 客户ID
```

（2）切换至"关系"页签，单击"新建关系"按钮，设置"销售订制单（云南）"的"客户ID"与前面生成的"客户 ID 重复数"表中的"客户 ID"字段建立"多对一"的关系，勾选"销售订制单（云南）"下的"保留无法关联的行"，单击"确定"按钮，并单击左上角的"保存"按钮。

（3）返回"轻分析"界面，进入"数据斗方"界面。选择"客户ID重复数"，然后单击其快速功能按钮▼，选择"创建计算字段"选项。在"创建计算字段"对话框中，输入计算名称"留存率"，并输入以下表达式，单击"确定"按钮。

表达式	COUNTD([客户ID重复数.客户ID])/COUNTD([销售订制单(云南).客户ID])

该表达式的含义是统计有重复的客户ID数除以所有去重的客户ID数。

（4）图表类型选择"多系列柱形图"。将"客户ID重复数"中的"留存率"字段拖入"纵轴"栏，"销售订制单（云南）"中的"会员"字段拖入"系列"栏，"客户性质"字段拖入"筛选器"栏，筛选"个人客户"，单击"确认"按钮。勾选"数据标签"，设置纵轴的数量单位为"百分之一（%）"，小数位数选择2，生成会员/非会员留存率柱形图，如图5-39所示。

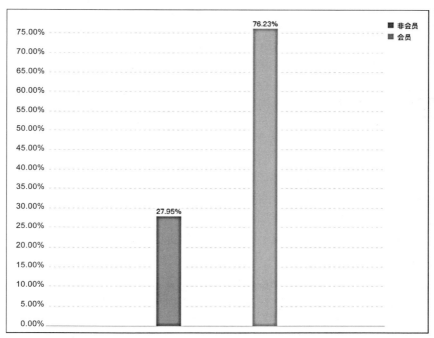

图5-39　会员/非会员留存率柱形图

（5）另存方案，输入方案名称"会员/非会员留存率"。

五、会员收入额与优惠成本额

（1）返回"轻分析"界面，进入"数据分析"界面，图表类型选择"表格"。将"销售订制单（云南）"中的"实收金额""优惠金额"分别拖入"数值区域"栏，"优惠性质"字段拖入"行"栏，"会员"字段拖入"筛选器"栏。在右侧调出的边栏中筛选"会员"，生成表格，如图5-40所示。

优惠性质	实收金额	优惠金额
会员优惠	627,065.86	135,261.14
其他优惠	401,587.88	57,129.12

图5-40　会员收入额与优惠成本额表格

（2）另存方案，输入方案名称"会员收入额与优惠成本额"。

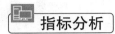 **指标分析**

相关分析结论参考指标分析 5-4。

指标分析 5-4

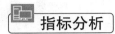 **巩固与练习**

（1）根据任务四的分析结果，总结影响幸福蛋糕客户议价能力的因素。

（2）根据对客户的总体分析，幸福蛋糕管理人员认识到企业客户的重要性。管理人员计划在维护现有客户的基础上，加大力度开发更多企业客户，因此要求对现有企业客户进行重要性和风险管控的分析。

请以深圳市企业客户 2020 年的销售数据为例，分析企业客户的销售额占比和应收账款的逾期情况，对客户按重要性和信用进行评级；指出企业客户管理中是否存在问题或风险，讨论问题产生的原因及后果，并提出改进建议。

本题目需要分析的指标和使用的数据表		
具体指标	企业客户销售额占比 企业客户重要程度分布 应收账款逾期天数、超额度欠款额、逾期频次 企业客户信用级别分布	**数据表** · 深圳企业客户档案 · 深圳市企业客户销售收款明细表（2020年12月31日） · 销售汇总表（2020年）

补充说明：

① 企业客户销售额占比=企业客户 2020 年不含税销售额/该门店 2020 年销售额（"销售汇总表（2020年）"中的金额为不含税金额）×100%。幸福蛋糕按企业客户销售额占比将企业客户分为三个重要性级别，如表 5-1 所示。

表 5-1　　　　　　　　　企业客户重要性评价标准

销售额占比	级别
销售额占比≥5%	1
1%≤销售额占比<5%	2
销售额占比<1%	3

② 应收账款逾期天数、超额度欠款额、逾期频次均按订单统计。

③ 根据客户信用评分标准和客户信用评级标准，对客户信用进行评级。客户信用评分标准如表 5-2 所示，客户信用评级标准如表 5-3 所示。

表 5-2　　　　　　　　　客户信用评分标准

维度	条件	得分	权重
重要程度	重要程度=3	60	25%
	重要程度=2	80	
	重要程度=1	100	

续表

维度	条件	得分	权重
应收账款 超额度欠款	应收账款当年累计超额度欠款>其信用额度的20%	60	25%
	0<应收账款当年累计超额度欠款≤20%	80	
	应收账款当年累计超额度欠款≤0	100	
应收账款 逾期天数	应收账款累计逾期天数>10	60	25%
	0<应收账款累计逾期天数≤10	80	
	应收账款累计逾期天数≤0	100	
应收账款 逾期频次	应收账款累计逾期次数>5	60	25%
	0<应收账款累计逾期次数≤5	80	
	应收账款累计逾期次数≤0	100	

表5-3　　　　　　　　　　　　　客户信用评级标准

评分	信用级别
90<评分≤100	AAA
80<评分≤90	AA
评分≤80	A

（3）沿用上题数据表，试根据企业客户的销售额和应收账款回收情况，给幸福蛋糕的企业客户正浩公司、耀协公司、仁义公司、飞庆公司建议新的信用政策，包括信用额度和账期，并说明调整理由。

（4）个人客户为幸福蛋糕贡献了近75%的销售收入，迎合消费者需求是食品新零售行业的立足之本。不同特征的消费者的喜好和关注点存在一定规律，而规律的发现则主要来源于客户的购买记录。对个人客户进行更详尽的分析，有助于企业产品研发和制订更精准的营销策略。

本题目需要分析的指标和使用的数据表		
具体指标	客户性别占比 客户年龄段占比 不同性别客户购买商品类型/商品对比 不同年龄段客户购买商品类型对比	**数据表** 销售订制单（云南）

请以云南省2020年12月销售数据为例，按上述具体指标对个人客户的特征和购买行为进行分析，给出产品研发和营销方面的建议。

（5）以云南省2020年销售数据为例，在"轻分析"模块中呈现蛋糕类商品"私人定制"的个人客户不同性别和年龄段的购买占比，分析是否存在一定规律并说明原因。

任务五　销售渠道分析

任务描述

　　做好市场营销，不仅是指让消费者知道和认可公司的品牌和产品，也包括能够让消费者便捷地找到和购买公司的产品或服务。幸福蛋糕是烘焙行业较早开发线上交易、提出新零售概念的企业。通过线上交易的好处不仅是适应目前的消费习惯，让消费者方便地下单，也可以收集大量的消费数据，通过算法实现精准营销和按销生产。

　　幸福蛋糕的订单来源分为线上和线下，线上渠道包括微信公众号、淘宝、京东、美团及官网订购。管理人员想详细了解各种渠道的销售情况，以确定营销资源的分配，便于与平台合作商谈判。

　　另外，面包类产品具有一定的特殊性，与其他外卖食品不同，它的生产时间需要 4～6 个小时，无法实现实时下单生产；顾客到店后只能选择店里现有的产品，而它的销售时间也只有 10 个小时，且由于其价格较低，难以实现专门配送。幸福蛋糕想要解决这一问题，把线下烘焙门店的实时数据展示给顾客，让顾客根据面包的生产状态来下单。

任务要求

　　以云南省 2020 年 12 月的销售数据为例，在"轻分析"模块中呈现以下具体指标并分析规律和结论，比较各类销售渠道（线上、线下以及线上的不同渠道）适合的商品类型或场景，并建议相应的营销资源投入渠道。

本任务需要分析的指标和使用的数据表		
具体指标	☑ 不同来源、销售渠道订单额占比 ☑ 不同商品类型订单来源、渠道占比分析（儿童蛋糕）	数据表 ◉ 销售订制单（云南）

任务实现

一、不同来源、销售渠道订单额占比

　　（1）登录金蝶云星空网页端，进入"轻分析"界面。新建分类，命名为"销售渠道分析"。新建业务主题，命名为"销售渠道分析"。

　　（2）进入"数据建模"界面，新建数据表，选择数据源并连接数据库。选择"销售订制单（云南）"，单击"下一步"按钮。将本任务不需要的数据项（客户 ID、客户性质、会员、客户性别、年龄段、商品编码、商品名称、数量、单价、优惠金额、优惠性质、要求送达时间、送达时间、退款额、退款原因）取消勾选，单击"完成"按钮，并单击左上角的"保存"按钮。

　　（3）返回"轻分析"界面，进入"数据斗方"界面，图表类型选择"饼图"。将"销售订制单（云南）"中的"实收金额"字段拖入"角度"栏，将"订单来源"字段拖入"颜色"栏，将"渠道"字段拖入"钻取到"栏。

　　（4）执行"预览尺寸"—"全画面"命令，并勾选"数据标签"，然后单击"线上"标签，生成线上不同渠道订单额占比饼图，如图 5-41 所示。京东和官网渠道因占比较少，故没有显示。

　　（5）另存方案，输入方案名称"不同来源、销售渠道订单额占比"。

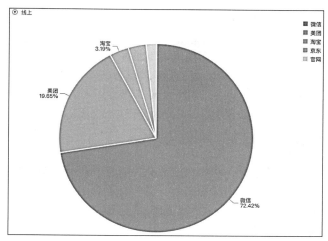

扫码查看

彩色效果

图 5-41　线上不同渠道订单额占比饼图

二、不同商品类型订单来源、渠道占比分析（儿童蛋糕）

（1）单击"清除"按钮，图表类型选择"饼图"。将"销售订制单（云南）"中的"实收金额"字段拖入"角度"栏，将"商品类型"字段拖入"颜色"栏，将"订单来源"和"渠道"字段依次拖入"钻取到"栏。

（2）执行"预览尺寸"—"全画面"命令，勾选"数据标签"，然后依次单击"儿童蛋糕""线上"标签，生成儿童蛋糕线上不同渠道订单额占比分析饼图，如图 5-42 所示。淘宝和官网渠道因占比较小，故没有显示。

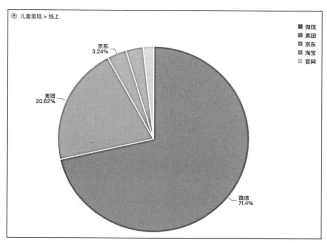

扫码查看

彩色效果

图 5-42　儿童蛋糕线上不同渠道订单额占比分析饼图

（3）另存方案，输入方案名称"不同来源、销售渠道订单额占比（儿童蛋糕）"。

指标分析 5-5

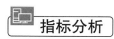

指标分析

相关分析结论可参考指标分析 5-5。

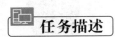

巩固与练习

讨论幸福蛋糕将面包制作过程呈现给消费者，实现网上下单配送的可行性。

任务六　销售供货分析

任务描述

消费者通过各种销售渠道找到产品下单后，能否快捷地获得需要的产品也是影响消费者体验的重要方面。对此，幸福蛋糕做出承诺（即"幸福承诺"）：送货每迟到 1 分钟，售价减 1 元；货不对版，退款不退货；迟到 30 分钟，免费赠送；早到或迟到 60 分钟以上，双倍赔付。此项承诺也成为与其他同类产品形成差异化的核心竞争力。

基于以上承诺，供货出错或延迟的成本极高。因此，销售供货履行承诺是企业赢得客户以及实现盈利的关键因素。

管理人员要求对供货情况进行分析，评估各门店的承诺实现情况和成本付出是否在可接受的范围内。

任务要求

以云南省 2020 年 12 月儿童蛋糕线上销售数据为例，在"轻分析"模块呈现以下具体指标，评估总体和各门店交付率情况，并测算延迟退款和超时赔偿费用是否与承诺相符，分析不同退款（指货不对版，退款不退货）原因占比，指出存在的问题或风险，讨论问题产生的原因及后果，并提出改进建议。

> 💡 说明
>
> （1）延迟退款指延迟 60 分钟以内的补偿费用，包括两种情况：
>
> ① 迟到 30 分钟以内（含），按每分钟 1 元计算。
>
> ② 迟到 30 分钟以上 60 分钟以内（含），退全款。
>
> $$延迟费用误差率＝（应退延迟费－实际发生的延迟费）/应退延迟费×100\%$$
>
> 该公式中，应退延迟费是指根据送货记录计算出的应退费用；实际发生的延迟费是指在系统中记录的已退延迟费。
>
> （2）超时赔偿费是指早到或迟到 60 分钟以上的双倍补偿金额。
>
> $$超时赔偿费用误差率＝（测算的赔偿费－实际发生的赔偿费）/测算的赔偿费×100\%$$
>
> 该公式中，测算的赔偿费是指根据送货记录计算出的赔偿费；实际发生的赔偿费是指系统中记录的已赔偿金额。

本任务需要分析的指标和使用的数据表		
具体指标	▢ 日订单及时交付率变动趋势 ▢ 各门店日订单及时交付率排名 ▢ 各门店延迟费用误差率 ▢ 各门店超时赔偿费误差率 ▢ 退款率及退款原因占比	数据表 ⦿ 销售订制单（云南）

注：上述指标均以个人客户的销售数据为例。

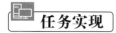 **任务实现**

一、日订单及时交付率变动趋势

（1）登录金蝶云星空网页端，进入"轻分析"界面。新建分类，命名为"销售供货分析"。新建业务主题，命名为"销售供货分析"。

（2）进入"数据建模"界面，新建数据表，选择数据源并连接数据库。勾选"销售订制单（云南）"，单击"下一步"按钮。将本任务不需要的数据项（客户 ID、会员、客户性别、客户年龄、年龄段、商品编码、商品名称、渠道、数量、单价、优惠金额）取消勾选，单击"完成"按钮。

（3）根据任务要求，过滤商品类型为"蛋糕"或"儿童蛋糕"并且订单来源为"线上"的数据。编辑完成后，可刷新预览数据，如图 5-43 所示。最后单击左上角的"保存"按钮。

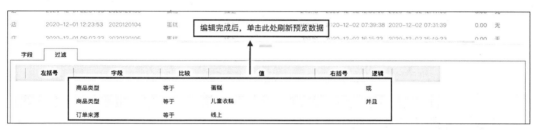

图 5-43　预览数据

（4）返回"轻分析"界面，进入"数据斗方"界面。选择"销售订制单（云南）"，单击其快速功能按钮▼，选择"创建计算字段"选项。在"创建计算字段"对话框中，输入计算字段的名称"及时交付订单数"，并输入以下表达式，单击"确定"按钮。

> **表达式**　if((TONUMBER([销售订制单(云南).要求达到时间])-TONUMBER([销售订制单(云南).送达时间]))>=0,1,0)

该表达式的含义是先将"要求送达时间"和"送达时间"的日期时间格式通过 TONUMBER 函数转换为数值，然后通过 IF 函数设置，如果"要求送达时间"大于或等于（即晚于或等于）"送达时间"，则返回 1，否则返回 0，用于下一步计算。

（5）继续选择"销售订制单（云南）"，单击其快速功能按钮▼，选择"创建计算字段"选项。在"创建计算字段"对话框中，输入计算字段的名称"订单及时交付率"，并输入以下表达式，单击"确定"按钮。

> **表达式**　SUM([销售订制单(云南).及时交付订单数])/COUNT([销售订制单(云南).单号])

该表达式的含义是加总前面计算的及时交付的订单数，除以订单的总数，计算出订单及时交付率。

（6）图表类型选择"折线图"。将"下单时间"字段拖入"横轴"栏，选择维度为"年月日"；将"订单及时交付率"字段拖入"纵轴"栏。

（7）在窗口最右侧，勾选"数据标签"，设置纵轴的数量单位为"百分之一（%）"，小数位数为 2，并将起始刻度值设置为"允许不从零开始"。执行"预览尺寸"—"全画面"命令，生成日订单及时交付率变动趋势折线图，如图 5-44 所示。

（8）另存方案，输入方案名称"日订单及时交付率变动趋势"。

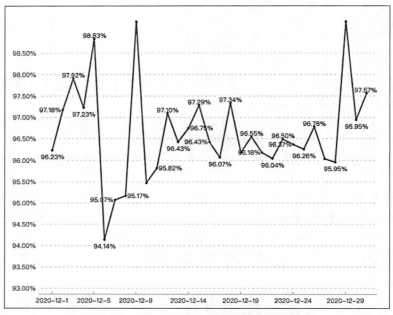

图 5-44　日订单及时交付率变动趋势折线图

二、各门店日订单及时交付率排名

（1）单击"清除"按钮，图表类型选择"多系列条形图"。将"销售订制单（云南）"中的"订单及时交付率"字段拖入"横轴"栏，"门店编号"拖入"纵轴"栏。勾选"数据标签"，设置横轴的数量单位为"百分之一（%）"，小数位数为2，单击"确认"按钮，排序选择"降序"，生成各门店日订单及时交付率排名条形图，如图 5-45 所示。

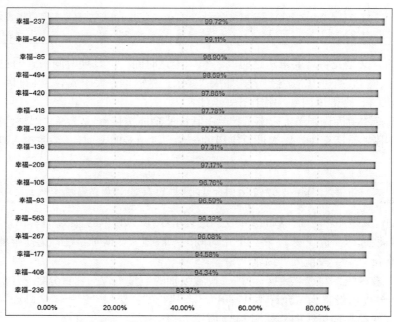

图 5-45　各门店日订单及时交付率排名条形图

（2）另存方案，输入方案名称"各门店日订单及时交付率排名"。

（3）可以看到及时交付率最低的门店是幸福-236，可以进一步分析幸福-236门店交付率的具体情况。图表类型选择"折线图"，将"销售订制单（云南）"中的"门店编号"字段拖入"筛选器"栏，选择"幸福-236"门店，单击"确定"按钮。

（4）将"销售订制单（云南）"中的"下单时间"字段拖入"横轴"栏，维度选择"年月日"；将"订单及时交付率"拖入"纵轴"栏。

（5）在窗口最右侧，勾选"数据标签"，设置纵轴的数量单位为"百分之一（%）"，小数位数为2，并将起始刻度值设置为"允许不从零开始"。执行"预览尺寸"—"全画面"命令，生成幸福-236门店订单及时交付率折线图，如图5-46所示。

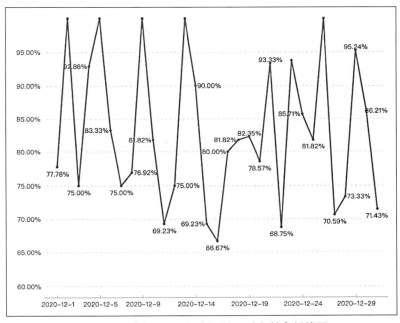

图5-46　幸福-236门店订单及时交付率折线图

三、各门店延迟费用误差率

（1）单击"清除"按钮。选择"销售订制单（云南）"，然后单击其快速功能按钮▼，选择"创建计算字段"选项。在"创建计算字段"对话框中，输入计算字段的名称"延误分钟"，并输入以下表达式，单击"确定"按钮。

表达式	ROUND((TONUMBER([销售订制单（云南）.送达时间])-TONUMBER([销售订制单（云南）.要求达到时间]))*24*60, 0)

该表达式的含义是先将"要求送达时间"和"送达时间"的日期时间格式通过TONUMBER函数转换为数值，然后计算两者的时间差。由于转换的数值单位为"日"，因此需要将"所得数值×24（小时）×60（分钟）"，最后使用ROUND函数进行四舍五入，不留小数，用于下一步计算。

（2）选择"销售订制单（云南）"，然后单击其快速功能按钮▼，选择"创建计算字段"选项。在"创建计算字段"对话框中，输入计算字段的名称"应退延误费"，并输入以下表达式，单击"确定"按钮。

表达式	IF(AND([销售订制单（云南）.延误分钟]>0, [销售订制单（云南）.延误分钟]<=30), [销售订制单（云南）.延误分钟], IF(AND([销售订制单（云南）.延误分钟]>30, [销售订制单（云南）.延误分钟]<=60), [销售订制单（云南）.实收金额], 0))

该表达式是根据以下任务要求设定的。

① 迟到 30 分钟以内（含）按每分钟 1 元钱计算。

② 迟到 30 分钟以上并在 60 分钟（含）以内的退全款。

通过 IF 函数设置：延误时间在 0～30 分钟的订单，返回延误的分钟数值为延误费用；延误时间在 30～60 分钟的订单，返回"实收金额"为延误费用，否则返回 0。

（3）选择"销售订制单（云南）"，单击其快速功能按钮▼，选择"创建计算字段"选项。在"创建计算字段"对话框中，输入计算字段的名称"延迟费用误差率"，并输入以下表达式，单击"确定"按钮。

表达式	IF([销售订制单（云南）.应退延误费]=0, 0, ([销售订制单（云南）.应退延误费]-[销售订制单（云南）.退款额])/[销售订制单（云南）.应退延误费])

该表达式的含义是根据任务要求，延迟费用误差率=（应退延迟费-实际发生的延迟费）/应退延迟费×100%。当存在支付应退延误费的订单时，IF 函数返回计算结果，不存在则返回 0。

（4）图表类型选择"多系列条形图"。将"延迟费用误差率"字段拖入"横轴"栏，选择度量为"平均"；将"门店编号"字段拖入"纵轴"栏。勾选"数字标签"。设置横轴的数量单位为"百分之一（%）"，小数位数选择 2。设置数据排序为"升序"，生成各门店延迟费用误差率条形图，如图 5-47 所示。

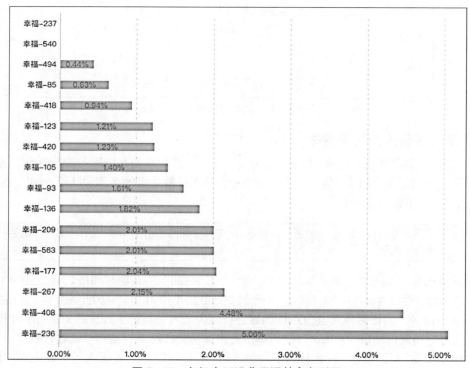

图 5-47　各门店延迟费用误差率条形图

（5）另存方案，输入方案名称"各门店延迟费用误差率"。

四、各门店超时赔偿费误差率

（1）单击"清除"按钮，选择"销售订制单（云南）"，单击其快速功能按钮▼，选择"创建计算字段"选项。在"创建计算字段"对话框中，输入计算字段的名称"应退赔偿费"，并输入以下表达式，单击"确定"按钮。

表达式	IF(OR([销售订制单（云南）.延误分钟]<-60，[销售订制单（云南）.延误分钟]>60)，[销售订制单（云南）.实收金额]*2，0)

该表达式的含义是早到或迟到 60 分钟以上的订单，应退赔偿费为实收金额的 2 倍，否则返回 0。

（2）继续选择"销售订制单（云南）"，单击其快速功能按钮▼，选择"创建计算字段"选项。在"创建计算字段"对话框中，输入计算字段的名称"超时赔偿费误差率"，并输入以下表达式，单击"确定"按钮。

表达式	IF([销售订制单（云南）.应退赔偿费]=0，0，([销售订制单（云南）.应退赔偿费]−[销售订制单（云南）.退款额])/[销售订制单（云南）.应退赔偿费])

该表达式的含义是根据任务要求，超时赔偿费用误差率=（测算的赔偿费−实际发生的赔偿费）/测算的赔偿费×100%。当存在支付超时赔偿费用的订单时，IF 函数将返回计算结果；如果没有此类订单，则返回值为 0。

（3）图表类型选择"多系列条形图"。将"超时赔偿费误差率"拖入"横轴"栏，选择度量为"平均"；将"门店编号"字段拖入"纵轴"栏。生成各门店超时赔偿费误差率条形图，如图 5-48所示，可以看到超时赔偿的情况没有发生过。

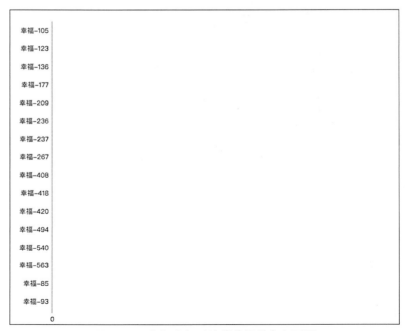

图 5-48　各门店超时赔偿费误差率条形图

（4）另存方案，输入方案名称"各门店超时赔偿费误差率"。

五、退款率及退款原因占比

（1）在"数据斗方"界面，单击"清除"按钮。选择"销售订制单（云南）"，单击其快速功能按钮▼，选择"创建计算字段"选项。在"创建计算字段"对话框中，输入计算字段的名称"退款率"，并输入以下表达式，单击"确定"按钮。

表达式	SUM（[销售订制单（云南）.退款额]）/SUM（[销售订制单（云南）.实收金额]）

（2）图表类型选择"业务指标"。将计算的"退款率"字段拖入"主指标"栏，设置主指标的数量单位为"百分之一（%）"，小数位数为2，单击"应用"按钮，得到退款率指标，如图5-49所示。

1.07%

图 5-49　退款率指标

（3）另存方案，输入方案名称"退款率"。

（4）单击"清除"按钮，图表类型选择"饼图"。将"销售订制单（云南）"中的"退款额"字段拖入"角度"栏，"退款原因"拖入"颜色"栏。勾选"绘图区"栏的"数据标签"，选择标签显示为"名称+百分比"，位置选择"右侧"，生成退款原因占比饼图，如图5-50所示。

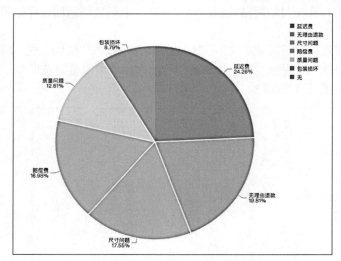

扫码查看

彩色效果

图 5-50　退款原因占比饼图

（5）另存方案，输入方案名称"退款原因占比"。

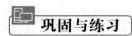 指标分析

相关分析结论参考指标分析5-6。

指标分析 5-6

巩固与练习

阐述数字技术如何协助企业提高送货及时率。

任务七　销售分析小结

任务描述

幸福蛋糕拟召开 2020 年度经营会议，其中包括对过去一年销售业绩的回顾。当然，高层管理人员更关注过去的经验和教训能给未来提供的借鉴和指引。

任务描述

针对 2020 年度经营会议，从销售整体业务角度，挑选认为重要的销售指标（不限于前面分析的销售任务指标），制作销售大屏看板，分析销售现状以及销售管理中存在的问题或风险，对下一年度的销售工作提出改进建议，形成销售分析报告，并用 PPT 进行展示和解说。

参考指标
2020 年销售额
门店总数
2020 年新开门店数
各区域销售额占比
销售额排行
总体销售额变动趋势
总体销售计划完成率
商品类别销售额占比
各销售渠道订单额占比
日订单及时交付率变动趋势

任务实现

视频 5-2

本任务具体操作步骤可参考视频 5-2。

（1）登录金蝶云星空网页端，进入"轻分析"界面。新建分类，命名为"销售分析小结"。单击"新建"按钮，选择创建一个仪表板。在"新建仪表板"对话框中，输入名称"销售分析小结"，单击"确定"按钮。

（2）单击"仪表板"按钮▣，如图 5-51 所示，进入"仪表板"编辑界面。

销售分析小结

该仪表板暂无描述

图 5-51　进入"仪表板"编辑界面

（3）在屏幕右下角，设置外观风格为"深邃蓝"，如图 5-52 所示。

财务大数据分析

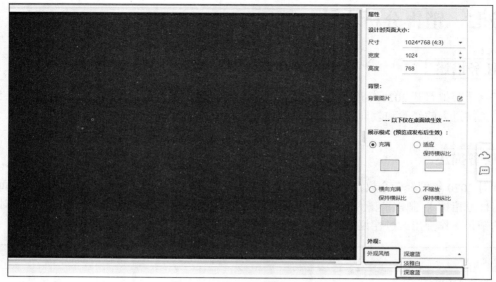

图 5-52 选择外观风格

（4）将左侧"组件"栏中的"数据斗方"拖入中间空白的看板区，在"添加数据斗方-选择来源"对话框中，单击"下一步"按钮。

（5）选择需要呈现指标的路径（如"各商品类型/商品销售贡献分析"），单击"下一步"按钮。若涉及前述任务未做的指标图，或原保存的数据丢失，则需要重新呈现并保存指标。

（6）勾选"加载方案"，并选择需要的总结指标（如"总体商品类别销售额占比"），单击"完成"按钮。重复这一步骤，逐一选择需要的销售分析小结指标。如果选择了"数据分析"可视化内容，则将"数据分析"拖入看板区。

（7）全部指标拖入看板区后，若某个指标需要修改，可以选中该指标，将光标停留在右上角，出现编辑按钮 后，单击此按钮即可修改。

（8）可以拖曳指标上方的浅色条框将各项指标排序，也可以在右侧"属性"栏中设置指标的位置、大小，使看板尽量整洁、美观，如图 5-53 所示。

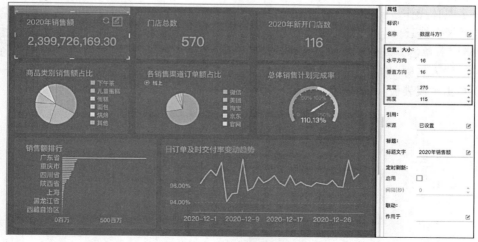

图 5-53 排列设置各项指标

（9）最终得到的销售主题分析大屏如图 5-54 所示。

图 5-54　销售主题分析大屏

> **说明**
>
> 以下内容大部分来自本项目前六个任务的分析，因数据大屏显示所限，业务总结中阐述的个别内容无法从大屏中看到，这里主要是给读者参考，明确分析报告的核心要点，培养读者的归纳总结能力。读者在实际操作过程中，可根据分析需求，选择适当的指标斗方图，在数据大屏上完整呈现。其他项目的报告模板不再重复说明。

一、销售业务总结

2020 年度实现销售额近 24 亿元，较上年增长 33.38%。2020 年新开门店 116 家，门店总数达到 570 家，覆盖了全国 32 个省级行政区。其中，华东、华南区域销售额占比较大，分别占到 2020 年销售总额的 26.37% 和 38.44%；华中、西南区域占比达到 10% 以上；东北和西北区域占比较小，仅占销售总额的 1.37% 和 1.74%。

销售收入超过亿元的省份共 8 个，排名靠前的 5 个省份依次为广东、湖北、福建、河南和湖南。

总体销售计划完成率为 110.13%，虽然 2020 年面临疫情冲击，公司的应对措施整体恰当并得到有效执行，完成了年度销售任务。

商品类别销售额占比较高的依次为下午茶、儿童蛋糕、蛋糕、面包、烘焙和其他周边产品，占比分别为 32.67%、22.16%、21.28%、8.85%、8.81%、6.2%。下午茶、蛋糕类产品贡献了近 80% 的营业收入。

由于人们生活习惯的改变，线上订单占比较大，达到 86.06%。其中，微信公众号订单的销售额占总销售额的 55%，其次是美团平台订单占 20.5%，淘宝、京东及官网商城订单占比较小，显示了人们的消费习惯从原来以淘宝、京东等为代表的电商平台转向以微信为代表的社交平台。

二、存在的问题或风险

（1）制订的销售计划准确性有待加强，未能全面考虑客观环境因素，或未根据环境变化做出适时调整。销售计划不准确可能导致企业不能合理有效地分配资源，盲目投资。例如，如果未能合理预估疫情带来的影响，在新零售门店上投资过大，就会给企业带来损失。

（2）市场开拓压力大。任何一种新品牌、新产品进驻市场都会遇到各种各样的行业竞争，这是产品进驻新市场的最大危机，尤其是进驻北方市场受到地方品牌的巨大竞争压力。

（3）新产品的研发压力大。消费者对烘焙类产品的口味、外形、包装等要求不断提高，烘焙食品的品类流行周期越来越短，消费者对品牌的忠诚度也越来越低。例如，2020年仅云南省区便有两项产品进入衰退期，需要及时研发新的产品进行替代。

（4）产品差异化战略仍不够突出，尚未形成企业的核心竞争力。在销售方面，幸福蛋糕的差异化战略主要体现在新零售门店场景的打造和配送承诺上。实际在配送承诺的执行中存在未严格执行的情况。

（5）个别门店的经营管理存在问题，如销售计划完成较差、新品推广不力、客户风控不到位、配送不及时等。

三、改进建议

（1）销售计划应全面考虑企业内、外部的环境因素及变化，适时做出调整。

（2）打造地方市场品牌知名度。调查了解地方市场的竞争对手情况，全方位了解消费者的购买习惯，制订有针对性的市场推广方案。本质上来说，需要提供对目标消费者更具吸引力的价格，差异化的产品或服务，并且能让消费者方便地了解和获得产品。

（3）根据产品的不同定位和所处的不同生命周期，制订恰当的营销策略，形成更优的产品组合，产出最大效益并兼顾长期发展。

（4）要将"幸福承诺"打造成区别于同类产品的差异化战略，需要在配送时效的管控上做出更多努力，可能需要投放更多资源。对做出的承诺应严格履行，以树立企业诚信经营的形象。

（5）针对门店经营管理中存在的问题，找到问题产生的具体原因，从根本上进行解决，必要时可调整管理人员的岗位。

采购主题分析

采购是企业经营正常开展的重要保障。对采购环节进行大数据分析，有助于企业发现供应链中存在的问题，从而进一步采取优化措施。本项目主要介绍基于采购大数据进行数据建模，构建典型指标体系，实现指标的可视化及诊断、分析的全过程，并提出采购环节的优化措施与方法。

学习目标

1. 掌握采购主题分析的整体思路
2. 掌握采购成本分析的方法
3. 掌握采购执行分析的方法
4. 学会构建采购分析的整体关键指标体系

职业素养点拨

亡羊补牢，为时已晚

据《史记》记载，魏文王问扁鹊兄弟三人谁医术最好，扁鹊回答："长兄最好，中兄次之，我最差。"魏文王又问为何扁鹊是最出名的，扁鹊回答："我长兄治病，是治病于病情发作之前。由于一般人不知道他事先能铲除病因，所以他的名气无法传出去，只有我们家的人才知道。我中兄治病，是治病于病情初起之时。一般人以为他只能治轻微的小病，所以他的名气只及于本乡里。而我扁鹊治病，是治病于病情严重之时。一般人都看到我在经脉上穿针管放血、在皮肤上敷药做手术，所以以为我的医术高明，名气因此响遍全国。"

在企业经营过程中，事后控制不如事中控制，事中控制不如事前控制。但仍有部分企业管理者未能体会到这一点，等到错误的决策造成了重大损失才寻求弥补，有时是"亡羊补牢，为时已晚"。采购是企业经营正常开展的重要保障，从源头降低成本支出能给企业带来直接的效益，这就需要分析人员能对相关数据进行分层分类，通过可视化图表敏锐地发现问题，并制订相关应对措施。

任务一　采购成本分析

任务描述

幸福蛋糕的原材料主要是面粉、细砂糖、食用油、鸡蛋等，国家对此类商品的生产和价格变动非常重视，近年来价格较为稳定，未出现大幅波动情况。每年年初，幸福蛋糕采购部都会组织大宗物资的招标。材料成本是幸福蛋糕产品最重要的成本组成部分，管理人员非常重视，要求财务部对近年来的采购成本进行分析。

任务要求

财务部需要对 2016—2020 年的采购数据进行深入分析，要求分项列示重要原材料的采购价格变动趋势与市场价格变动趋势；将同一原材料的采购价格变动趋势和市场价格变动趋势在一张图中体现，以便对比；讨论采购价格是否存在问题或风险，并提出改进建议。

	本任务需要分析的指标和使用的数据表		
具体指标	▫ 公司总体采购金额趋势 ▫ 公司总体采购金额占销售比 ▫ 重要原材料采购价格与市场价格的对比（鸡蛋） ▫ 重要原材料采购价格与市场价格偏离度（分别呈现面粉、鸡蛋、细砂糖同一时间采购价格和市场价格的变动趋势对比）	数据表	◉ 购销对比表 ◉ 利润表 ◉ 重要原材料采购明细表 ◉ 重要原材料市场参考价格

注：重要原材料以面粉、鸡蛋、细砂糖为例，提供的市场价格为采购日期所在月份的出厂批发价。

任务实现

一、公司总体采购金额趋势

视频 6-1

本指标具体操作步骤可参考视频 6-1。

（1）登录金蝶云星空网页端，进入"轻分析"界面。新建分类，命名为"采购成本分析"。新建业务主题，命名为"采购成本分析"。

（2）进入"数据建模"界面，新建数据表，选择数据源并连接数据库。选择"购销对比表"和"重要原材料采购明细表"，单击"下一步"按钮，勾选"全选"，单击"完成"按钮，然后单击左上角的"保存"按钮。

（3）返回"轻分析"界面，进入"数据斗方"界面，图表类型选择"折线图"。将"购销对比表"中的"时间"字段拖入"横轴"栏，将"采购金额"字段拖入"纵轴"栏。

（4）在"横轴"栏中单击"时间"字段的快速功能按钮 ▼，选择"维度"下的"季度"。执行"预览尺寸"—"全画面"命令，生成公司总体采购金额趋势折线图，如图 6-1 所示。

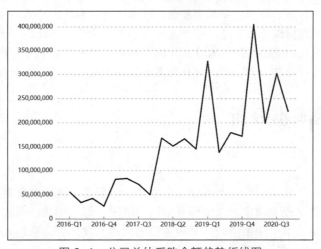

图 6-1　公司总体采购金额趋势折线图

（5）另存方案，输入方案名称"公司总体采购金额趋势"。

二、公司总体采购金额占销售比

（1）在"数据斗方"界面，单击"清除"按钮。选择"购销对比表"，单击其快速功能按钮▼，选择"创建计算字段"选项。在"创建计算字段"对话框中，输入名称"采购金额占销售比"，在"表达式"框中选择"采购金额"作为分子，选择"销售收入"字段作为分母，然后单击"确定"按钮。

（2）在"数据斗方"界面，图表类型选择"折线图"。将"购销对比表"中的"时间"字段拖入"横轴"栏，将"采购金额占销售比"字段拖入"纵轴"栏。

（3）单击"纵轴"栏中"采购金额占销售比"字段的快速功能按钮▼，选择"度量(平均)"下的"平均"。单击窗口最右侧的"数字格式"编辑按钮✎，将小数位数设为 2，数量单位选择"百分之一（%）"，单击"确定"按钮。

（4）单击"横轴"栏中"时间"字段的快速功能按钮▼，选择"维度"下的"季度"，生成公司总体采购金额占销售比折线图，如图 6-2 所示。

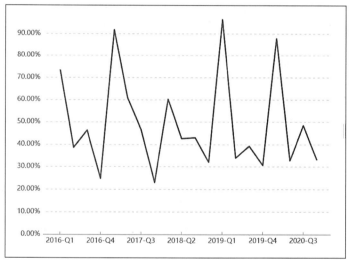

图 6-2　公司总体采购金额占销售比折线图

（5）另存方案，输入方案名称"公司总体采购金额占销售比"。

三、重要原材料采购价格与市场价格的对比（鸡蛋）

（1）进入数据建模界面，新建数据表，选择数据源并连接数据库，类型选择"自定义 SQL"。

（2）在"自定义 SQL"框中，输入名称"重要原材料采购价格与市场价格的对比"。在"SQL"框中，输入以下 SQL 语句，单击"完成"按钮，然后单击左上角的"保存"按钮。

SQL 语句

```
SELECT
    a.订单号,
    a.时间,
    a.材料名称,
    a.单位,
```

```
        a.数量,
        a.单价,
        a.金额,
        b.价格
FROM
        重要原材料采购明细表 a,
        重要原材料市场参考价格 b
WHERE
        a.材料名称=b.材料名称
AND DATE_FORMAT(a.时间, '%Y-%m-01')=DATE_FORMAT(b.时间, '%Y-%m-01')
```

（3）返回"轻分析"界面，进入"数据斗方"界面，单击"清除"按钮。图表类型选择"折线图"，将"重要原材料采购价格与市场价格的对比"下的"时间"字段拖入"横轴"栏，并单击其后的快速功能按钮▼，选择"维度"下的"年月"。将"重要原材料采购价格与市场价格的对比"下的"单价"和"价格"字段拖入"纵轴"栏，分别单击其后的快速功能按钮▼，选择"重命名"选项，分别重命名为"采购价格平均值"和"市场价格平均值"，然后选择"度量(平均)"下的"平均"。

（4）在右侧"起始刻度"的下拉列表中，选择"允许不从零开始"。单击"数字格式"编辑按钮 ✏，选择小数位数为 2，然后单击"确定"按钮。

（5）将"重要原材料采购价格与市场价格的对比"下的"材料名称"字段拖入"筛选器"栏，并在"数据筛选"对话框中勾选某一原材料，如鸡蛋，单击"确定"按钮，即生成鸡蛋的采购价格与市场价格对比折线图，如图 6-3 所示。

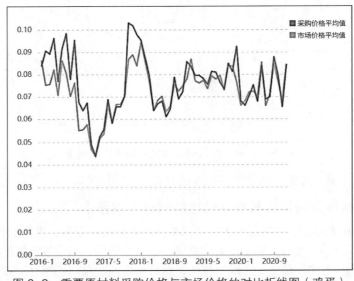

图 6-3　重要原材料采购价格与市场价格的对比折线图（鸡蛋）

（6）另存方案，输入方案名称"重要原材料采购价格与市场价格的对比"。

四、重要原材料采购价格与市场价格偏离度

（1）返回"轻分析"界面，进入"数据分析"界面。将"重要原材料采购价格与市场价格的对比"下的"订单号"和"材料名称"字段拖入"行"栏，将"单价""价格"和"数量"字段拖

入"数值区域"栏。

（2）选择"重要原材料采购价格与市场价格的对比"，单击其右侧的快速功能按钮▼，选择"创建计算字段"选项。在"创建计算字段"对话框中，输入名称"价格偏离度"，并输入以下表达式，然后单击"确定"按钮。

表达式	（[重要原材料采购价格与市场价格的对比.单价] － [重要原材料采购价格与市场价格的对比.价格]）/[重要原材料采购价格与市场价格的对比.价格]

（3）将"重要原材料采购价格与市场价格的对比"下的"价格偏离度"字段拖入"数值区域"栏。单击"价格偏离度"字段右侧的快速功能按钮▼，选择"数字格式"选项，小数位数选择2，数量单位选择"百分之一（%）"，单击"应用"按钮，生成重要原材料采购价格与市场价格偏离度表，如图6-4所示。

订单号	材料名称	单价	价格	价格偏离度	数量
201601001-5	面粉	5.33	5.49	-2.91%	1,029,800.00
201601002-5	细砂糖	8.92	8.84	0.91%	91,100.00
201601010-4	鸡蛋	7.00	5.52	26.81%	28,400.00
201601010-6	鸡蛋	6.54	5.52	18.48%	30,900.00
201601017-8	鸡蛋	6.83	5.52	23.73%	30,900.00
201601019-4	细砂糖	9.35	8.84	5.77%	17,300.00
20160102-1	面粉	4.81	5.08	-5.32%	504,900.00
201601028-2	鸡蛋	6.70	5.52	21.38%	38,700.00
20160103-5	鸡蛋	8.14	8.64	-5.79%	71,100.00
20160109-9	面粉	5.07	5.08	-0.20%	473,400.00
201601104-4	鸡蛋	5.71	5.56	2.70%	55,600.00
201601104-7	面粉	5.43	5.33	1.88%	151,700.00
201601107-1	面粉	4.99	5.33	-6.38%	322,400.00
201601107-6	鸡蛋	5.95	5.56	7.01%	51,900.00
201601108-5	细砂糖	12.73	8.78	44.99%	3,300.00
201601112-5	面粉	7.09	5.56	27.52%	40,700.00

图6-4　重要原材料采购价格与市场价格偏离度表

（4）另存方案，输入方案名称"重要原材料采购价格与市场价格偏离度"。

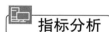 **指标分析**

相关分析结论参考指标分析6-1。

指标分析6-1

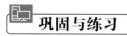 **巩固与练习**

企业对采购成本的管理，除了对采购价格进行合理控制外，还有哪些因素应该考虑？

任务二　采购执行分析

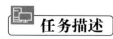 **任务描述**

除了采购成本，采购物料的交付、质量也是幸福蛋糕采购工作需要考虑的重要因素。因为产

品的特殊性，对物料的新鲜度和安全性有着很高的要求，公司管理人员要求采购部门保证生产所需物料可以按计划入库，并且对于突发情况可以快速响应，对于及时交付率低、出现质量问题的物料和供应商可以迅速采取措施，保证物料供应的良性循环。

在 2020 年 9 月 30 日的经营会议上，仓储部门提出：盘点物料时发现库存的一批黄油已过保质期 60 天，账面价值 740 609.52 元；9 —10 月已领出该批黄油用于生产，目前库存仍有大量使用该批黄油制成的酥皮半成品，账面价值 2 402 443.52 元；提请讨论处理意见。

采购部门提出：该批黄油过期的时间不算太长，且一直在冷冻环境下保存；黄油在产成品中所占比重很少，对产品的口味影响有限，少量食用对人体一般也无大碍；建议生产部门尽快领用。

生产部门提出：使用该批过期黄油不能像正常原料那样配比，可能会影响产品口味，而且领出后很容易滋生细菌等微生物，黄油应马上报废处理，酥皮可以视领用原料的日期酌情考虑利用。

销售部门提出：如果使用过期物料的消息传出去，对公司的声誉会造成极坏的影响，建议将黄油和酥皮都报废处理。

还有人提出，为了降低损失并且维护公司的品牌形象，可以将黄油和半成品更换生产日期的标签后降价处理给其他小厂家。

最后，总经理要求：调查过期原因，并且对公司重要物料的到货及时性和质量情况进行分析。

任务要求

以面粉、鸡蛋、细砂糖、黄油及其供应商为例，除特别指定某一期间的情况外，分析 2016—2020 年以下具体指标，并评价物料的交付及时情况和质量合格情况。假设幸福蛋糕的材料出库采用先进先出法，试分析黄油过期的具体原因。针对发现的问题增设一个指标，要求利用现有数据计算结果，在"轻分析"模块中呈现，并评价 2020 年采购订单执行表中是否存在类似问题或风险。

本任务需要分析的指标和使用的数据表		
具体指标	物料及时交付率月趋势 供应商及时交付率月趋势 质量合格率总体分析 2020 年各物料质量合格率排序 2020 年各供应商质量合格率排序	数据表	采购订单执行表 重要物料库存表及日均消耗量（2020 年）

注：（1）质量合格率计算使用数量计算比率，经检验不合格的材料均已退回供应商。
　　（2）增设指标可用的数据表同上。

任务实现

一、物料及时交付率月趋势

（1）登录金蝶云星空网页端，进入"轻分析"界面。新建分类，命名为"采购执行分析"。新建业务主题，命名为"采购执行分析"。

（2）进入"数据建模"界面，新建数据表，选择数据源并连接数据库。选择"采购订单执行表"，单击"下一步"按钮，勾选"全选"，单击"完成"按钮，然后单击左上角的"保存"按钮。

（3）单击"采购订单执行表"的快速功能按钮▼，选择"创建计算字段"选项。在"创建计算字段"对话框中，输入名称"是否延迟"，并输入以下表达式，单击"确定"按钮。

表达式	IF(([到货日期]-[要货日期])>0, 1, 0)

（4）返回"轻分析"界面，进入"数据斗方"界面。选择"采购订单执行表"，单击其后的快速功能按钮▼，选择"创建计算字段"选项。在"创建计算字段"对话框中，输入名称"及时交付率"，并输入以下表达式，然后单击"确定"按钮。

表达式	(COUNT([采购订单执行表.单号]) – SUM([采购订单执行表.是否延迟]))/COUNT([采购订单执行表.单号])

（5）图表类型选择"折线图"。将"采购订单执行表"中的"订货日期"字段拖入"横轴"栏，并单击其快速功能按钮▼，选择"维度"下的"年月"；将"及时交付率"字段拖入"纵轴"栏，执行"预览尺寸"—"全画面"命令。

（6）将"采购订单执行表"中的"物料名称"字段拖入"系列"栏。单击右侧"数字格式"编辑按钮，调整小数位数为2，选择数量单位为"百分之一（%）"，生成物料及时交付率月趋势折线图，如图6-5所示。

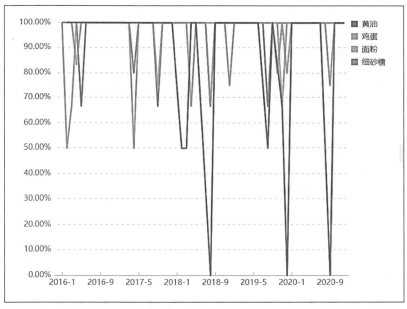

扫码查看

彩色效果

图6-5　物料及时交付率月趋势折线图

（7）另存方案，输入方案名称"物料及时交付率月趋势"。

二、供应商及时交付率月趋势

（1）进入"数据斗方"界面，单击左上角的"分析方案"按钮，选择"物料及时交付率月趋势"分析方案。

（2）单击"系列"栏中"物料名称"字段的快速功能按钮▼，选择"移除"选项。将"采购订单执行表"中的"供应商"字段拖入"系列"栏。生成各供应商及时交付率月趋势折线图，如图6-6所示。

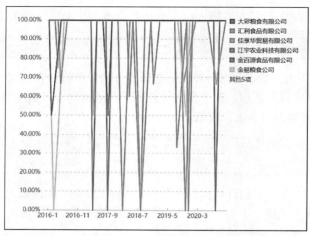

扫码查看

彩色效果

图 6-6　供应商及时交付率月趋势折线图

（3）另存方案，输入方案名称"供应商及时交付率月趋势"。

三、质量合格率总体分析

（1）进入"数据斗方"界面，单击"清除"按钮。选择"采购订单执行表"，然后单击其快速功能按钮▼，选择"创建计算字段"选项。在"创建计算字段"对话框中，输入名称"质量合格率"，并输入以下表达式，单击"确定"按钮。

表达式	［采购订单执行表.合格入库数量］/（［采购订单执行表.合格入库数量］ + ［采购订单执行表.不合格数量］）

（2）图表类型选择"折线图"。将"采购订单执行表"下的"订货日期"字段拖入"横轴"栏，将"质量合格率"字段拖入"纵轴"栏。选择"纵轴"栏中的"质量合格率"字段，单击其快速功能按钮▼，选择"度量(求和)"下的"平均"。

（3）单击窗口右侧的"数字格式"的编辑按钮 ✎ ，将小数位数设为 2，选择数量单位为"百分之一（%）"，将起始刻度设置为"允许不从零开始"，生成质量合格率总体分析折线图，如图 6-7 所示。

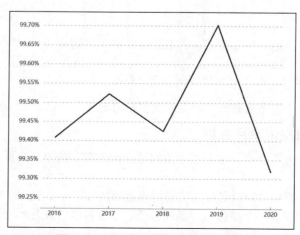

图 6-7　质量合格率总体分析折线图

（4）另存方案，输入方案名称"质量合格率总体分析"。

（5）单击"横轴"栏中"订货日期"的快速功能按钮▼，选择"维度"下的"年月"。将"采购订单执行表"下的"订货日期"拖入"筛选器"栏。在"数据筛选"对话框中选择"年"，单击"确定"按钮。在"[年:订货日期]数据筛选"对话框中，取消"全选"，勾选"2020"，单击"确定"按钮，生成2020年质量合格率总体月趋势折线图，如图6-8所示。

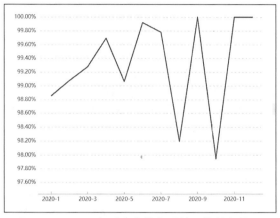

图6-8　2020年质量合格率总体月趋势折线图

（6）另存方案，输入方案名称"2020年质量合格率总体月趋势"。

四、2020年各物料质量合格率排序

（1）进入"数据斗方"界面，单击"清除"按钮，图表类型选择"多系列柱形图"。将"采购订单执行表"下的"物料名称"字段拖入"横轴"栏，将"质量合格率"字段拖入"纵轴"栏，排序选择"降序"。

（2）将"采购订单执行表"下的"订货日期"字段拖入"筛选器"栏，在"数据筛选"对话框中选择"年"，单击"确定"按钮。然后在"[年:订货日期]数据筛选"对话框中，取消"全选"，勾选"2020"，单击"确定"按钮。

（3）单击"纵轴"栏中"质量合格率"字段的快速功能按钮▼，选择"度量(求和)"下的"平均"，生成2020年各物料质量合格率排序柱形图，如图6-9所示。

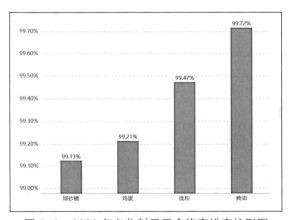

图6-9　2020年各物料质量合格率排序柱形图

（4）另存方案，输入方案名称"2020年各物料质量合格率排序"。

五、2020年各供应商质量合格率排序

（1）进入"数据斗方"界面，单击"清除"按钮，图表类型选择"多系列柱形图"。将"采购订单执行表"下的"供应商"字段拖入"横轴"栏，将"质量合格率"字段拖入"纵轴"栏，右侧排序选择"升序"。

（2）将"采购订单执行表"下的"订货日期"字段拖入"筛选器"栏，在"数据筛选"对话框中选择"年"，单击"确定"按钮。在"[年:订货日期]数据筛选"对话框中，取消"全选"，勾选"2020"，单击"确定"按钮。

（3）单击"纵轴"栏中"质量合格率"字段的快速功能按钮 ▼，选择"度量(求和)"下的"平均"。将起始刻度设置为"允许不从零开始"。单击"数字格式"编辑按钮 ✎，将小数位数调为2，数量单位改为"百分之一（%）"，生成2020年各供应商质量合格率排序柱形图，如图6-10所示。

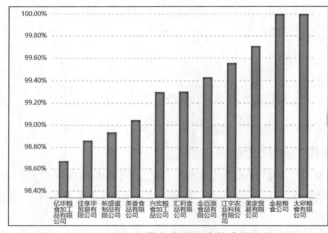

图6-10　2020年各供应商质量合格率排序柱形图

（4）另存方案，输入方案名称"2020年各供应商质量合格率排序"。

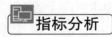 **指标分析**

相关分析结论参考指标分析6-2。

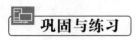 **巩固与练习**

评价各部门对于过期黄油及制成的酥皮半成品的处理意见，并提出自己的处理意见。

指标分析6-2

任务三　采购分析小结

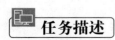 **任务描述**

幸福蛋糕拟召开2020年度经营会议，其中包括对过去一年的采购管理工作进行回顾。当然，高层管理人员更关注过去的经验和教训能给未来提供的借鉴和指引。

任务要求

针对 2020 年度经营会议，从采购管理角度，挑选认为重要的指标（不限于前面分析的采购任务指标），制作采购主题大屏看板，分析采购管理现状以及管理中存在的问题或风险，对下一年度的采购管理工作提出改进建议，形成分析报告，并用 PPT 进行展示和解说。

参考指标
🖵 公司总体采购金额趋势
🖵 公司总体采购金额占销售比
🖵 物料及时交付率月趋势
🖵 供应商及时交付率月趋势
🖵 质量合格率总体分析
🖵 2020 年各物料质量合格率排序
🖵 2020 年各供应商质量合格率排序

任务实现

（1）登录金蝶云星空网页端，进入"轻分析"界面。新建分类，命名为"采购主题分析"。单击"新建"按钮，选择创建一个仪表板。在"新建仪表板"对话框中，输入名称"采购主题分析"，单击"确定"按钮。然后单击"仪表板"按钮 ▣，进入"仪表板"编辑界面。

（2）在屏幕右下角，设置外观风格为"深邃蓝"。将左侧"组件"栏中的"数据斗方"拖入中间看板区。在"添加数据斗方-选择来源"对话框中，单击"下一步"按钮。选择"采购成本分析"分类下的"采购成本分析"业务主题，单击"下一步"按钮。选择"加载方案"下的"公司总体采购金额趋势"分析方案，单击"完成"按钮。

（3）如果图表纵轴金额过大，会导致占用区域过大。此时可单击该图片右上角的"编辑"按钮，打开"编辑仪表板组件-数据斗方"窗口。单击右侧"数字格式"编辑按钮 ✐，将数量单位修改为"万"，单击"确定"按钮，然后单击左上角的"保存"按钮。

（4）重复以上步骤，将本任务参考指标添加到仪表板中，并形成一个分析大屏。参考样式如图 6-11 所示。

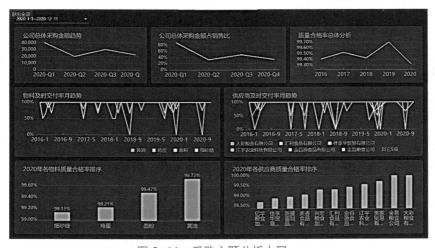

图 6-11　采购主题分析大屏

扫码查看

彩色效果

报告模板

一、采购业务总结

（1）公司总体采购金额波动下行。由于幸福蛋糕每年年初进行招标，每年一季度采购金额较高，因此一季度的采购金额占销售比指标也远高于其他期间。年初的大额采购占用资金较多，导致库存仓储成本提高，需要与集中采购带来的成本节约综合考虑。

（2）在交付及时性方面，黄油的订单及时交付率较差；供应商则是汇利食品有限公司表现较差，时间主要集中在 2018—2019 年度，尤其是 2018 年 8 月订单延迟率最高，可以看到 2019—2020 年度已逐步好转。52%的延期订单延期天数未超过 5 天。

（3）在质量合格率方面，各年度产品质量合格率总体在 99%以上。分月来看，订单期间在 2020 年 10 月、8 月、1 月略差，其他期间均达到 99%以上。

各物料质量合格率由低到高依次为：细砂糖、鸡蛋、面粉、黄油，分别为 99.13%、99.21%、99.47%、99.72%。

对各供应商质量合格率对比发现，亿华粮食加工品有限公司、佳享华贸易有限公司、新盛蛋制品有限公司表现略差，未达 99%。

上述合格率整体差异不大，但是还需要考虑质检方法和抽样方法是否具有代表性。

二、存在问题及建议

（1）根据对采购成本和执行情况的分析，发现个别物料购进时已临近质保期，购进的量也大于其在质保剩余期的耗用量，导致原料及其半成品面临质量问题。建议采购部门不应仅关注采购价格，还需要关注质保剩余期的耗用量，验收时也需要警惕该问题，而不仅仅是查验未到质保期。

（2）存在部分采购订单价格较高的现象。经分析，价格偏离度超过 20%的采购订单数量大部分小于 50 吨，可能是由于采购量较少未能享受厂家的数量折扣。但也有个别大批量采购订单存在价格偏离过大的情况，如 2019 年 4 月 2019423-3 号订单采购了 2 152 吨细砂糖，较当期市场价格高出 42.73%，偏离金额达 500 余万元，需要进一步调查偏离的原因，确认是否存在腐败问题等。

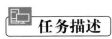

项目七
存货主题分析

　　存货既是企业生产经营的必要条件，也是企业营销的重要保障，是企业运营效率的综合体现。企业对存货环节进行大数据分析，有助于发现供应链环节、生产环节、营销环节中存在的问题，便于进一步优化经营效率。本项目主要介绍基于存货大数据进行数据建模，构建典型指标体系，实现指标的可视化及诊断、分析的全过程，并提出存货环节的优化措施与方法。

学习目标

　　1. 掌握存货主题分析的整体思路
　　2. 掌握存货总体状况分析的方法
　　3. 掌握存货结构与库龄分析的方法
　　4. 掌握存货减值与报损分析的方法
　　5. 学会构建存货分析的整体关键指标体系

职业素养点拨

权衡利弊

　　做任何事情之前，要充分地思考，权衡利弊得失，分清轻重缓急，做到心中有数。

　　企业的经营管理离不开存货的管理和核算。存货管理的主要目的是对企业的存货进行有效控制，维持均衡生产，降低存货成本，提高经济效益。

　　任何事物都有两面性。存货过多会导致企业占用大量的流动资金，增加成本和各种费用，造成企业资源的大量闲置，不利于企业经营管理。而存货不足，则不利于企业经营活动的开展，影响生产过程的正常进行，导致销售利润减少。

　　因此，在存货管理过程中，管理人员需要平衡各种存货成本与收益，保证企业的经营在一个良性状态下循环，使得经营管理效率和经济效益双丰收。

任务一　存货总体状况分析

任务描述

　　在 2019 年 12 月召开的经营会议上，幸福蛋糕仓储部门提出要将存货量控制在一定水平，采购部门应及时了解供需情况后再确定订货计划，避免大量采购导致存储空间不足，或长期存储带来的保管费用和损毁风险提高。2019 年 1—3 月，采购部门大批量采购一批面粉和鸡蛋，造成面粉无处存放，部分鸡蛋过期。当时仓储部门已经向采购部门提出减少采购数量，但是 2019

年 11 月，采购部门再次大量增加面粉和鸡蛋的采购数量，给仓储部门再次带来巨大的管理压力和风险。

采购部门负责人回应：由于公司快速扩张，对原材料的需求急剧增加，采购部门的采购计划是根据市场部门的销售计划制订的。采购部门每年年初通过招标确定合格供应商，通过批量采购，给公司节约了大量采购成本，已经超额完成了本部门当期考核绩效。

市场部门负责人则回应称：根据公司的开店规划和销售数据分析，市场部已经合理地预测了销售计划。虽然在 2019 年年初因网传负面新闻带来的阴霾未散，给销售带来了较大的影响，但市场部仍然顶着压力完成了上半年的销售任务。未来的一个月是销售的关键期，市场部有信心完成全年的销售任务，但是不希望因为材料短缺而影响销售业绩。

总经理要求：财务部先对公司的存货情况做总体分析，尤其是重要原材料的库存情况，并要求 2020 年仓储部门、采购部门和销售部门应更好协作，共同努力将存货控制在合理水平，特别是不能再出现原材料过期的情况。

任务要求

分析 2016—2019 年以下具体指标，讨论仓储部门、采购部门和销售部门三个部门的意见，考虑应该采取哪些措施来控制存货水平。

本任务需要分析的指标和使用的数据表			
具体指标	公司总体存货余额年度变动趋势 存货占总资产比趋势及与同行业的对比 存货占收入比变动趋势及与同行业的对比 各存货类别金额占比 重要原材料余额变动趋势	**数据表**	资产负债表-幸福蛋糕 利润表-幸福蛋糕 资产负债表-行业平均 利润表-行业平均 存货明细表

注：（1）各存货类别占比以 2019 年年末数据为例。

（2）重要原材料余额变动趋势分析以 2019 年年末原材料中占比排名前三的为例。

任务实现

一、公司总体存货余额年度变动趋势

本指标具体操作步骤可参考视频 7-1。

视频 7-1

（1）登录金蝶云星空网页端，进入"轻分析"界面。新建分类，命名为"存货总体状况分析"。新建业务主题，命名为"存货总体状况分析"。

（2）进入"数据建模"界面，新建数据表，选择数据源并连接数据库。选择"存货明细表"，单击"下一步"按钮，并勾选"全选"，单击"完成"按钮，然后单击左上角的"保存"按钮。

（3）返回"轻分析"界面，进入"数据斗方"界面，图表类型选择"折线图"。将"存货明细表"中的"时间"字段拖入"横轴"栏，将"成本额"字段拖入"纵轴"栏，将"时间"字段拖入"筛选器"栏。在弹出的"数据筛选"对话框中，日期范围选择"年月"，单击"确定"按钮。在弹出的"[年月:时间]数据筛选"对话框中，取消"全选"，勾选"2016 年 12 月""2017 年 12 月""2018 年 12 月""2019 年 12 月""2020 年 12 月"，然后单击"确定"按钮。

（4）执行"预览尺寸"—"全画面"命令，生成公司总体存货余额年度变动趋势折线图，如图 7-1 所示。

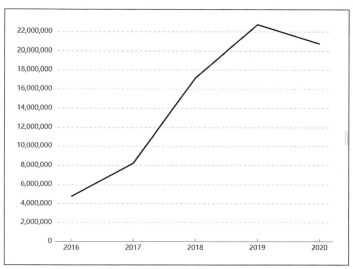

图 7-1　公司总体存货余额年度变动趋势折线图

（5）另存方案，输入方案名称"公司总体存货余额年度变动趋势"。

二、存货占总资产比趋势及与同行业的对比

（1）进入"数据建模"界面，新建数据表，选择数据源并连接数据库。选择"资产负债表-幸福蛋糕"和"资产负债表-行业平均"两张数据表，单击"下一步"按钮，勾选"全选"，然后单击"完成"按钮。

（2）在左侧"数据表"页签下单击"资产负债表-幸福蛋糕"的快速功能按钮 ▼，选择"创建计算字段"选项。在弹出的"创建计算字段"对话框中，输入名称"存货占总资产比"，并输入以下表达式，单击"确定"按钮。

表达式	［存货］／［资产总计］

（3）在下面的"字段"页签中，将显示名称设置为"存货占总资产比"的数字格式，选择数量单位为"百分之一（%）"，单击"确定"按钮。

（4）重复以上步骤，在左侧"数据表"页签下单击"资产负债表-行业平均"的快速功能按钮 ▼，选择"创建计算字段"。在弹出的"创建计算字段"对话框中，输入名称"存货占总资产比"，并输入以下表达式，单击"确定"按钮。

表达式	［存货］／［资产总计］

（5）在下面的"字段"页签中，将显示名称设置为"存货占总资产比"的数字格式，选择数量单位为"百分之一（%）"，单击"确定"按钮。

（6）切换至"关系"页签，单击"新建关系"按钮。在弹出的"新建关系"对话框中，左侧数据表选择"资产负债表-幸福蛋糕"，字段选择"报表日期"；右侧数据表选择"资产负债表-行业平均"，字段选择"报表日期"；中间的关系选择"一对多"关系。单击"确定"按钮，并单击

左上角的"保存"按钮。

（7）返回"轻分析"界面，进入"数据斗方"界面，单击"清除"按钮，图表类型选择"折线图"。将"资产负债表-幸福蛋糕"下的"报表日期"字段拖入"横轴"栏，将"存货占总资产比"字段拖入"纵轴"栏；并将"资产负债表-行业平均"下的"存货占总资产比"字段拖入"纵轴"栏；单击其快速功能按钮 ▼，选择"度量(求和)"下的"平均"。单击右侧的"数字格式"编辑按钮 ✎，将小数位数设为 2，选择数量单位为"百分之一（%）"，单击"确定"按钮。勾选右侧的"数据标签"，生成折线图，展示存货占总资产比趋势及与同行业的对比情况，如图 7-2 所示。

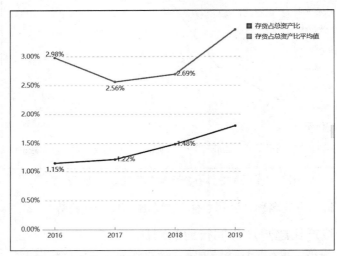

图 7-2　存货占总资产比趋势及与同行业的对比折线图

（8）另存方案，输入方案名称"存货占总资产比趋势及与同行业的对比"。

三、存货占收入比变动趋势及与同行业的对比

（1）进入"数据建模"界面，新建数据表，选择数据源并连接数据库，类型选择"自定义 SQL"。在"自定义 SQL"框中，输入名称"幸福蛋糕存货及收入对比表"。在"SQL"框中，输入以下SQL 语句，单击"完成"和"保存"按钮。

```
SQL 语句
    a.报表日期,
    a.存货,
    b.'一、营业总收入' AS 营业总收入,
    a.存货/b.'一、营业总收入' AS 存货占收入比
FROM
    '资产负债表-幸福蛋糕' a,
    '利润表-幸福蛋糕' b
WHERE
    a.报表日期=b.报表日期
```

（2）返回"数据建模"界面，新建数据表，选择数据源并连接数据库，类型选择"自定义 SQL"。在"自定义 SQL"框中，输入名称"行业平均存货及平均营业收入对比表"。在"SQL"框中，输入以下 SQL 语句，单击"完成"和"保存"按钮。

SQL 语句

```
SELECT
    a.报表日期,
    AVG(a.存货占收入比) AS 行业平均存货占收入比
FROM
    (
        SELECT
            a.报表日期,
            a.公司名称,
            a.存货/b.'一、营业总收入' AS 存货占收入比
        FROM
            '资产负债表-行业平均' a,
            '利润表-行业平均' b
        WHERE
            a.报表日期=b.报表日期
        AND a.公司名称=b.公司名称
    ) a
GROUP BY
    a.报表日期
```

（3）切换至"关系"页签，单击"新建关系"按钮。在弹出的"新建关系"对话框中，左侧数据表选择"幸福蛋糕存货及收入对比表"，字段选择"报表日期"；右侧数据表选择"行业平均存货及平均营业收入对比表"，字段选择"报表日期"；中间关系选择"一对一"。单击"确定"按钮，然后单击左上角的"保存"按钮。

（4）返回"轻分析"界面，进入"数据斗方"界面，单击"清除"按钮，图表类型选择"折线图"。将"幸福蛋糕存货及收入对比表"下的"报表日期"字段拖入"横轴"栏，将"存货占收入比"字段拖入"纵轴"栏；并将"行业平均存货及平均营业收入对比表"下的"行业平均存货占收入比"字段拖入"纵轴"栏。

（5）执行"预览尺寸"—"全画面"命令，将右侧"图例"栏下的位置更改为"底部"，勾选"数据标签"。单击"数字格式"编辑按钮 ，将小数位数设为 2，选择数量单位为"百分之一（%）"，单击"确定"按钮，生成折线图，展示存货占收入比变动趋势及与同行业的对比情况，如图 7-3 所示。

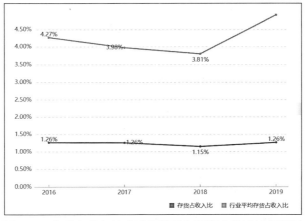

图 7-3　存货占收入比变动趋势及与同行业的对比折线图

（6）另存方案，输入方案名称"存货与收入比变动趋势及与同行业的对比"。

四、各存货类别金额占比

（1）进入"数据斗方"界面，图表类型选择"饼图"。将"存货明细表"中的"成本额"字段拖入"角度"栏，将"存货类型"字段拖入"颜色"栏，将"时间"字段拖入"筛选器"栏。在弹出的"数据筛选"对话框中，选择"年月日"，单击"确定"按钮。在弹出的"[年月日:时间]数据筛选"对话框中，取消"全选"，勾选"2019年12月31日"，单击"确定"按钮。

（2）勾选"数据标签"，执行"预览尺寸"—"全画面"命令，生成各存货类别金额占比饼图，如图7-4所示。

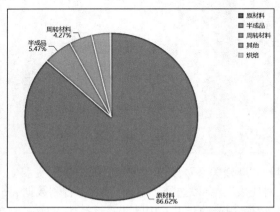

图 7-4　各存货类别金额占比饼图

（3）另存方案，输入方案名称"各存货类别金额占比"。

五、重要原材料余额变动趋势

（1）进入"数据斗方"界面，图表类型选择"折线图"。将"存货明细表"中的"时间"字段拖入"横轴"栏，将"成本额"字段拖入"纵轴"栏，将"名称"字段拖入"系列"栏。单击"横轴"栏中"时间"字段的快速功能按钮▼，选择"维度"下的"年月"。

（2）执行"预览尺寸"—"全画面"命令，将"存货明细表"下的"名称"字段拖入"筛选器"栏。在弹出的"数据筛选"对话框中，取消"全选"，勾选"面粉""鸡蛋""小麦粉(粗制)"，单击"确定"按钮，生成重要原材料余额变动趋势折线图，如图7-5所示。

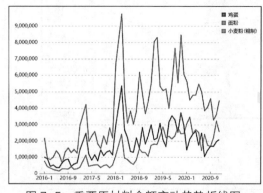

图 7-5　重要原材料余额变动趋势折线图

（3）另存方案，输入方案名称"重要原材料余额变动趋势"。

 指标分析

相关分析结论参考指标分析 7-1。

指标分析 7-1

巩固与练习

2020 年结束后，总经理在幸福蛋糕的经营会议上要求财务部门分析当年存货数据，看是否实现了上年要求进一步降低存货总体水平的目标，并与上年存货数据对比，看是否存在重大变化或异常。

任务二　存货结构与库龄分析

 **任务描述**

幸福蛋糕对仓储部门的考核，一方面要求降低库存水平，另一方面要求保障生产和销售需求。仓储部门负责人拟对现有存货的结构和库龄进行分析，比对存货结构是否与销售结构相匹配；同时，分析存货库龄，查找是否存在库龄较长的存货，如有过期存货，则建议采购部门减少采购批量。

任务要求

（1）以原材料例，分析幸福蛋糕 2020 年 12 月 31 日的存货结构，并与销售用料比例进行比对，通过计算销售用料比例的偏离度或其他呈现形式，分析原材料结构的合理性。

注：销售用料比例是指最近一个期间销售产品所使用的原材料比例。

（2）分析幸福蛋糕 2020 年 12 月 31 日的存货库龄，并与保质期比对，阐述存在的问题或风险，并提出改进建议。

本任务需要分析的指标和使用的数据表		
具体指标	▢ 原材料结构合理性 ▢ 存货过期天数 ▢ 存货库龄	数据表	◎ 存货明细表 ◎ 销售用料结构表 ◎ 物料库存分析表

任务实现

一、原材料结构合理性

（1）登录金蝶云星空网页端，进入"轻分析"界面。新建分类，命名为"存货结构与库龄分析"。新建业务主题，命名为"存货结构与库龄分析"。

（2）进入"数据建模"界面，新建数据表，选择数据源并连接数据库。选择"销售用料结构表"，单击"下一步"按钮，勾选"全选"，然后单击"完成"按钮。

（3）继续新建数据表，选择数据源并连接数据库，类型选择"自定义 SQL"。在"自定义 SQL"框中输入名称"原材料存货明细"。在"SQL"框中，输入以下 SQL 语句，单击"完成"和"保存"按钮。

```
SQL 语句
SELECT
    名称,
    时间,
    成本额,
    (
        SELECT
            sum(成本额)
        FROM
            存货明细表
        WHERE
            时间='2020-12-31'
    ) AS 存货总额
FROM
    存货明细表
WHERE
    时间='2020-12-31'
```

（4）选择"关系"页签，单击上面的"新建关系"按钮。在弹出的"新建关系"对话框中，左侧数据表选择"销售用料结构表"，字段选择"原料"；右侧数据表选择"原材料存货明细"，字段选择"名称"；中间关系选择"一对一"。单击"确定"按钮，然后单击左上角的"保存"按钮。

（5）进入"数据斗方"界面，图表类型选择"表格"。选中"原材料存货明细"，单击快速功能按钮▼，选择"创建计算字段"选项。在弹出的"创建计算字段"对话框中，输入名称"原料占比"，并输入以下表达式，单击"确定"按钮。

表达式 [原材料存货明细.成本额]/[原材料存货明细.存货总额]

（6）选择"原材料存货明细"，单击快速功能按钮▼，选择"创建计算字段"选项。在"创建计算字段"对话框中，输入名称"偏差率"，并输入以下表达式，单击"确定"按钮。

表达式 （[原材料存货明细.原料占比] - [销售用料结构表.销售量用料占比]）/[销售用料结构表.销售量用料占比]

（7）将"原材料存货明细"中的"名称"字段拖入"行"栏，将"原料占比""偏差率"字段拖入"数值区域"栏；并将"销售用料结构表"中的"销售量用料占比"字段拖入"数值区域"栏，生成原材料结构合理性分析表，如图 7-6 所示。

名称	原料占比	销售量用料占比	偏差率
kiri奶油奶酪	0.02	0.03	-0.24
安佳黄油	0.03	0.04	-0.21
草莓	0.01	0.01	-0.25
大豆油	0.03	0.03	-0.22
豆沙	0.00	0.00	-0.20
干酪	0.00	0.00	-0.22
桂圆肉	0.00	0.00	-0.22
果酱	0.01	0.01	-0.23

图 7-6 原材料结构合理性分析表

（8）另存方案，输入方案名称"原材料结构合理性"。

二、存货过期天数

（1）进入"数据建模"界面，新建数据表，选择数据源并连接数据库。选中"物料库存分析表"，单击"下一步"按钮，勾选"全选"，然后单击"完成"按钮。

（2）切换至"数据表"页签，单击"物料库存分析表"的快速功能按钮▼，选择"创建计算字段"选项。在"创建计算字段"对话框中，输入名称"过期天数"，并输入以下表达式，单击"确定"按钮。

表达式	[截止日期] － [生产日期] － [保质期（天）]

（3）切换至"数据表"页签，单击"物料库存分析表"的快速功能按钮▼，选择"创建计算字段"选项。在"创建计算字段"对话框中，输入名称"库龄"，并输入以下表达式，单击"确定"按钮。

表达式	[截止日期]－[入库日期]

（4）进入"数据分析"界面，将"物料库存分析表"下的"名称"字段拖入"行"栏，将"过期天数"字段拖入"数值区域"栏，将"入库日期"字段拖入"行"栏，单击快速功能按钮▼，选择"维度"中的"年月日"；再将"物料库存分析表"下的"过期天数"字段拖入"筛选器"栏，打开"数据筛选"对话框，选择"求和"，然后单击"确定"按钮。在右侧筛选条件中，将筛选范围改为"0"至"738.00"，生成存货过期天数分析表，如图7-7所示。

名称	入库日期(年月日)	过期天数
kiri奶油奶酪	2020年1月25日	324.00
奶油	2020年10月29日	4.00
牛乳	2020年10月15日	97.00
牛轧糖	2020年11月28日	48.00
提子干	2017年12月21日	738.00

图7-7 存货过期天数分析表

（5）另存方案，输入方案名称"存货过期天数"。

三、存货库龄

（1）进入"数据斗方"界面，图表类型选择"多系列柱形图"。将"物料库存分析表"中的"名称"字段拖入"横轴"栏，将"库龄"字段拖入"纵轴"栏。单击"库龄"字段的快速功能按钮▼，选择"度量"中的"最大"选项。

（2）执行"预览尺寸"—"全画面"命令，在右侧"数据"栏将排序设为"降序"，并勾选"前N项"，生成各物料存货库龄柱形图，如图7-8所示。

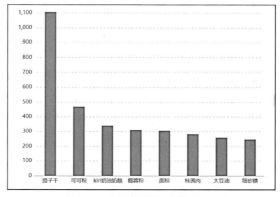

图7-8 各物料存货库龄柱形图

（3）另存方案，输入方案名称"存货库龄"。

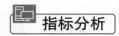

指标分析 7-2

指标分析

相关分析结论参考指标分析 7-2。

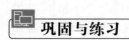

巩固与练习

经过分析发现，面粉、椰蓉粉的库存占比与销售量用料占比偏离较大，因此仓储部门向采购部门建议减少面粉的采购批量。采购部门回应称：由于批量采购可以获得更高折扣、减少运输费用，进而降低采购成本，且面粉、椰蓉粉的用量较大，可以长期存放，多备一些存货并无不妥。

分析以上场景，从公司总体利益考虑，幸福蛋糕的总经理应如何决策？

任务三　存货减值与报损分析

任务描述

对于烘焙行业，如何解决浪费问题一直是困扰企业的难题。蛋糕、面包不像其他产品可以长时间存储，并且由于面包的生产过程大约需要 6 个小时，生产出来后超过 5 个小时就过了最佳品尝时间，因此这些产品无法在收到订单以后再生产，整个行业都是面包做好了，等顾客来买，到了晚上卖不出去就要扔掉，行业浪费率在 10% 以上。

幸福蛋糕引进金蝶集团的数字化管理技术，以 ERP 系统为核心，打通了 BBC 掌上分销、SRM 采购云和 WMS 仓库管理三大系统，实现了门店—仓储—供应链的全智能化、移动化、数字化管理。以前到了晚上，剩下的面包只能等顾客来购买。使用数字化技术之后，门店可以利用系统的自动清库存功能，通过产品找到顾客。比如，今天剩下 10 个提子面包，系统会识别过去哪些顾客喜欢购买提子面包，主动把促销信息推送给该顾客，这样可以大大缓解浪费严重的问题。此外，过去是面包做好了等顾客来买，现在是系统提前根据数据分析结果确定第二天应该制作哪些面包，并预判哪些顾客可能会来购买。

使用数据分析技术向顾客精准推送信息，把各类信息在前端进行展示，假如客人睡前想买一个面包，就可以根据相关信息了解面包什么时候出炉，现在下单订购就可以按约定时间送达。通过这种运营方式，顾客除了到店消费，还可以通过美团、微信等各个渠道 24 小时订购。

不同消费习惯的顾客收到的促销信息内容是不一样的，进而可以把不同的产品推荐给最有可能购买的顾客，这些都是通过数据分析算法实现的。

通过更精准的销售计划，从理论上讲，原材料的库存也可以控制得更精确，从而帮助仓储部门提高存货效率、降低原材料库存水平、减少库存损耗。

幸福蛋糕的管理人员要求对存货的减值与损耗情况进行分析，确定企业实施数字化战略后能否实现降低损耗的目标。

任务要求

（1）以幸福-2 门店为例，分析 2016—2020 年商品报损率的变动趋势，以及 2020 年不同商品类型报损原因的占比；阐述商品报损率变动的原因，并将面包类产品的报损率与行业平均值（10%）进行对比，找到原因。

（2）分析2016—2020年材料报损额的变动趋势，并以2020年数据为例，分析材料报损的原因。

（3）计算2020年12月31日的存货减值额，并分析减值原因。

本任务需要分析的指标和使用的数据表			
具体指标	商品报损率变动趋势 商品报损原因占比 材料报损额变动趋势 材料报损原因占比 存货减值	数据表	商品报损单 销售汇总表 材料报损单 存货可变现净值分析表

注：报损率=报损金额/销售额×100%，按年并区分商品类型计算。

 **任务实现**

一、商品报损率变动趋势

（1）登录金蝶云星空网页端，进入"轻分析"界面。新建分类，命名为"存货减值与报损分析"。新建业务主题，命名为"存货减值与报损分析"。

（2）进入"数据建模"界面，新建数据表，选择数据源并连接数据库，类型选择"自定义SQL"。在"自定义SQL"框中，输入名称"各年度商品类型销售及报损额"。在"SQL"框中，输入以下SQL语句，单击"完成"和"保存"按钮。

```
SQL 语句
SELECT
    a.商品类型,
    a.年度,
    a.销售额,
    b.报损金额
FROM
    (
        SELECT
            商品类型,
            LEFT (销售期间, 4) AS 年度,
            sum(金额) AS 销售额
        FROM
            销售汇总表
        WHERE
            门店编号='幸福-2'
        GROUP BY
            商品类型,
            LEFT (销售期间, 4)
    ) a,
    (
```

```
        SELECT
            存货类型,
            date_format(报损时间, '%Y') AS 年度,
            sum(金额) AS 报损金额
        FROM
            商品报损单
        GROUP BY
            存货类型,
            date_format(报损时间, '%Y')
    ) b
WHERE
    a.商品类型=b.存货类型
AND a.年度=b.年度
```

（3）切换至"数据表"页签，单击"各年度商品类型销售及报损额"的快速功能按钮▼，选择"创建计算字段"选项。在打开的"创建计算字段"对话框中，输入名称"报损率"，并输入以下表达式，单击"完成"按钮。

表达式	[报损金额]/[销售额]

（4）单击"报损率"字段的"数字格式"编辑按钮 ✐，将数量单位设为"百分之一（%）"，单击"确定"按钮，然后单击左上角的"保存"按钮。

（5）返回"轻分析"界面，进入"数据斗方"界面，图表类型选择"折线图"。将"各年度商品类型销售及报损额"中的"年度"字段拖入"横轴"栏，将"报损率"字段拖入"纵轴"栏，并单击快速功能按钮▼，选择"度量"下的"平均"选项。

（6）执行"预览尺寸"—"全画面"命令，单击"数字格式"编辑按钮 ✐，将小数位数设为2，数量单位设为"百分之一（%）"，单击"确定"按钮。勾选"数据标签"，生成整体报损率折线图，如图7-9所示。

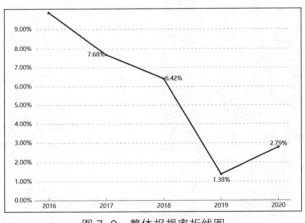

图7-9　整体报损率折线图

（7）另存方案，输入方案名称"整体报损率"。

（8）将"各年度商品类型销售及报损额"中的"商品类型"字段拖入"系列"栏，得到商品报损率变动趋势折线图，如图7-10所示。

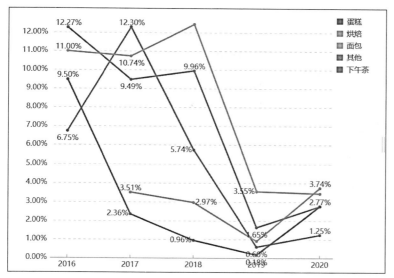

扫码查看

彩色效果

图 7-10 商品报损率变动趋势折线图

（9）另存方案，输入方案名称"商品报损率变动趋势"。

二、商品报损原因占比

（1）进入"数据建模"界面，新建数据表，选择数据源并连接数据库。选择"商品报损单"，单击"下一步"按钮，勾选"全选"，单击"完成"按钮，然后单击左上角的"保存"按钮。

（2）返回"轻分析"界面，进入"数据斗方"界面，图表类型选择"饼图"。将"商品报损单"下的"存货类型"字段拖入"颜色"栏，将"金额"字段拖入"角度"栏，将"报损原因"拖入"钻取到"栏。将"商品报损单"下的"报损时间"字段拖入"筛选器"栏，在弹出的"数据筛选"对话框中，选择"年"，然后单击"确定"按钮。在弹出的"[年：时间]数据筛选"对话框中，取消"全选"，勾选"2020"，再单击"确定"按钮。

（3）执行"预览尺寸"—"全画面"命令，并勾选右侧的"数据标签"，生成商品报损原因占比饼图，如图 7-11 所示。

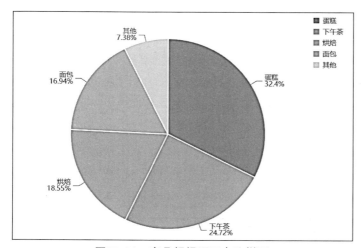

扫码查看

彩色效果

图 7-11 商品报损原因占比饼图

（4）另存方案，输入方案名称"商品报损原因占比"。

三、材料报损额变动趋势

（1）进入"数据建模"界面，新建数据表，选择数据源并连接数据库。选择"材料报损单"，单击"下一步"按钮，勾选"全选"，单击"完成"按钮，然后单击左上角的"保存"按钮。

（2）返回"轻分析"界面，进入"数据斗方"界面，图表类型选择"折线图"。将"材料报损单"下的"报损日期"字段拖入"横轴"栏，将"金额"字段拖入"纵轴"栏。

（3）执行"预览尺寸"—"全画面"命令，并勾选右侧的"数据标签"，生成材料报损额变动趋势折线图，如图 7-12 所示。

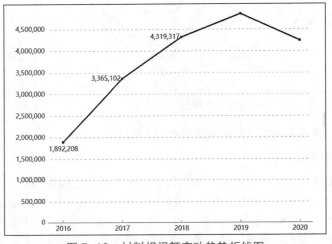

图 7-12　材料报损额变动趋势折线图

（4）另存方案，输入方案名称"材料报损额变动趋势"。

（5）单击"纵轴"栏"金额"字段的快速功能按钮▼，勾选"按日期计算"下的"环比"选项，生成材料报损额增长率趋势折线图，如图 7-13 所示。

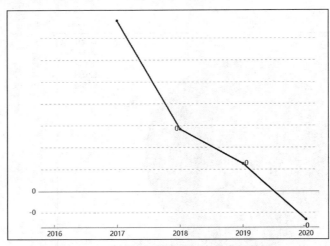

图 7-13　材料报损额增长率趋势折线图

（6）另存方案，输入方案名称"材料报损额增长率趋势"。

四、材料报损原因占比

（1）进入"数据斗方"界面，图表类型选择"饼图"。将"材料报损单"下的"存货类型"字段拖入"颜色"栏，将"金额"字段拖入"角度"栏，将"报损日期"拖入"筛选器"栏。在"数据筛选"对话框中，选择"年"，然后单击"确定"按钮。在"[年：时间]数据筛选"对话框中，取消"全选"，勾选"2020"，单击"确定"按钮。

（2）执行"预览尺寸"—"全画面"命令，勾选右侧的"数据标签"，将"材料报损单"下的"报损原因"字段拖入"钻取到"栏，生成材料报损原因占比饼图，如图7-14所示。

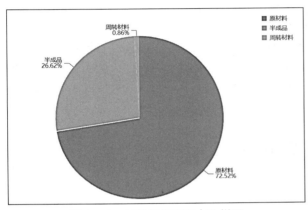

扫码查看

彩色效果

图7-14 材料报损原因占比饼图

（3）另存方案，输入方案名称"材料报损原因占比"。

五、存货减值

（1）进入"数据建模"界面，新建数据表，选择数据源并连接数据库。勾选"存货可变现净值分析表"，单击"下一步"按钮，勾选"全选"，单击"完成"按钮。

（2）单击"存货可变现净值分析表"右侧的快速功能按钮▼，选择"创建计算字段"选项。在"创建计算字段"对话框中，输入名称"差额/元"，并输入以下表达式，单击"确定"按钮。

表达式	[成本]-[可变现净值]

（3）返回"轻分析"界面，进入"数据分析"界面，图表类型选择"表格"。将"存货可变现净值分析表"下的"名称"字段拖入"行"栏；将"差额"字段拖入"数值区域"栏；将"入库日期"字段拖入"行"栏，并单击其快速功能按钮▼，选择"维度"下的"年月日"；将"差额"字段拖入"筛选器"栏，在"数据筛选"对话框中，选择"求和"，单击"确定"按钮。

（4）将右侧数值范围的最小值修改为"0"，得到存货减值表，如图7-15所示。

名称	入库日期(年月日)	差额/元
kiri奶油奶酪	2020年1月25日	275,730.88
奶油	2020年10月29日	69,396.33
牛乳	2020年10月15日	87,599.20
	2020年11月28日	190,870.11
牛轧糖	2020年12月23日	28,887.52
	2020年12月29日	62,369.60
提子干	2017年12月21日	124,767.65

图7-15 存货减值表

（5）另存方案，输入方案名称"存货减值"。

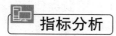 **指标分析**

相关分析结论参考指标分析 7-3。

指标分析 7-3

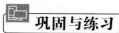 **巩固与练习**

　　幸福蛋糕的中央工厂主要负责为各加工中心和门店生产半成品，总部将中央工厂作为成本中心管理和考核，即主要考核其单位产品的生产成本。工厂负责人实行三年任期制，考核结果将决定其是否连任。2020 年是时任负责人的最后一年任期，为达成考核目标，负责人决定最大限度利用闲置产能，增加半成品的生产量。

　　分析为何产量增加会有助于中央工厂完成考核目标，以及脱离销售计划增加半成品产量可能造成的后果。

任务四　存货管理分析小结

任务描述

　　幸福蛋糕拟召开 2020 年度经营会议，其中包括对过去一年的存货管理进行回顾。当然，高层管理人员更关注过去的经验和教训能给未来提供的借鉴和指引。

任务要求

　　针对 2020 年度经营会议，从存货管理角度，挑选认为重要的指标（不限于前面分析的存货任务指标），制作存货主题大屏看板，分析存货管理现状以及管理中存在的问题或风险，对下一年度的存货管理工作提出改进建议，形成分析报告，并用 PPT 进行展示和解说。

参考指标
公司总体存货余额年度变动趋势
存货占总资产比趋势及与同行业的对比
存货与收入比变动趋势及与同行业的对比
各存货类别金额占比
商品报损率变动趋势
材料报损额变动趋势

任务实现

　　（1）登录金蝶云星空网页端，在"轻分析"界面，单击"新建"按钮，创建一个仪表板，输入名称"存货主题分析"，然后单击"确定"按钮。单击"仪表板"按钮，进入"仪表板"编辑界面。

　　（2）在屏幕右下角，设置外观风格为"深邃蓝"。将左侧"组件"栏中的"数据斗方"拖入看板区。在"添加数据斗方-选择来源"对话框中，单击"下一步"按钮。选择"存货总体状况分析"分类下的"存货总体状况分析"业务主题，单击"下一步"按钮。选择"加载方案"下的"公司总体存货余额年度变动趋势"分析方案，单击"完成"按钮。

（3）如果图表纵轴金额过大，会导致占用区域过大。此时可单击该图片右上角的"编辑"按钮，打开"编辑仪表板组件-数据斗方"窗口。单击右侧"数字格式"编辑按钮 ✍ ，将数量单位修改为"万"，单击"确定"按钮，然后单击左上角的"保存"按钮。

（4）重复以上步骤，将本任务参考指标添加到仪表板中，并形成一个分析大屏。参考样式如图 7-16 所示。

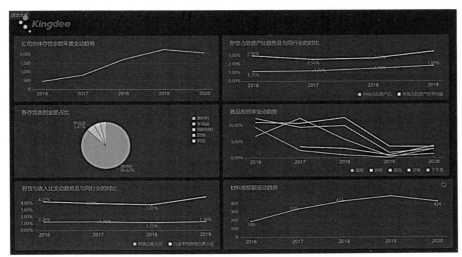

扫码查看

彩色效果

图 7-16 存货主题分析大屏

报告模板

一、存货业务总结

2020 年幸福蛋糕的存货余额为 20 735 361.42 元，占资产总额的 4.79%，占当期收入的 0.86%。幸福蛋糕受益于数字化技术的应用，通过以产定销、大数据精准推送等手段使得存货的运营效率远高于同行业平均水平。

幸福蛋糕的存货由原材料、半成品、周转材料、烘焙原料和其他材料组成，产成品无库存，主要以原材料为主，2020 年年末原材料存货占总存货金额的 86.62%。

幸福蛋糕的数字化战略在降低存货损耗方面取得良好成效。商品报损率降幅明显，整体报损率在 2019—2020 年低于 3%，已远低于同行业平均水平（约为 10%）；材料的损耗金额随着业务量增长，但其损耗的增长幅度要远低于销售收入的增长率，且在 2020 年材料的损耗金额有所下降。

二、存在的问题或风险及建议

（1）各部门针对存货管理工作尚缺少统筹决策与安排。例如，仓储部门关注存货水平，采购部门关注采购成本，而销售部门注重销售任务能否完成。建议总经理等高层管理人员应协同人事部门围绕公司的统一战略部署，做好部门绩效指标的制订。例如，采购部门的指标不应仅关注采购成本，而应该注重包括仓储成本等在内的整体成本的合理性。

（2）建议进一步拓展大数据技术的应用范围，在存货结构的合理性方面，综合考虑与销售用料的配比、原料的保质期、采购折扣、运输费用和便利性等因素，针对库龄较长的存货进一步分析原因并制订解决措施，加强与供应商的协同，不断提高存货运营效率。

（3）促进产销协同，特别是针对中央工厂的半成品生产，应从公司整体目标出发，合理制订考核指标。

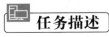項目八

生产主题分析

生产是企业经营的重要内容，也是创造价值的核心环节。新零售行业的生产有其独特之处，企业对部分关键指标进行监控，有利于提升整体的经营效率。本项目主要介绍基于生产大数据进行数据建模，构建典型指标体系，实现指标的可视化及诊断、分析的全过程，并提出生产环节的优化措施与方法。

学习目标

1. 掌握生产主题分析的整体思路
2. 掌握交付及时性分析的方法
3. 掌握生产质量分析的方法
4. 学会构建生产分析的整体关键指标体系

职业素养点拨

把握立身之本

司马迁在《史记·商君列传》中记录了商鞅在变法初期立木为信的故事。当时商鞅推出新法令，生怕百姓不信任，于是在城南门前放了一根木头，并贴出告示说：如果有人将这根木头搬到北门就赏十金。所有百姓都不信，直到将赏金增至五十金时，才有一个壮士将木头搬到了北门。商鞅如约赏给壮士五十金。此举使得秦国百姓支持、信赖商鞅颁布的新法令，为秦国逐渐强大奠定了基础。

每个人在社会上立足，需要具备很多条件。先天的条件，如相貌、身材、气质、习惯、家庭背景等；后天的条件，如知识、才能、修养、道德等。但是能称为立身之本的，一定是一个人的思想、品德、态度、能力等精神层面的内涵。

一个生产型企业的立身之本是什么？一定是对生产环节的管理与把握。只有具备良好的生产计划与过程管理，才能确保客户需要的产品能及时交付；严格的生产质量监管，才能生产出高质量的产品。这些都会影响到客户的口碑，影响到企业的生存与发展。从数据的角度对企业的生产过程进行分析，可以帮助企业更有效地改进生产管理的水平，强化企业的立身之本。

任务一　交付及时性分析

任务描述

蛋糕等烘焙产品对新鲜度有较高的要求，因此需要在每个布局的城市当地生产。幸福蛋糕得

以快速扩张，很大程度上源自其供应链的优势，其中最为核心的是产能和物流。幸福蛋糕采用"中央工厂+卫星工厂（生产中心）"的分布式生产模式，前者的主要功能是半成品生产和仓储，比如蛋挞皮、千层酥皮等，后者则负责在接到顾客订单后进行加工。

幸福蛋糕中央工厂的排产流程如图 8-1 所示。

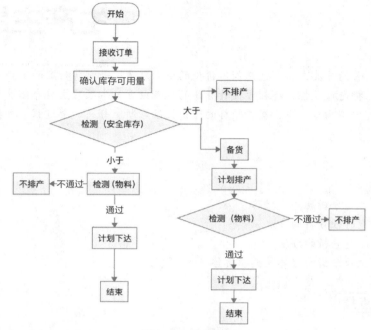

图 8-1　排产流程

加工中心烘焙类糕点的生产流程如图 8-2 所示。

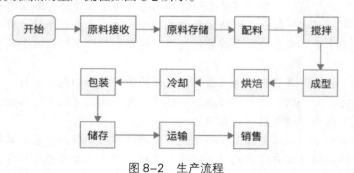

图 8-2　生产流程

幸福蛋糕自 2016 年开始利用大数据技术对生产过程进行精细化管理，从接收订单开始，将每月生产计划细化到每日生产计划，通过数字技术减少不必要的环节（如原来的找料、等料、出库等环节），缩短生产周期，实现准时制生产。

除降低生产成本、提高生产效率外，保证产品质量和交付的及时性是幸福蛋糕更重要的生产管理目标。对于中央工厂，生产目标是匹配生产中心的需求，保证半成品齐套，需要的时候及时送达，需要多少送达多少，不可过多提前送达或被占用。

管理人员要求对加工中心和中央工厂的交付情况进行分析，因为只有在交付可靠的情况下，备用的库存量才可以进一步减少。

 **任务要求**

　　分析中央工厂排产计划的合理性和交付及时率，排产计划以 2020 年 1 月千层酥皮生产线数据为例，交付及时率以 2020 年奶油数据为例，并分析当年交付率的变动趋势；加工中心以幸福-85门店 2020 年蛋糕产品及用料为例，分析订单齐套率及交付及时率。

本任务需要分析的指标和使用的数据表		
具体指标	☑ 中央工厂排产计划合理性 ☑ 中央工厂及时交付率月度趋势 ☑ 加工中心生产订单齐套率月度趋势 ☑ 加工中心及时交付率月度趋势	数据表
		◎ 中央工厂排产计划表（千层酥皮） ◎ 奶油订单交付表（2020 年） ◎ 加工中心生产订单齐套分析表（蛋糕） ◎ 加工中心生产订单交付表（蛋糕）

　　注：订单齐套率=已备齐生产用料的订单数量/总订单数量×100%。

任务实现

一、中央工厂排产计划合理性

视频 8-1

本指标具体操作步骤可参考视频 8-1。

　　（1）登录金蝶云星空网页端，进入"轻分析"界面。新建分类，命名为"交付及时性分析"。新建业务主题，命名为"交付及时性分析"。

　　（2）进入"数据建模"界面，新建数据表，选择数据源并连接数据库。选择"中央工厂排产计划表（千层酥皮）"，单击"下一步"按钮，勾选"全选"，单击"完成"按钮，然后单击左上角的"保存"按钮。

　　（3）返回"轻分析"界面，进入"数据分析"界面。将"中央工厂排产计划表（千层酥皮）"下的"排产日期"字段拖入"行"栏，并单击其快速功能按钮▼，选择"维度"下的"年月日"选项；将"物料名称"及"备注"字段拖入"行"栏；将"日产量"拖入"数值区域"栏，并单击其快速功能按钮▼，选择"度量"下的"最大"选项。

　　（4）选择"中央工厂排产计划表（千层酥皮）"，单击快速功能按钮▼，选择"创建计算字段"选项。在"创建计算字段"对话框中，输入名称"1 月 6 日产能比率"，并输入以下表达式，单击"确定"按钮。

表达式	[中央工厂排产计划表（千层酥皮）.2020/1/6]/60000

　　（5）重复以上步骤，创建两个计算字段。

　　① 计算字段一

名称	"1 月 20 日产能比率"
表达式	[中央工厂排产计划表（千层酥皮）.2020/1/20]/60000

　　② 计算字段二

名称	"1 月 31 日产能比率"
表达式	[中央工厂排产计划表（千层酥皮）.2020/1/31]/60000

　　（6）将"中央工厂排产计划表（千层酥皮）"下的"2020/1/6""2020/1/20""2020/1/31""1

月6日产能比率""1月20日产能比率""1月31日产能比率"字段拖入"数值区域"栏。

（7）修改"数值区域"栏各字段的数字格式。例如，单击"1月6日产能比率"的快速功能按钮▼，选择"数字格式"，将数量单位改为"百分之一（%）"，然后单击"应用"按钮。重复以上步骤，修改"1月20日产能比率""1月31日产能比率"的数字格式，将数量单位统一修改为"百分之一（%）"，生成中央工厂排产计划合理性表格，如图8-3所示。

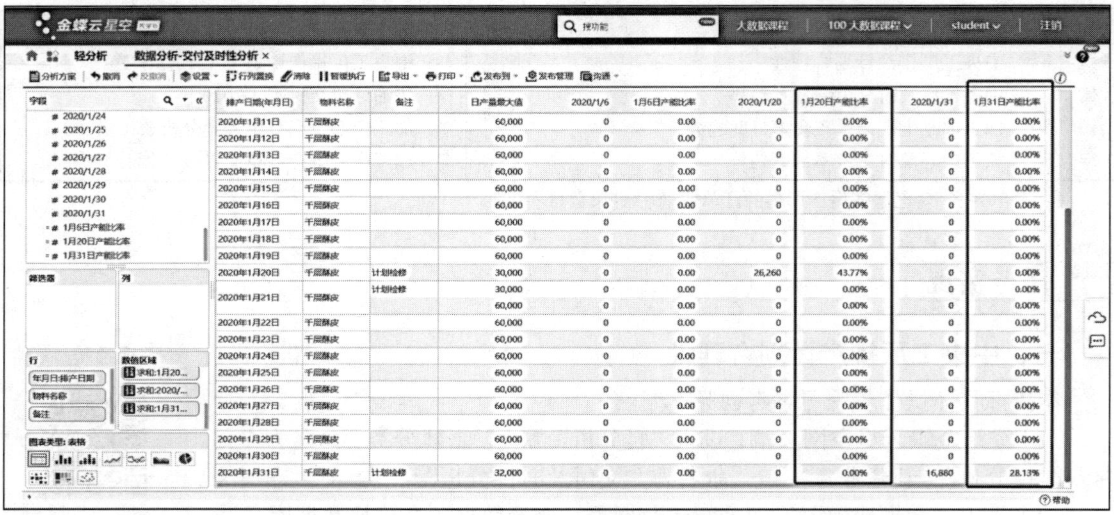

图8-3　中央工厂排产计划合理性表格

（8）另存方案，输入方案名称"中央工厂排产计划合理性"。

二、中央工厂及时交付率月度趋势

（1）进入"数据建模"界面，新建数据表，选择数据源并连接数据库。选择"奶油订单交付表（2020年）"，单击"下一步"按钮，勾选"全选"，单击"完成"按钮，然后单击左上角的"保存"按钮。

（2）返回"轻分析"界面，进入"数据斗方"界面。选择"奶油订单交付表（2020年）"，单击快速功能按钮▼，选择"创建计算字段"选项。在"创建计算字段"对话框中，输入名称"及时交付率"，输入以下表达式，单击"确定"按钮。

表达式	SUM（[奶油订单交付表（2020年）.及时单数]）/COUNT（[奶油订单交付表（2020年）.订单号]）

（3）图表类型选择"折线图"。将"奶油订单交付表（2020年）"下的"订单时间"字段拖入"横轴"栏，并单击其快速功能按钮▼，选择"维度"下的"年月"选项；将"及时交付率"字段拖入"纵轴"栏。

（4）执行"预览尺寸"—"全画面"命令，将右侧起始刻度设为"允许不从零开始"。单击"数字格式"编辑按钮✎，将小数位数设为2，数量单位选择"百分之一（%）"，并单击"确定"按钮。勾选"数据标签"，生成中央工厂及时交付率月度趋势折线图，如图8-4所示。

（5）另存方案，输入方案名称"中央工厂及时交付率月度趋势"。

（6）单击"清除"按钮。选择"奶油订单交付表（2020年）"，单击其快速功能按钮▼，选择"创建计算字段"选项。在"创建计算字段"对话框中，输入名称"延迟天数"，并输入下页表达式，单击"确定"按钮。

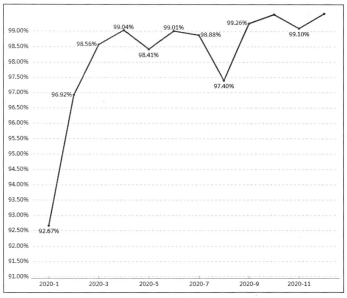

图 8-4 中央工厂及时交付率月度趋势折线图

| 表达式 | [奶油订单交付表（2020年）.交货时间] － [奶油订单交付表（2020年）.要货时间] |

（7）图表类型选择"多系列柱形图"。将"奶油订单交付表（2020年）"下的"延迟天数"字段拖入"横轴"栏，并单击其快速功能按钮▼，选择"维度"；将"订单号"字段拖入"纵轴"栏，并单击其快速功能按钮▼，选择"度量"下的"计数"选项；将"及时单数"字段拖入"筛选器"栏。

（8）在"数据筛选"对话框中，选择"原始值"，单击"确定"按钮。将范围调整为"0"至"0"，单击"确定"按钮，生成延迟天数分析柱形图，如图 8-5 所示。

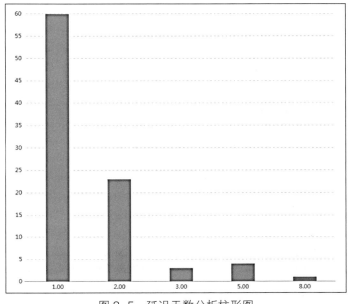

图 8-5 延迟天数分析柱形图

（9）另存方案，输入方案名称"延迟天数分析"。

三、加工中心生产订单齐套率月度趋势

（1）进入"数据建模"界面，新建数据表，选择数据源并连接数据库。选择"加工中心生产订单齐套分析表（蛋糕）"，单击"下一步"按钮，勾选"全选"，然后单击"完成"按钮。

（2）切换至"字段"页签，将"齐套数量"的数据类型改为"整数"，然后单击左上角的"保存"按钮。

（3）返回"轻分析"界面，进入"数据斗方"界面。选择"加工中心生产订单齐套分析表（蛋糕）"，单击其快速功能按钮▼，选择"创建计算字段"选项。在"创建计算字段"对话框中，输入名称"齐套率"，并输入以下表达式，然后单击"确定"按钮。

表达式	SUM([加工中心生产订单齐套分析表（蛋糕）.齐套数量])/SUM([加工中心生产订单齐套分析表（蛋糕）.数量])

（4）图表类型选择"折线图"。将"加工中心生产订单齐套分析表（蛋糕）"下的"下单时间"字段拖入"横轴"栏，并单击其快速功能按钮▼，选择"维度"下的"年月"选项；将"齐套率"字段拖入"纵轴"栏。

（5）执行"预览尺寸"—"全画面"命令，勾选右侧"数据标签"，将起始刻度设置为"允许不从零开始"。单击"数字格式"编辑按钮✎，将小数位数改为 2，选择数量单位为"百分之一（％）"，单击"确定"按钮，生成加工中心生产订单齐套率月度趋势折线图，如图 8-6 所示。

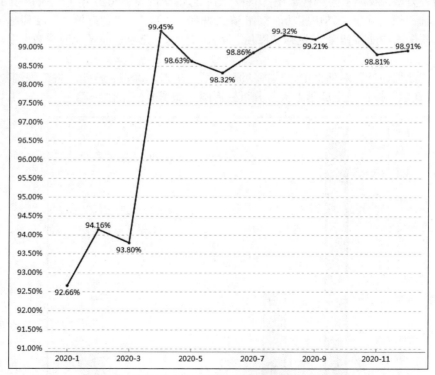

图 8-6　加工中心生产订单齐套率月度趋势折线图

（6）另存方案，输入方案名称"加工中心生产订单齐套率月度趋势"。

四、加工中心及时交付率月度趋势

（1）进入"数据建模"界面，新建数据表，选择数据源并连接数据库。选择"加工中心生产订单交付表（蛋糕）"，单击"下一步"按钮，勾选"全选"，然后单击"完成"按钮。

（2）选择"加工中心生产订单交付表（蛋糕）"，单击其快速功能按钮▼，选择"创建计算字段"选项。在"创建计算字段"对话框中，输入名称"及时交付率"，并输入以下表达式，单击"确定"按钮。

表达式	IF（[交付时间] ＜ [要求达到时间]，1，0）

（3）返回"轻分析"界面，进入"数据斗方"界面，图表类型选择"折线图"。将"加工中心生产订单交付表（蛋糕）"下的"下单时间"字段拖入"横轴"栏，并单击其快速功能按钮▼，选择"维度"下的"年月"选项；将"及时交付率"字段拖入"纵轴"栏，并单击其快速功能按钮▼，选择"度量"下的"平均"选项。

（4）执行"预览尺寸"—"全画面"命令，勾选"数据标签"，设置起始刻度为"允许不从零开始"。

（5）单击右侧的"数字格式"编辑按钮 ✎，将小数位数设为 2，选择数量单位为"百分之一（%）"，单击"确定"按钮，生成加工中心及时交付率月度趋势折线图，如图 8-7 所示。

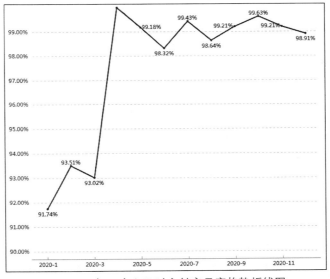

图 8-7　加工中心及时交付率月度趋势折线图

（6）另存方案，输入方案名称"加工中心及时交付率月度趋势"。

📑 指标分析

相关分析结论参考指标分析 8-1。

指标分析 8-1

📑 巩固与练习

针对加工中心延迟的订单，进一步分析接单系统中是否存在风险或问题。

任务二　生产质量分析

任务描述

幸福蛋糕采用标准化生产过程并通过数控设备进行过程控制，以确保产品口味的一致性，但配料时可能会因为机械故障或人为因素使得产品配方略有差异。

幸福蛋糕对城市合伙人的产品质量进行管控较为困难。城市合伙人开设门店时，要购进幸福蛋糕公司的设备和原料，然后进行加工生产。2018 年曾有城市合伙人提出，幸福蛋糕提供的原料价格高于市场价，因而希望通过外购原料进行生产。为避免城市合伙人自主购买材料的质量问题影响品牌形象，管理人员通过对销售订单与原料采购的配比分析来确保用料的一致性。另外，管理人员也通过良品率分析来评价用料的准确性和生产过程的合规性。

任务要求

以 2020 年幸福-85 店的订单和生产数据为例，分析其原料使用与产品配方的相符性（即原料配比合理性），并分析各商品的配料相符率。

配料相符率=1-｜（某产品实际用料数量-配方应用原料数量）/配方应用原料数量×100%｜

以订单良品率占总订单数的比率进行良品率月度趋势分析，了解不良品的缺陷原因，并针对造成缺陷较多的原因提出改进建议。

本任务需要分析的指标和使用的数据表			
具体指标	原料配比合理性 良品率 不良品缺陷分析	数据表	订单用料表 生产订单执行表

任务实现

一、原料配比合理性

（1）登录金蝶云星空网页端，进入"轻分析"界面。新建分类，命名为"生产质量分析"。新建业务主题，命名为"生产质量分析"。

（2）进入"数据建模"界面，新建数据表，选择数据源并连接数据库。选择"生产订单执行表"和"订单用料表"，单击"下一步"按钮，勾选"全选"，单击"完成"按钮，然后单击左上角的"保存"按钮。

（3）单击"订单用料表"的快速功能按钮▼，选择"创建计算字段"选项。在"创建计算字段"对话框中，输入名称"配料相符率"，并输入以下表达式，然后单击"确定"按钮。

表达式	1 - ABS（（[实际用料数量] - [应用料数量]）/[应用料数量]）

（4）切换至"字段"页签，单击"配料相符率"字段的"数字格式"编辑按钮 ☑，将小数位数改为 2，选择数量单位为"百分之一（%）"，单击"确定"按钮，然后单击左上角的"保存"按钮。

（5）返回"轻分析"界面，进入"数据斗方"界面，图表类型选择"折线图"。将"订单用料表"下的"下单时间"字段拖入"横轴"栏，并单击快速功能按钮 ▼，选择"维度"下的"年月"。将"订单用料表"下的"配料相符率"字段拖入"纵轴"栏，并单击快速功能按钮 ▼，选择"度量"下的"平均"选项。

（6）执行"预览尺寸"—"全画面"命令，勾选右侧的"数据标签"，起始刻度选择"允许不从零开始"。单击"数字格式"编辑按钮 ☑，将小数位数设为 3，选择数量单位为"百分之一（%）"，单击"确定"按钮。

（7）将"订单用料表"下的"用料"字段拖入"钻取到"栏，生成原料配比合理性分析折线图，如图 8-8 所示。

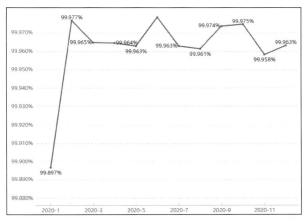

图 8-8 原料配比合理性分析折线图

（8）另存方案，输入方案名称"原料配比合理性"。

（9）单击"清除"按钮，清除"横轴"栏和"钻取到"栏中的字段，图表类型选择"多系列柱形图"。将"订单用料表"下的"商品名称"字段拖入"横轴"栏，将订单用料表"下的"配料相符率"字段拖入"纵轴"栏，单击快速功能按钮 ，选择"度量"下的"平均"选项。

（10）执行"预览尺寸"—"全画面"命令，勾选右侧的"数据标签"，起始刻度选择"允许不从零开始"。单击"数字格式"编辑按钮 ☑，将小数位数设为 3，选择数量单位为"百分之一（%）"，单击"确定"按钮。选择排序为"升序"，生成各商品配比合理性分析柱形图，如图 8-9 所示。

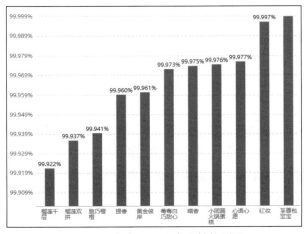

图 8-9 各商品配比合理性柱形图

（11）另存方案，输入方案名称"各商品配比合理性"。

二、良品率

（1）进入"数据建模"界面，单击"生产订单执行表"的快速功能按钮▼，选择"创建计算字段"选项。在"创建计算字段"对话框中，输入名称"良品率"，并输入以下表达式，单击"确定"按钮。

表达式	［良品数量］/［订单数量］

（2）切换至"字段"页签，单击"良品率"字段的"数字格式"编辑按钮 ✎ ，将小数位数设为2，选择数量单位为"百分之一（%）"，单击"确定"按钮，并单击左上角的"保存"按钮。

（3）返回"轻分析"界面，进入"数据斗方"界面，图表类型选择"折线图"。将"生产订单执行表"下的"下单时间"字段拖入"横轴"栏，并单击其快速功能按钮▼，选择"维度"下的"年月"选项；将"良品率"字段拖入"纵轴"栏，并单击其快速功能按钮▼，选择"度量"下的"平均"选项。

（4）执行"预览尺寸"—"全画面"命令，勾选右侧的"数据标签"，选择起始刻度为"允许不从零开始"。单击"数字格式"编辑按钮 ✎ ，将小数位数设为 2，选择数量单位为"百分之一（%）"，单击"确定"按钮，生成良品率变化趋势折线图，如图8-10所示。

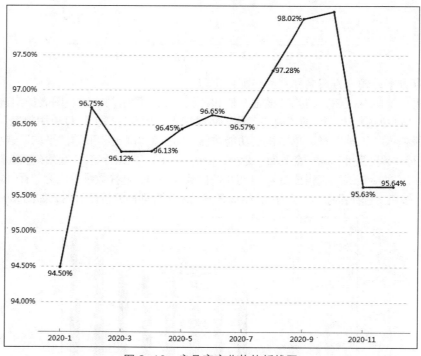

图 8-10　良品率变化趋势折线图

（5）另存方案，输入方案名称"良品率变化趋势"。

三、不良品缺陷分析

（1）在"生产质量分析"业务主题中，进入"数据斗方"界面，图表类型选择"饼图"。

（2）将"生产订单执行表"下的"缺陷原因"字段拖入"颜色"栏；将"单号"字段拖入"角度"栏，并单击其快速功能按钮 ▼，选择"度量"下的"计数"选项。

（3）勾选右侧的"数据标签"，将"生产订单执行表"下的"缺陷原因"字段拖入"筛选器"栏。在"数据筛选"对话框中，取消勾选"无"，单击"确定"按钮，生成饼图，如图8-11所示。

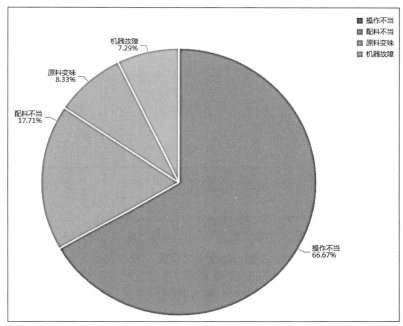

扫码查看

彩色效果

图8-11　不良品缺陷分析饼图

（4）另存方案，输入方案名称"不良品缺陷分析"。

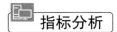
指标分析

相关分析结论参考指标分析8-2。

指标分析 8-2

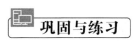
巩固与练习

针对城市合伙人的生产质量管控，除前述分析配方、加强人员培训等措施外，还有哪些可能引发的质量风险未被纳入管理，并说明可以采取哪些措施进行管控。

任务三　生产管理分析小结

任务描述

幸福蛋糕拟召开2020年度经营会议，其中包括对过去一年的生产管理进行回顾。当然，高层管理人员更关注过去的经验和教训能给未来提供的借鉴和指引。

任务要求

针对 2020 年度经营会议，从生产管理角度挑选认为重要的指标（不限于前面分析的生产任务指标），制作生产主题大屏看板，分析生产管理现状以及管理中存在的问题或风险，对下一年度的生产管理工作提出改进建议，形成分析报告，并用 PPT 进行展示和解说。

参考指标
中央工厂及时交付率月度趋势
加工中心及时交付率月度趋势
原料配比合理性
良品率
不良品缺陷分析
延迟天数分析
各商品配比合理性

任务实现

（1）在"轻分析"界面，单击"新建"按钮，创建一个仪表板。输入名称"生产主题分析"，单击"确定"按钮。然后单击"仪表板"按钮 ▣ ，进入"仪表板"编辑界面。

（2）在屏幕右下角，设置外观风格为"深邃蓝"。将左侧"组件"栏中的"数据斗方"拖入看板区。在"添加关系-选择来源"对话框中，单击"下一步"按钮。选择"交付及时性分析"分类下的"交付及时性分析"业务主题，单击"下一步"按钮。选择"加载方案"下的"中央工厂及时交付率月度趋势"分析方案，单击"完成"按钮。

（3）重复以上步骤，将本任务中的参考指标添加到仪表板中，整齐排列，形成一个分析大屏，如图 8-12 所示。

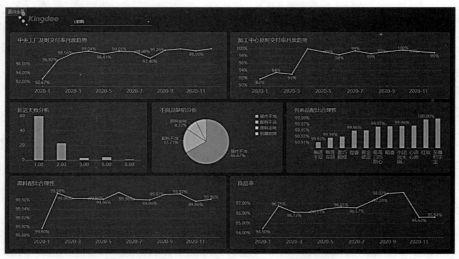

扫码查看

彩色效果

图 8-12　生产主题分析大屏

报告模板

　　总结上述指标分析内容，幸福蛋糕在生产管理方面的主要问题及相关建议如下。

　　（1）2020年年初，由于春节假期叠加疫情影响，工厂开工时间较短，中央工厂与加工中心部分订单未能及时交付，2020年3月后交付率较为稳定。由于加工中心的交付及时率直接影响顾客收货的及时性，因此应给予更多关注，特别是在原料未配齐的情况下，应对接单系统进行设置，根据配料时间是否满足订单要求的送达时间，来确定可销售量。

　　（2）订单用料与配方表整体相符率较高，2020年各月均达到99.9%以上，1月略低，存在个别单号2020010609材料用量与配料相符率较低的情况，可能会影响产品的口味与销售，并造成不必要的浪费。

　　（3）造成产品缺陷的原因中，操作不当造成的产品缺陷占66.67%，后面依次为配料不当（17.71%）、原料变味（8.33%）和机器故障（7.29%）。因此，造成不良品主要是人为因素，应加强对生产员工的培训，确保熟练掌握机器的使用和配料等工序。

财务主题分析

　　企业关键的财务指标往往能反映企业经营的状况。通过分析典型的财务指标，高层管理人员可以对企业的偿债能力、盈利能力、营运能力、发展能力等有总体的把握，了解各级管理人员及相关责任人的业绩表现，发现影响企业发展的关键因素，提升企业管理人员的管理能力。管理人员也能通过财务指标评估企业未来的盈利，定位企业发展的方向，有效调整企业的经营战略，做出优化企业经营质量和效率的科学决策。本项目主要介绍基于财务大数据进行数据建模，构建典型指标体系，实现指标的可视化及诊断、分析的全过程，并提出财务环节的改进措施与方法。

学习目标

1. 掌握财务主题分析的整体思路
2. 掌握短期偿债能力分析的方法
3. 掌握长期偿债能力分析的方法
4. 掌握公司总体盈利能力分析的方法
5. 掌握分区域/门店盈利能力分析的方法
6. 掌握成本费用总体分析的方法
7. 掌握变动成本分析的方法
8. 掌握固定成本分析的方法
9. 掌握营运能力分析的方法
10. 掌握发展能力分析的方法
11. 学会构建财务分析的整体关键指标体系

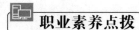职业素养点拨

培养严谨认真、科学审慎的数据思维

　　思维方式对人的言行起决定性作用，因此拥有不同世界观、人生观、价值观的人，其行为也会呈现出明显的差别。数据思维是根据数据来考量事物的一种量化的思维模式，也是一种重视事实、追求真理的思维模式。

　　财务分析是企业财务人员的一项重要岗位职责，主要是以会计核算和报表资料及其他相关资料为依据，采用一系列专门的分析技术和方法，对企业过去和现在有关筹资活动、投资活动、经营活动、分配活动的盈利能力、营运能力、偿债能力和发展能力等状况进行分析与评价的经济管理活动。随着技术的发展，以及管理需求的驱动，企业的财务分析手段更加便捷、及时和精细化，因此财务人员需要具备严谨认真、科学审慎的数据思维能力，具备对财务指标数据进行分析解读的能力，才能为企业的管理策略调整提供科学的依据。

任务一 偿债能力分析

子任务一 短期偿债能力分析

任务描述

无法清偿到期债务是许多企业破产的直接原因。幸福蛋糕的扩张战略引发债权人和投资者的担忧，管理人员要求财务部对企业的短期偿债能力进行分析，用于给债权人和投资者说明财务状况，并为编制来年的扩张计划提供参考。

任务要求

以 2016—2019 年的数据为例，在"轻分析"模块呈现以下具体指标，要求幸福蛋糕的比率趋势与行业均值趋势在一张图上呈现，以便于对比。此外，财务部应分析企业的短期偿债能力，并提出改进建议。

本任务需要分析的指标和使用的数据表		
具体指标	☑ 流动比率趋势及与同行业的对比 ☑ 速动比率趋势及与同行业的对比 ☑ 现金比率趋势及与同行业的对比 ☑ 现金流量比率趋势及与同行业的对比	数据表：◎ 行业指标表 ◎ 利润表-幸福蛋糕 ◎ 现金流量表-幸福蛋糕 ◎ 资产负债表-幸福蛋糕

注：（1）行业均值=∑同行业公司的指标/同行业公司个数。

（2）流动比率=流动资产/流动负债。

（3）速动比率=（流动资产–存货）/流动负债。

（4）现金比率=（货币资金+交易性金融资产+衍生金融资产）/流动负债。

（5）现金流量比率=经营活动产生的现金流量净额/流动负债。

任务实现

本指标具体操作步骤可参考视频 9-1。

视频 9-1

一、流动比率趋势及与同行业的对比

（1）登录金蝶云星空网页端，进入"轻分析"界面。新建分类，命名为"偿债能力分析"。新建业务主题，命名为"短期偿债能力分析"。

（2）进入"数据建模"界面，新建数据表，选择数据源并连接数据库。选择"资产负债表-幸福蛋糕"，单击"下一步"按钮，取消"全选"，勾选"流动资产合计""流动负债合计"和"报表日期"三个字段，单击"完成"按钮。

（3）单击"资产负债表-幸福蛋糕"的快速功能按钮▼，选择"创建计算字段"选项。在"创建计算字段"对话框中，输入名称"流动比率"，并输入以下表达式，单击"确定"按钮。

表达式	[流动资产合计] / [流动负债合计]

（4）单击"新建数据表"按钮，重复以上操作步骤，将"行业指标表"所有字段添加到数

据模型中。切换至"关系"页签，单击"新建关系"按钮。在"新建关系"对话框中，左侧数据表选择"资产负债表-幸福蛋糕"，字段选择"报表日期"；右侧数据表选择"行业指标表"，字段选择"日期"；中间关系选择"一对一"关系。单击"确定"按钮，并单击左上角的"保存"按钮。

（5）返回"轻分析"界面，进入"数据斗方"界面，图表类型选择"折线图"。将"资产负债表-幸福蛋糕"下的"报表日期"字段拖入"横轴"栏，将"流动比率"字段拖入"纵轴"栏。将"行业指标表"下的"流动比率"字段拖入"纵轴"栏，并单击其快速功能按钮▼，选择"重命名"，将其重命名为"行业流动比率"。

（6）执行"预览尺寸"—"全画面"命令，生成流动比率趋势及与同行业的对比折线图，如图 9-1 所示。

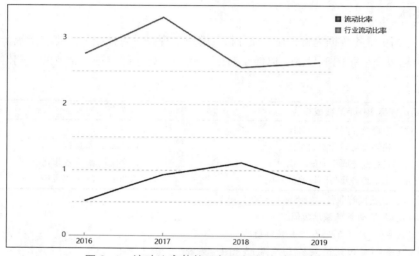

图 9-1　流动比率趋势及与同行业的对比折线图

（7）另存方案，输入方案名称"流动比率趋势及与同行业的对比"。

二、速动比率趋势及与同行业的对比

（1）进入"数据建模"界面，新建数据表，选择数据源并连接数据库。选择"资产负债表-幸福蛋糕"，单击"下一步"按钮，取消"全选"，勾选"存货""流动资产合计""流动负债合计"和"报表日期"四个字段，单击"完成"按钮。

（2）单击新添加的数据表的快速功能按钮▼，选择"重命名"选项，将其重命名为"速动比率_幸福蛋糕"。单击"速动比率_幸福蛋糕"的快速功能按钮▼，选择"创建计算字段"选项。在"创建计算字段"对话框中，输入名称"速动比率"，并输入以下表达式，单击"确定"按钮。

表达式	（[流动资产合计] － [存货]）/[流动负债合计]

（3）切换至"关系"页签，单击"新建关系"按钮。在"新建关系"对话框中，左侧数据表选择"行业指标表"，字段选择"日期"；右侧数据表选择"速动比率_幸福蛋糕"，字段选择"报表日期"；中间关系选择"一对一"关系。单击"确定"按钮，并单击左上角的"保存"按钮。

（4）返回"轻分析"界面，进入"数据斗方"界面，图表类型选择"折线图"。将"速动比率_幸福蛋糕"下的"报表日期"字段拖入"横轴"栏，将"速动比率"字段拖入"纵轴"栏。将"行业指标表"下的"速动比率"字段拖入"纵轴"栏，并单击其快速功能按钮 ▼，选择"重命名"，将其重命名为"行业速动比率"。

（5）执行"预览尺寸"—"全画面"命令，生成速动比率趋势及与同行业的对比折线图，如图9-2所示。

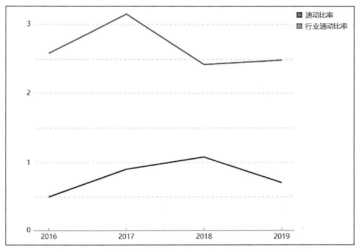

图9-2　速动比率趋势及与同行业的对比折线图

（6）另存方案，输入方案名称"速动比率趋势及与同行业的对比"。

三、现金比率趋势及与同行业的对比

（1）进入"数据建模"界面，新建数据表，选择数据源并连接数据库。选择"资产负债表-幸福蛋糕"，单击"下一步"按钮，取消"全选"，勾选"货币资金""交易性金融资产""衍生金融资产""流动负债合计"和"报表日期"五个字段，单击"完成"按钮。

（2）单击已添加的数据表的快速功能按钮 ▼，选择"重命名"选项，将其重命名为"现金比率_幸福蛋糕"。单击"现金比率_幸福蛋糕"的快速功能按钮 ▼，选择"创建计算字段"选项。在"创建计算字段"对话框中，输入名称"现金比率"，并输入以下表达式，单击"确定"按钮。

表达式	（[货币资金] + [交易性金融资产] + [衍生金融资产]）/[流动负债合计]

（3）切换至"关系"页签，单击"新建关系"按钮。在"新建关系"对话框中，左侧数据表选择"行业指标表"，字段选择"日期"；右侧数据表选择"现金比率_幸福蛋糕"，字段选择"报表日期"；中间关系选择"一对一"关系。单击"确定"按钮，并单击左上角的"保存"按钮。

（4）返回"轻分析"界面，进入"数据斗方"界面，图表类型选择"折线图"。将"现金比率_幸福蛋糕"下的"报表日期"字段拖入"横轴"栏，将"现金比率"字段拖入"纵轴"栏。将"行业指标表"下的"现金比率"字段拖入"纵轴"栏，并单击其快速功能按钮 ▼，选择"重命名"，将其重命名为"行业现金比率"。

（5）执行"预览尺寸"—"全画面"命令，生成现金比率趋势及与同行业的对比折线图，如图9-3所示。

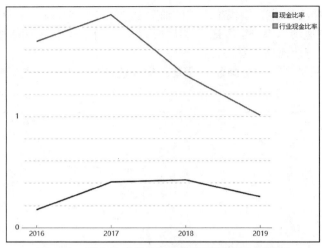

图 9-3　现金比率趋势及与同行业的对比折线图

（6）另存方案，输入方案名称"现金比率趋势及与同行业的对比"。

四、现金流量比率趋势及与同行业的对比

（1）进入"数据建模"界面，新建数据表，选择数据源并连接数据库，类型选择"自定义 SQL"。在"自定义 SQL"框中输入名称"现金流量比率_幸福蛋糕"。在"SQL"框中，输入以下 SQL 语句，单击"完成"和"保存"按钮。

SQL 语句
SELECT 　　a.报表日期, 　　a.流动负债合计, 　　b.经营活动产生的现金流量净额 FROM 　　'资产负债表-幸福蛋糕' a, 　　'现金流量表-幸福蛋糕' b WHERE 　　a.报表日期=b.报表日期

（2）单击"现金流量比率_幸福蛋糕"的快速功能按钮▼，选择"创建计算字段"选项。在"创建计算字段"对话框中，输入名称"现金流量比率"，并输入以下表达式，单击"确定"按钮。

表达式	[经营活动产生的现金流量净额] / [流动负债合计]

（3）切换至"关系"页签，单击"新建关系"按钮。在"新建关系"对话框中，左侧数据表选择"行业指标表"，字段选择"日期"；右侧数据表选择"现金流量比率_幸福蛋糕"，字段选择"报表日期"；中间关系选择"一对一"关系。单击"确定"按钮，并单击左上角的"保存"按钮。

（4）返回"轻分析"界面，进入"数据斗方"界面，图表类型选择"折线图"。将"现金流量比率_幸福蛋糕"下的"报表日期"字段拖入"横轴"栏，将"现金流量比率"字段拖入"纵轴"栏。将"行业指标表"下的"现金流量比率"字段拖入"纵轴"栏，并单击其快速功能按钮▼，选择"重命名"，将其重命名为"行业现金流量比率"。

（5）单击右侧的"数字格式"编辑按钮 ✎，将小数位数设为 2，选择数量单位为"百分之一（％）"，单击"确定"按钮。勾选"数据标签"，执行"预览尺寸"—"全画面"命令，生成现金流量比率趋势及与同行业的对比折线图，如图 9-4 所示。

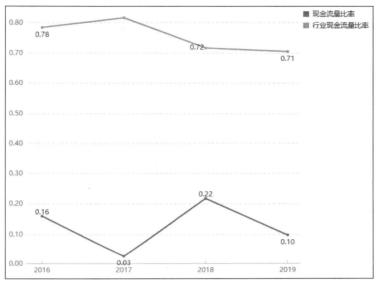

图 9-4　现金流量比率趋势及与同行业的对比折线图

（6）另存方案，输入方案名称"现金流量比率趋势及与同行业的对比"。

指标分析

相关分析结论参考指标分析 9-1。

指标分析 9-1

巩固与练习

分析企业短期偿债能力时，除了流动比率、速动比率、现金比率、现金流量比率等财务指标，还有哪些因素应该加以考虑？

子任务二　长期偿债能力分析

任务描述

幸福蛋糕目前处于快速扩张阶段，为抢占市场份额，增强品牌影响力，对资金有较大需求。公司一方面通过城市合伙人机制减少前期扩张成本，转移部分风险；另一方面通过引进股权投资者吸引资金。

2017 年 12 月，幸福蛋糕完成 9 600 万元人民币的 A 轮融资。2018 年 6 月，幸福蛋糕再次获得 4 亿元人民币的融资。幸福蛋糕通过引进股权资本来降低财务风险，同时希望合理利用财务杠杆，更快达成其扩张愿景，为股东创造更大价值。因此，管理人员要求对企业的财务结构进行分析，评估其长期偿债能力。

任务要求

以 2016—2019 年数据为例，在"轻分析"模块呈现以下具体指标，要求幸福蛋糕的资产负债率与产权比率趋势图与行业均值趋势在一张图上呈现，以便于对比。由于企业个体特征差异较大，利息保障倍数仅要求呈现 2016—2020 年趋势图，不需与行业情况对比。根据上述要求分析公司的长期偿债能力，并提出改进建议。

	本任务需要分析的指标和使用的数据表		
具体指标	▢ 资产负债率趋势及与同行业的对比 ▢ 产权比率趋势及与同行业对比 ▢ 利息保障倍数趋势	**数据表**	◎ 行业指标表 ◎ 利润表-幸福蛋糕 ◎ 现金流量表-幸福蛋糕 ◎ 资产负债表-幸福蛋糕

注：（1）资产负债率=负债总额/资产总额×100%。

（2）产权比率=负债总额/所有者权益总额。

（3）利息保障倍数=（利润总额+利息费用）/利息费用。

任务实现

一、资产负债率趋势及与同行业的对比

（1）登录金蝶云星空网页端，进入"轻分析"界面。在"偿债能力分析"分类中，新建业务主题，命名为"长期偿债能力分析"。

（2）进入"数据建模"界面，新建数据表，选择数据源并连接数据库。选择"资产负债表-幸福蛋糕"，单击"下一步"按钮，取消"全选"，勾选"资产总计""负债合计"和"报表日期"三个字段，单击"完成"按钮。

（3）单击"资产负债率_幸福蛋糕"的快速功能按钮 ▼ ，选择"创建计算字段"选项。在"创建计算字段"对话框中，输入名称"资产负债率"，并输入以下表达式，单击"确定"按钮。

表达式	[负债合计] / [资产总计]

（4）单击"新建数据表"按钮，重复以上操作步骤，将"行业指标表"所有字段添加到数据模型中。切换至"关系"页签，单击"新建关系"按钮。在"新建关系"对话框中，左侧数据表选择"资产负债表-幸福蛋糕"，字段选择"报表日期"；右侧数据表选择"行业指标表"，字段选择"日期"；中间关系选择"一对一"关系。单击"确定"按钮，并单击左上角的"保存"按钮。

（5）返回"轻分析"界面，进入"数据斗方"界面，图表类型选择"折线图"。将"资产负债率_幸福蛋糕"下的"报表日期"字段拖入"横轴"栏，将"资产负债率"字段拖入"纵轴"栏。将"行业指标表"下的"资产负债率"字段拖入"纵轴"栏，并单击其快速功能按钮 ▼ ，选择"重命名"，将其重命名为"行业资产负债率"。

（6）单击右侧的"数字格式"编辑按钮 ✎ ，将小数位数设为 2，选择数量单位为"百分之一（%）"，单击"确定"按钮。勾选"数据标签"，执行"预览尺寸"—"全画面"命令，生成资产负债率趋势及与同行业的对比折线图，如图 9-5 所示。

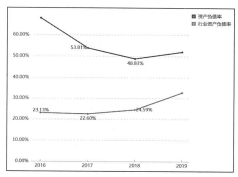

图 9-5　资产负债率趋势及与同行业的对比折线图

（7）另存方案，输入方案名称"资产负债率趋势及与同行业的对比"。

二、产权比率趋势及与同行业对比

（1）进入"数据建模"界面，新建数据表，选择数据源并连接数据库。选择"资产负债表-幸福蛋糕"，单击"下一步"按钮，取消"全选"，勾选"负债合计""所有者权益（或股东权益）合计"和"报表日期"三个字段，单击"完成"按钮。

（2）单击已添加数据表的快速功能按钮 ▼，选择"重命名"选项，将其重命名为"产权比率_幸福蛋糕"。单击"产权比率_幸福蛋糕"的快速功能按钮 ▼，选择"创建计算字段"选项。在"创建计算字段"对话框中，输入名称"产权比率"，并输入以下表达式，单击"确定"按钮。

表达式	［负债合计］／［所有者权益（或股东权益）合计］

（3）切换至"关系"页签，单击"新建关系"按钮。在"新建关系"对话框中，左侧数据表选择"行业指标表"，字段选择"日期"；右侧数据表选择"产权比率_幸福蛋糕"，字段选择"报表日期"；中间关系选择"一对一"关系。单击"确定"按钮，并单击左上角的"保存"按钮。

（4）返回"轻分析"界面，进入"数据斗方"界面，图表类型选择"折线图"。将"产权比率_幸福蛋糕"下的"报表日期"字段拖入"横轴"栏，将"产权比率"字段拖入"纵轴"栏。将"行业指标表"下的"产权比率"字段拖入"纵轴"栏，并单击其快速功能按钮 ▼，选择"重命名"选项，将其重命名为"行业产权比率"。

（5）单击右侧的"数字格式"编辑按钮 ✎，将小数位数设为 2，选择数量单位为"百分之一（％）"，单击"确定"按钮。勾选"数据标签"，执行"预览尺寸"—"全画面"命令，生成产权比率趋势及与同行业的对比折线图，如图 9-6 所示。

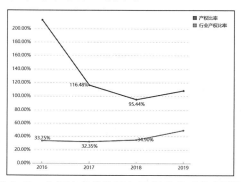

图 9-6　产权比率趋势及与同行业的对比折线图

（6）另存方案，输入方案名称"产权比率趋势及与同行业的对比"。

三、利息保障倍数趋势

（1）进入"数据建模"界面，新建数据表，选择数据源并连接数据库。选择"利润表-幸福蛋糕"，单击"下一步"按钮，取消"全选"，勾选"四、利润总额（损失以'-'号填列）""财务费用""其中：利息费用"和"报表日期"三个字段，单击"完成"按钮。

（2）单击已添加数据表的快速功能按钮▼，选择"重命名"选项，将其重命名为"利息保障倍数_幸福蛋糕"。单击"利息保障倍数_幸福蛋糕"的快速功能按钮▼，选择"创建计算字段"选项。在"创建计算字段"对话框中，输入名称"利息保障倍数"，并输入以下表达式。单击"确定"按钮，然后单击左上角的"保存"按钮。

表达式	（[四、利润总额（损失以"-"号填列）] ＋ [利息费用]）/[其中：利息费用]

（3）返回"轻分析"界面，进入"数据斗方"界面，图表类型选择"折线图"。将"利息保障倍数_幸福蛋糕"下的"报表日期"字段拖入"横轴"栏，将"利息保障倍数"字段拖入"纵轴"栏。

（4）执行"预览尺寸"—"全画面"命令，生成利息保障倍数趋势折线图，如图9-7所示。

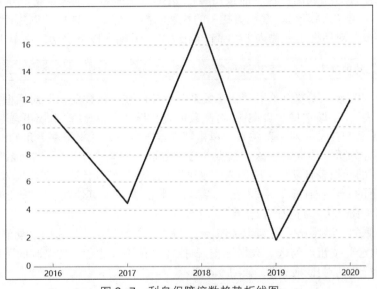

图9-7 利息保障倍数趋势折线图

（5）另存方案，输入方案名称"利息保障倍数趋势"。

指标分析

相关分析结论参考指标分析9-2。

指标分析 9-2

巩固与练习

思考资本结构对企业的资金成本、盈利能力和企业价值有什么影响。

任务二 盈利能力分析

子任务一 公司总体盈利能力分析

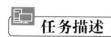 **任务描述**

幸福蛋糕的投资者、债权人和管理人员对企业的盈利能力都非常关注，因为企业的利润是股权投资人回报、债权人本息回收的保障和考核管理人员业绩的重要指标，保持长期的盈利也是企业生存的基础。除了自身的盈利情况，管理人员也想知道本企业在行业中处于什么水平，希望将盈利能力的相关指标与同行业进行对比，以找出差距，为下一年度盈利目标和实现策略的制订提供参考。

任务要求

以幸福蛋糕2017—2019年的数据为例，在"轻分析"模块中呈现以下具体指标，要求指标趋势图与行业均值趋势在一张图上呈现，以便于对比。分析公司总体盈利能力与行业均值的对比，并提出改进建议。

本任务需要分析的指标和使用的数据表		
具体指标	☑ 销售毛利率趋势及与同行业的对比 ☑ 销售净利率趋势及与同行业的对比 ☑ 总资产报酬率趋势及与同行业对比 ☑ 净资产收益率趋势及与同行业对比	**数据表** ◎ 利润表-幸福蛋糕 ◎ 行业指标表 ◎ 资产负债表-幸福蛋糕

注：（1）销售毛利率=（营业收入净额 – 营业成本）/营业收入净额×100%。

（2）销售净利率=净利润/营业收入净额×100%。

（3）总资产报酬率=息税前利润/平均资产总额×100%。

（4）净资产收益率=净利润/平均净资产×100%。

任务实现

本指标具体操作步骤可参考视频9-2。

一、销售毛利率趋势及与同行业的对比

（1）登录金蝶云星空网页端，进入"轻分析"界面。新建分类，命名为"盈利能力分析"。新建业务主题，命名为"公司总体盈利能力分析"。

视频 9-2

（2）进入"数据建模"界面，新建数据表，选择数据源并连接数据库。选择"利润表-幸福蛋糕"，单击"下一步"按钮，取消"全选"，勾选"其中：营业收入""其中：营业成本"和"报表日期"三个字段，单击"完成"按钮。单击已添加数据表的快速功能按钮▼，选择"重命名"选项，将其重命名为"销售毛利率_幸福蛋糕"。

（3）单击"销售毛利率_幸福蛋糕"的快速功能按钮▼，选择"创建计算字段"选项。在"创建计算字段"对话框中，输入名称"销售毛利率"，并输入以下表达式，单击"确定"按钮。

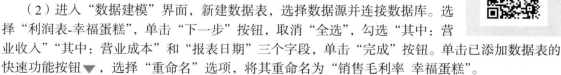

表达式	（[其中：营业收入] – [其中：营业成本]）/[其中：营业收入]

（4）再次单击"新建数据表"按钮，重复以上操作步骤，将"行业指标表"所有字段添加到数据模型中。切换至"关系"页签，单击"新建关系"按钮。在"新建关系"对话框中，左侧数据表选择"销售毛利率_幸福蛋糕"，字段选择"报表日期"；右侧数据表选择"行业指标表"，字段选择"日期"；中间关系选择"一对一"关系。单击"确定"按钮，并单击左上角的"保存"按钮。

（5）返回"轻分析"界面，进入"数据斗方"界面，图表类型选择"折线图"。将"销售毛利率_幸福蛋糕"下的"报表日期"字段拖入"横轴"栏，将"销售毛利率"字段拖入"纵轴"栏；将"行业指标表"下的"销售毛利率"字段拖入"纵轴"栏，并单击其快速功能按钮▼，选择"重命名"选项，将其重命名为"行业销售毛利率"。

（6）勾选右侧"数据标签"，单击"数字格式"编辑按钮 ✎，选择数字格式为"百分之一（%）"，小数位数为 2，单击"确认"按钮。执行"预览尺寸"—"全画面"命令，生成销售毛利率趋势及与同行业的对比折线图，如图 9-8 所示。

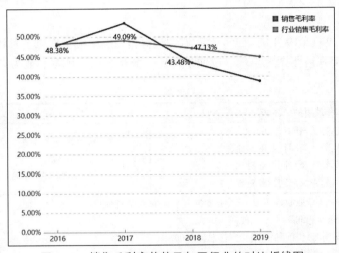

图 9-8　销售毛利率趋势及与同行业的对比折线图

（7）另存方案，输入方案名称"销售毛利率趋势及与同行业的对比"。

二、销售净利率趋势及与同行业的对比

（1）返回"轻分析"界面，再次进入"数据建模"界面。新建数据表，选择数据源并连接数据库。选择"利润表-幸福蛋糕"，单击"下一步"按钮，取消"全选"，勾选"五、净利润""其中：营业收入"和"报表日期"三个字段，单击"完成"按钮。单击已添加数据表的快速功能按钮▼，选择"重命名"选项，重命名为"销售净利率_幸福蛋糕"。

（2）单击"销售净利率_幸福蛋糕"的快速功能按钮▼，选择"创建计算字段"选项。在"创建计算字段"对话框中，输入名称"销售净利率"，并输入以下表达式，单击"确定"按钮。

表达式	[五、净利润] / [其中：营业收入]

（3）切换至"关系"页签，单击"新建关系"按钮。在"新建关系"对话框中，左侧数据表选择"行业指标表"，字段选择"日期"；右侧数据表选择"销售净利率_幸福蛋糕"，字段选择"报表日期"；中间关系选择"一对一"关系。单击"确定"按钮，并单击左上角的"保存"按钮。

（4）返回"轻分析"界面，进入"数据斗方"界面，单击"清除"按钮，图表类型选择"折线图"。将"销售净利率_幸福蛋糕"下的"报表日期"字段拖入"横轴"栏，将"销售净利率"字段拖入"纵轴"栏；将"行业指标表"下的"销售净利率"字段拖入"纵轴"栏，并单击其快速功能按钮 ▼，选择"重命名"选项，重命名为"行业销售净利率"。

（5）勾选右侧"数据标签"，单击"数字格式"编辑按钮 ✎，设置数字格式为"百分之一（%）"，小数位数为 2，单击"确认"按钮。执行"预览尺寸"—"全画面"命令，生成销售净利率趋势及与同行业的对比折线图，如图 9-9 所示。

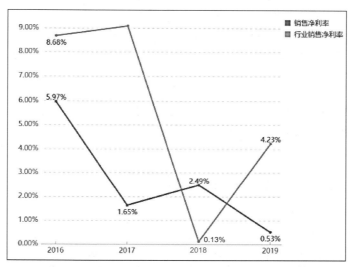

图 9-9　销售净利率趋势及与同行业的对比折线图

（6）另存方案，输入方案名称"销售净利率趋势及与同行业的对比"。

三、总资产报酬率趋势及与同行业对比

（1）返回"轻分析"界面，再次进入"数据建模"界面。新建数据表，选择数据源并连接数据库，类型选择"自定义 SQL"。在"自定义 SQL"框中，输入名称"总资产报酬率_幸福蛋糕"。在"SQL"框中，输入以下 SQL 语句，单击"完成"和"保存"按钮。

```
SQL 语句
SELECT
    a.报表日期,
    a.'四、利润总额（损失以"-"号填列）' AS 利润总额,
    a.'其中:利息费用' AS 利息费用,
    b.资产总计 AS 本期资产合计,
    c.资产总计 AS 上期资产合计
FROM
    '利润表-幸福蛋糕' a,
    (
        SELECT
            报表日期,
            资产总计
        FROM
```

```
                        '资产负债表-幸福蛋糕'
          ) b,
          (
                SELECT
                      DATE_SUB(
                            报表日期,
                            INTERVAL - 1 YEAR
                      ) AS 日期,
                      资产总计
                FROM
                      '资产负债表-幸福蛋糕'
          ) c
    WHERE
          a.报表日期=b.报表日期
    AND a.报表日期=c.日期
```

（2）单击"总资产报酬率_幸福蛋糕"的快速功能按钮 ▼，选择"创建计算字段"选项。在"创建计算字段"对话框中，输入名称"总资产报酬率"，并输入以下表达式，单击"确定"按钮。

表达式	（[利润总额] + [利息费用]）/（（[本期资产合计] + [上期资产合计]）/2）

（3）切换至"关系"页签，单击"新建关系"按钮。在"新建关系"对话框中，左侧数据表选择"行业指标表"，字段选择"日期"；右侧数据表选择"总资产报酬率_幸福蛋糕"，字段选择"报表日期"；中间关系选择"一对一"关系。单击"确定"按钮，并单击左上角的"保存"按钮。

（4）返回"轻分析"界面，进入"数据斗方"界面，单击"清除"按钮，图表类型选择"折线图"。将"总资产报酬率_幸福蛋糕"下的"报表日期"字段拖入"横轴"栏，将"总资产报酬率"字段拖入"纵轴"栏。将"行业指标表"下的"总资产报酬率"字段拖入"纵轴"栏，并单击其快速功能按钮 ▼，选择"重命名"选项，将其重命名为"行业总资产报酬率"。

（5）单击"数字格式"编辑按钮，设置数字格式为"百分之一（%）"，小数位数为2，单击"确认"按钮。执行"预览尺寸"—"全画面"命令，生成总资产报酬率趋势及与同行业的对比折线图，如图9-10所示。

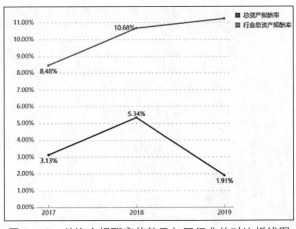

图9-10　总资产报酬率趋势及与同行业的对比折线图

（6）另存方案，输入方案名称"总资产报酬率趋势及与同行业的对比"。

四、净资产收益率趋势及与同行业对比

（1）返回"轻分析"界面，进入"数据建模"界面。新建数据表，选择数据源并连接数据库，类型选择"自定义 SQL"。在"自定义 SQL"框中，输入名称"净资产收益率_幸福蛋糕"。在"SQL"框中，输入以下 SQL 语句，单击"完成"和"保存"按钮。

```
SQL 语句
SELECT
    a.报表日期,
    a.五、净利润 AS 净利润,
    b.所有者权益（或股东权益）合计 AS 本期所有者权益合计,
    c.所有者权益（或股东权益）合计 AS 上期所有者权益合计
FROM
    '利润表-幸福蛋糕' a,
    '资产负债表-幸福蛋糕' b,
    (
        SELECT
            DATE_SUB(
                报表日期,
                INTERVAL - 1 YEAR
            ) AS 日期,
            所有者权益（或股东权益）合计
        FROM
            '资产负债表-幸福蛋糕'
    ) c
WHERE
    a.报表日期=b.报表日期
AND a.报表日期=c.日期
```

（2）单击"净资产收益率_幸福蛋糕"的快速功能按钮▼，选择"创建计算字段"选项。在"创建计算字段"对话框中，输入名称"净资产收益率"，并输入以下表达式，单击"确定"按钮。

表达式　[净利润]/（（[本期所有者权益合计] + [上期所有者权益合计]）/2）

（3）切换至"关系"页签，单击"新建关系"按钮。在"新建关系"对话框中，左侧数据表选择"行业指标表"，字段选择"日期"；右侧数据表选择"净资产收益率_幸福蛋糕"，字段选择"报表日期"；中间关系选择"一对一"关系。单击"确定"按钮，并单击左上角的"保存"按钮。

（4）返回"轻分析"界面，进入"数据斗方"界面，单击"清除"按钮，图表类型选择"折线图"。将"净资产收益率_幸福蛋糕"下的"报表日期"字段拖入"横轴"栏，将"净资产收益率"字段拖入"纵轴"栏。将"行业指标表"下的"净资产收益率"字段拖入"纵轴"栏，并单击其快速功能按钮▼，选择"重命名"选项，将其重命名为"行业净资产收益率"。

（5）勾选右侧"数据标签"。单击"数字格式"编辑按钮，设置数字格式为"百分之一（%）"，小数位数为 2，单击"确认"按钮。执行"预览尺寸"—"全画面"命令，生成净资产收益率趋势及与同行业的对比折线图，如图 9-11 所示。

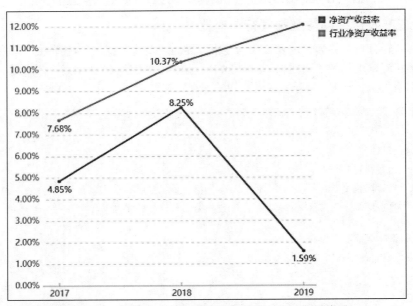

图 9-11　净资产收益率趋势及与同行业的对比折线图

（6）另存方案，输入方案名称"净资产收益率趋势及与同行业的对比"。

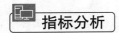　**指标分析**

相关分析结论参考指标分析 9-3。

指标分析 9-3

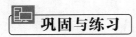　**巩固与练习**

将 2020 年幸福蛋糕的销售毛利率、销售净利率、总资产报酬率、净资产收益率与同行业对应指标进行对比，分析其 2020 年的盈利能力在同行业中所处水平。参考标的公司为桃李面包、元祖股份、麦趣尔。

子任务二　分区域/门店盈利分析

任务描述

为强化经营责任，幸福蛋糕给予区域和门店较大的经营自主权，将区域作为投资中心，门店作为利润中心来设置考核指标。各门店发生的成本费用主要为制造成本、税金及附加和部分销售费用，其他费用均由总部统一列支，按收入比例分摊至各门店。

任务要求

计算并呈现 2020 年以下具体指标，对各区域、各门店的业绩贡献做简要点评。说明哪个指标或指标组合用来考核区域、门店负责人的业绩更为恰当。

> **说明**
> ① 资金成本按 6% 计算。
> ② 制造成本表中"成本属性 1"指各项成本的固定、变动性质，"成本属性 2"指对于门店负责人来说该项成本是否可控。
> ③ 税金及附加为变动、不可控性质的费用。
> ④ 门店发生的销售费用假设均为固定费用，对门店负责人来说，折旧费用、租赁费用为不可控费用，其余费用为可控费用。
> ⑤ 资产减值损失为总部当期计提的加盟店应收账款的坏账准备，各区域、门店指标暂不考虑。

本任务需要分析的指标和使用的数据表

具体指标	数据表
各区域投资报酬率 各区域剩余收益 各门店边际贡献率（分别选择前五项、后五项排名） 各门店可控边际贡献率（分别选择前五项、后五项排名） 各门店税前经营利润(分别选择前五项、后五项排名)	费用汇总表（2020 年） 各门店净资产及收入表（2020 年） 制造成本汇总表（2020 年）

注：（1）投资报酬率=息税前经营利润/平均净经营资产×100%。
（2）剩余收益=平均净经营资产×（投资报酬率-资本成本）。
（3）边际贡献率=（销售收入-变动成本总额）/销售收入×100%。
（4）可控边际贡献率=（边际贡献-可控固定成本）/销售收入×100%。
（5）税前经营利润=可控边际贡献-不可控固定成本。

任务实现

一、各区域投资报酬率

（1）登录金蝶云星空网页端，进入"轻分析"界面。在已经建好的"盈利能力分析"分类中新建业务主题，命名为"分区域/门店盈利分析"。

（2）进入"数据建模"界面，新建数据表，选择数据源并连接数据库，类型选择"自定义 SQL"。在"自定义 SQL"框中，输入名称"各区域净资产及收入"，并输入以下 SQL 语句，单击"完成"和"保存"按钮。

```
SQL 语句
SELECT
    地区,
    SUM(2019年净资产),
    SUM(2020年净资产),
    SUM(2020年收入额)
FROM
    '各门店净资产及收入表(2020年)'
GROUP BY
    地区
```

（3）重复以上步骤，创建名称为"各地区费用"的自定义 SQL 表，并输入以下 SQL 语句。

SQL 语句
SELECT
地区,
SUM(税金及附加),
SUM(销售费用),
SUM(管理费用),
SUM(研发费用),
SUM(财务费用)
FROM
'费用汇总表(2020年)'
GROUP BY
地区

（4）重复以上步骤，创建名称为"各地区成本"的自定义 SQL 表，并输入以下 SQL 语句。

SQL 语句
SELECT
地区,
SUM(材料费),
SUM(人工成本),
SUM(燃料动力),
SUM(制造费用1),
SUM(制造费用2)
FROM
'制造成本汇总表(2020年)'
GROUP BY
地区

（5）切换至"关系"页签，单击"新建关系"按钮。在"新建关系"对话框中，左侧数据表选择"各区域净资产及收入"，字段选择"地区"；右侧数据表选择"各地区费用"，字段选择"地区"；中间关系选择"一对一"关系，单击"确定"按钮。

（6）单击"新建关系"按钮，在"新建关系"对话框中，左侧数据表选择"各区域净资产及收入"，字段选择"地区"；右侧数据表选择"各地区成本"，字段选择"地区"；中间关系选择"一对一"关系。单击"确定"按钮，并单击左上角的"保存"按钮。

（7）返回"轻分析"界面，进入"数据斗方"界面。选择"各区域净资产及收入"，然后单击其快速功能按钮▼，选择"创建计算字段"选项。在"创建计算字段"对话框中，输入名称"投资报酬率"，并输入以下表达式，单击"确定"按钮。

表达式	（[各区域净资产及收入.SUM(2020年收入额)] - [各地区成本.SUM(材料费)] - [各地区成本.SUM(人工成本)] - [各地区成本.SUM(燃料动力)] - [各地区成本.SUM(制造费用1)] - [各地区成本.SUM(制造费用2)] - [各地区费用.SUM(税金及附加)] - [各地区费用.SUM(销售费用)] - [各地区费用.SUM(管理费用)] - [各地区费用.SUM(研发费用)])/(([各区域净资产及收入.SUM(2019年净资产)] + [各区域净资产及收入.SUM(2020年净资产)])/2)

（8）图表类型选择"多系列柱形图"。将"各区域净资产及收入"下的"地区"字段拖入"横轴"栏，将"投资报酬率"字段拖入"纵轴"栏。勾选右侧"数据标签"。单击"数字格式"编辑

按钮 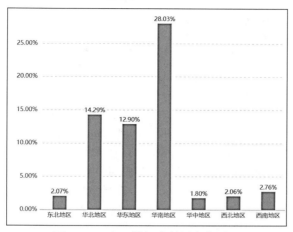，设置数量单位为"百分之一（%）"，小数位数为 2，单击"确认"按钮。执行"预览尺寸"—"全画面"命令，生成各区域投资报酬率柱形图，如图 9-12 所示。

图 9-12　各区域投资报酬率柱形图

（9）另存方案，输入方案名称"各区域投资报酬率"。

二、各区域剩余收益

（1）单击左上角的"分析方案"按钮，选择"各区域投资报酬率"分析方案。单击"纵轴"栏下"投资报酬率"字段的快速功能按钮 ▼，选择"移除"选项。选择"各区域净资产及收入"，然后单击其快速功能按钮 ▼，选择"创建计算字段"选项。在"创建计算字段"对话框中，输入名称"剩余收益"，并输入以下表达式，单击"确定"按钮。

表达式	（（[各区域净资产及收入.SUM（2019 年净资产）] + [各区域净资产及收入.SUM（2020 年净资产）]）/2） * （[各区域净资产及收入.投资报酬率] - 0.06）

（2）将"各区域净资产及收入"下的"剩余收益"字段拖入"纵轴"栏。单击"数字格式"编辑按钮 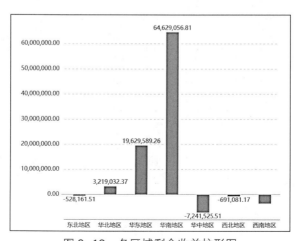，将数量单位修改为"无"，小数位数设为 2，单击"确认"按钮，生成各区域剩余收益柱形图，如图 9-13 所示。

图 9-13　各区域剩余收益柱形图

（3）另存方案，输入方案名称"各区域剩余收益"。

三、各门店边际贡献率

（1）返回"轻分析"界面，进入"数据建模"界面。新建数据表，选择数据源并连接数据库。选择"制造成本汇总表（2020年）""各门店净资产及收入表（2020年）""费用汇总表（2020年）"，单击"下一步"按钮，勾选"全选"，单击"完成"按钮。

（2）切换至"关系"页签，单击"新建关系"按钮。在"新建关系"对话框中，左侧数据表选择"制造成本汇总表（2020年）"，字段选择"门店编号"；右侧数据表选择"各门店净资产及收入表（2020年）"，字段选择"门店编号"；中间关系选择"一对一"关系，单击"确定"按钮。重复以上步骤，建立"制造成本汇总表（2020年）"和"费用汇总表（2020年）"两表中的共同字段"门店编号"一对一的关系，单击"确定"按钮，并单击左上角的"保存"按钮。

（3）返回"轻分析"界面，进入"数据斗方"界面，单击"清除"按钮。选择"制造成本汇总表（2020年）"，然后单击其快速功能按钮▼，选择"创建计算字段"选项。在"创建计算字段"对话框中，输入名称"边际贡献率"，并输入以下表达式，单击"确定"按钮。

表达式	(SUM（[各门店净资产及收入表(2020年).2020年收入额]）-（SUM（[制造成本汇总表(2020年).材料费]）+ SUM（[制造成本汇总表(2020年).燃料动力]）+ SUM（[制造成本汇总表(2020年).制造费用2]）-SUM（[费用汇总表(2020年).税金及附加]）)/SUM（[各门店净资产及收入表(2020年).2020年收入额]）

（4）图表类型选择"多系列柱形图"。将"制造成本汇总表（2020年）"下的"门店编号"字段拖入"横轴"栏，将"边际贡献率"字段拖入"纵轴"栏。勾选右侧的"数据标签"。单击"数字格式"编辑按钮 🖉，设置数量单位为"百分之一（%）"，小数位数为2，单击"确认"按钮。选择排序方式为"降序"，并勾选"前N项"，然后执行"预览尺寸"—"全画面"命令，生成各门店边际贡献率柱形图，如图9-14所示。

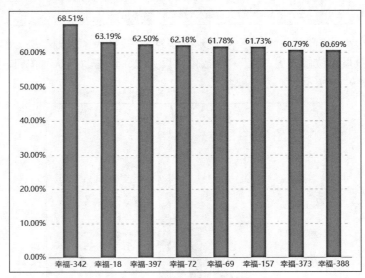

图9-14　各门店边际贡献率柱形图

（5）另存方案，输入方案名称"各门店边际贡献率"。

四、各门店可控边际贡献率

（1）返回"轻分析"界面，再次进入"数据建模"界面。新建数据表，选择数据源并连接数据库。选择"各门店 2020 年销售费用明细表"，单击"下一步"按钮，勾选"全选"，然后单击"完成"按钮。

（2）切换至"关系"页签，单击"新建关系"按钮。在"新建关系"对话框中，左侧数据表选择"制造成本汇总表（2020 年）"，字段选择"门店编号"；右侧数据表选择"各门店 2020 年销售费用明细表"，字段选择"门店编号（1）"；中间关系选择"一对一"关系。单击"确定"按钮，并单击左上角的"保存"按钮。

（3）返回"轻分析"界面，进入"数据斗方"界面，单击"清除"按钮。选择"各门店净资产及收入表（2020 年）"，然后单击其快速功能按钮▼，选择"创建计算字段"选项。在"创建计算字段"对话框中，输入名称"可控边际贡献率"，并输入以下表达式，单击"确定"按钮。

表达式	（SUM（[各门店净资产及收入表（2020 年）.2020 年收入额]） - SUM（[制造成本汇总表（2020 年）.材料费]） - SUM（[制造成本汇总表（2020 年）.燃料动力]） - SUM（[制造成本汇总表（2020 年）.制造费用 2]） - SUM（[费用汇总表（2020 年）.税金及附加]） - SUM（[制造成本汇总表（2020 年）.人工成本]） - SUM（[制造成本汇总表（2020 年）.制造费用 1]） - SUM（[各门店 2020 年销售费用明细表.人工成本]） - SUM（[各门店 2020 年销售费用明细表.配送费]） - SUM（[各门店 2020 年销售费用明细表.其他]））/SUM（[各门店净资产及收入表（2020 年）.2020 年收入额]）

（4）图表类型选择"多系列柱形图"。将"各门店净资产及收入表（2020 年）"下的"门店编号"字段拖入"横轴"栏，将"可控边际贡献率"字段拖入"纵轴"栏。勾选右侧"数据标签"。单击"数字格式"编辑按钮，设置数量单位为"百分之一（%）"，小数位数为 2，然后单击"确认"按钮。选择排序方式为"降序"，并勾选"前 N 项"。执行"预览尺寸"—"全画面"命令，生成各门店可控边际贡献率柱形图，如图 9-15 所示。

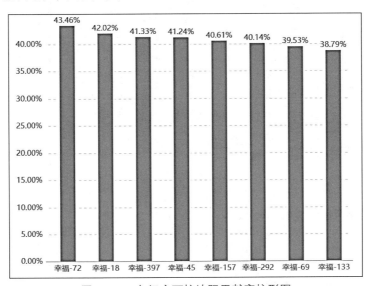

图 9-15　各门店可控边际贡献率柱形图

（5）另存方案，输入方案名称"各门店可控边际贡献率"。

五、各门店税前经营利润

（1）单击"清除"按钮。选择"制造成本汇总表（2020年）"，然后单击其快速功能按钮 ▼，选择"创建计算字段"选项。在"创建计算字段"对话框中，输入名称"税前经营利润"，并输入以下表达式，然后单击"确定"按钮。

表达式	SUM（[各门店净资产及收入表(2020年).2020年收入额]）－SUM（[制造成本汇总表(2020年).材料费]）－SUM（[制造成本汇总表(2020年).人工成本]）－SUM（[制造成本汇总表(2020年).燃料动力]）－ SUM（[制造成本汇总表(2020年).制造费用1]）－SUM（[制造成本汇总表(2020年).制造费用2]）－SUM（[费用汇总表(2020年).税金及附加]）－SUM（[费用汇总表(2020年).销售费用]）－SUM（[费用汇总表(2020年).管理费用]）－SUM（[费用汇总表(2020年).研发费用]）－ SUM（[费用汇总表(2020年).财务费用]）

（2）图表类型选择"多系列柱形图"，将"制造成本汇总表（2020年）"下的"门店编号"拖入"横轴"栏，"税前经营利润"字段拖入"纵轴"栏。勾选右侧的"数据标签"，选择排序方式为"降序"，并勾选"前N项"。执行"预览尺寸"—"全画面"命令，生成各门店税前经营利润柱形图，如图9-16所示。

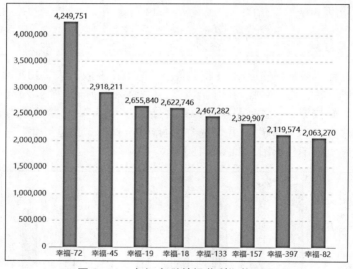

图9-16　各门店税前经营利润柱形图

（3）另存方案，输入方案名称"各门店税前经营利润"。

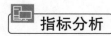 **指标分析**

相关分析结论参考指标分析9-4。

指标分析9-4

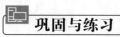 **巩固与练习**

如果幸福蛋糕要在华南、华东区域投资新店，测算的投资报酬率均为20%，讨论总部分别以投资报酬率、剩余收益作为区域负责人的业绩评价指标，华南、华东区域是否会选择继续开新店，说明该决策对公司总体业绩的影响并阐明原因。

子任务三　成本费用总体分析

任务描述

幸福蛋糕近年来持续扩张，为此投放大量广告，开展各种宣传活动等。

- 2016 年 10 月开始全方位、高密度、多渠道地投放广告。
- 2017 年 8 月创办"幸福狂欢节"。
- 2017 年 9 月签约某节目主持人为品牌形象代言人。
- 2017 年 12 月购买热播动画片的正版 IP，推出相关造型的儿童蛋糕。
- 2018 年 5 月签约某演员作为品牌形象代言人。

幸福蛋糕管理人员想知道以上销售费用所带来的经营成果，与同行对比，评估本企业的生产、经营管理效率和效果，同时也可以为后续产品定价提供参考。

任务要求

以 2016—2019 年数据为例，在"轻分析"模块中呈现以下具体指标，要求幸福蛋糕的比率趋势图与行业均值趋势在一张图上呈现，以便于对比。分析公司各项成本费用指标的变动趋势及产生原因，以及与同行业对比的差异分析。

本任务需要分析的指标和使用的数据表			
具体指标	📄 成本费用利润率趋势及与同行业的对比 📄 销售费用占收入比趋势及与同行业的对比 📄 管理费用占收入比趋势及与同行业的对比 📄 财务费用占收入比趋势及与同行业的对比	数据表	◎ 利润表-幸福蛋糕 ◎ 行业指标表

注：（1）成本费用利润率=利润总额/成本费用总额×100%。

（2）销售费用占收入比=销售费用/营业收入×100%。

（3）管理费用占收入比=管理费用/营业收入×100%。

（4）财务费用占收入比=财务费用/营业收入×100%。

任务实现

一、成本费用利润率趋势及与同行业的对比

（1）登录金蝶云星空网页端，进入"轻分析"界面。在已经建好的"盈利能力分析"分类中新建业务主题，命名为"成本费用总体分析"。

（2）进入"数据建模"界面，新建数据表，选择数据源并连接数据库。选择"利润表-幸福蛋糕"，单击"下一步"按钮，取消"全选"，勾选"二、营业总成本""资产减值损失（损失以'-'号填列）""三、营业利润（损失以'-'号填列）"和"报表日期"四个字段，单击"完成"按钮。单击已添加数据表的快速功能按钮，选择"重命名"选项，将其重命名为"成本费用利润率_幸福蛋糕"。

（3）单击"成本费用利润率_幸福蛋糕"的快速功能按钮▼，选择"创建计算字段"选项。在"创建计算字段"对话框中，输入名称"成本费用利润率"，并输入以下表达式，单击"确定"按钮。

表达式	［三、营业利润（损失以"-"号填列）］/（［二、营业总成本］＋［资产减值损失（损失以"-"号填列）］)

（4）单击"新建数据表"，重复以上操作步骤，将"行业指标表"所有字段添加到数据模型中。

（5）切换至"关系"页签，单击"新建关系"按钮。在"新建关系"对话框中，左侧数据表选择"成本费用利润率_幸福蛋糕"，字段选择"报表日期"；右侧数据表选择"行业指标表"，字段选择"日期"；中间关系选择"一对一"关系。单击"确定"按钮，并单击左上角的"保存"按钮。

（6）返回"轻分析"界面，进入"数据斗方"界面，图表类型选择"折线图"。将"成本费用利润率_幸福蛋糕"下的"报表日期"字段拖入"横轴"栏，将"成本费用利润率"字段拖入"纵轴"栏。将"行业指标表"下的"成本费用利润率"字段拖入"纵轴"栏，并单击其快速功能按钮 ▼，选择"重命名"选项，将其重命名为"行业成本费用利润率"。

（7）勾选右侧"数据标签"，单击"数字格式"编辑按钮 🖉，设置数量单位为"百分之一（%）"，小数位数为 2，单击"确认"按钮。执行"预览尺寸"—"全画面"命令，生成成本费用利润率趋势及与同行业的对比折线图，如图 9-17 所示。

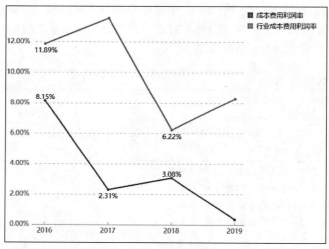

图 9-17　成本费用利润率趋势及与同行业的对比折线图

（8）另存方案，输入方案名称"成本费用利润率趋势及与同行业的对比"。

二、销售费用占收入比趋势及与同行业的对比

（1）返回"轻分析"界面，进入"数据建模"界面。新建数据表，选择数据源并连接数据库。选择"利润表-幸福蛋糕"，单击"下一步"按钮，取消"全选"，勾选"其中：营业收入""销售费用""管理费用""财务费用"和"报表日期"五个字段，单击"完成"按钮。单击已添加数据表的快速功能按钮 ▼，选择"重命名"选项，将其重命名为"费用占收入比_幸福蛋糕"。

（2）单击"费用占收入比_幸福蛋糕"的快速功能按钮 ▼，选择"创建计算字段"选项。在"创建计算字段"对话框中，输入名称"销售费用占收入比"，并输入以下表达式，单击"确定"按钮。

表达式	［销售费用］/［其中：营业收入］

（3）切换至"关系"页签，单击"新建关系"按钮。在"新建关系"对话框中，左侧数据表选择"行业指标表"，字段选择"日期"；右侧数据表选择"费用占收入比_幸福蛋糕"，字段选择"报表日期"；中间关系选择"一对一"关系。单击"确定"按钮，并单击左上角的"保存"按钮。

（4）返回"轻分析"界面，进入"数据斗方"界面，单击"清除"按钮，图表类型选择"折线图"。将"费用占收入比_幸福蛋糕"下的"报表日期"字段拖入"横轴"栏，将"销售费用占收入比"字段拖入"纵轴"栏。将"行业指标表"下的"销售费用占收入比"字段拖入"纵轴"栏，并单击其快速功能按钮▼，选择"重命名"选项，将其重命名为"行业销售费用占收入比"。

（5）勾选右侧"数据标签"，单击"数字格式"编辑按钮 ✐ ，设置数量单位为"百分之一（%）"，小数位数为 2，单击"确认"按钮。执行"预览尺寸"—"全画面"命令，生成销售费用占收入比趋势及与同行业的对比折线图，如图 9-18 所示。

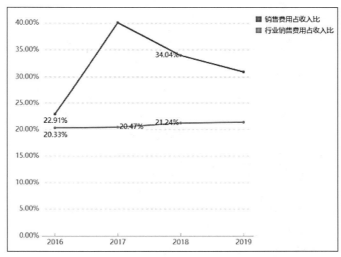

图 9-18　销售费用占收入比趋势及与同行业的对比折线图

（6）另存方案，输入方案名称"销售费用占收入比趋势及与同行业的对比"。

三、管理费用占收入比趋势及与同行业的对比

（1）返回"轻分析"界面，再次进入"数据建模"界面。单击"费用占收入比_幸福蛋糕"的快速功能按钮▼，选择"创建计算字段"。在"创建计算字段"对话框中，输入名称"管理费用占收入比"，并输入以下表达式，单击"确定"按钮。

表达式	[管理费用] / [其中：营业收入]

（2）返回轻分析界面，进入数据斗方界面，单击"清除"按钮，图表类型选择"折线图"。将"费用占收入比_幸福蛋糕"下的"报表日期"字段拖入"横轴"栏，将"管理费用占收入比"字段拖入"纵轴"栏。将"行业指标表"下的"管理费用占收入比"字段拖入"纵轴"栏，并单击其快速功能按钮▼，选择"重命名"选项，将其重命名为"行业管理费用占收入比"。

（3）勾选右侧"数据标签"，单击"数字格式"编辑按钮 ✐ ，设置数量单位为"百分之一（%）"，小数位数为 2，单击"确认"按钮。执行"预览尺寸"—"全画面"命令，生成管理费用占收入比趋势及与同行业的对比折线图，如图 9-19 所示。

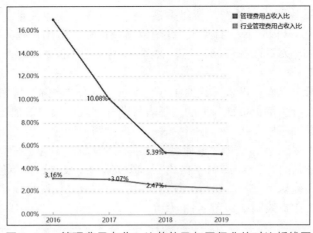

图 9-19 管理费用占收入比趋势及与同行业的对比折线图

（4）另存方案，输入方案名称"管理费用占收入比趋势及与同行业的对比"。

四、财务费用占收入比趋势及与同行业的对比

（1）返回"轻分析"界面，再次进入"数据建模"界面。单击"费用占收入比_幸福蛋糕"的快速功能按钮▼，选择"创建计算字段"选项。在"创建计算字段"对话框中，输入名称"财务费用占收入比"，并输入以下表达式，单击"确定"按钮。

表达式	[财务费用] / [其中：营业收入]

（2）返回"轻分析"界面，进入"数据斗方"界面，单击"清除"按钮，图表类型选择"折线图"。将"费用占收入比_幸福蛋糕"下的"报表日期"字段拖入"横轴"栏，将"财务费用占收入比"字段拖入"纵轴"栏。将"行业指标表"下的"财务费用占收入比"字段拖入"纵轴"栏，并单击其快速功能按钮▼，选择"重命名"选项，将其重命名为"行业财务费用占收入比"。

（3）勾选右侧"数据标签"，单击"数字格式"编辑按钮 ✎ ，设置数量单位为"百分之一（%）"，小数位数为 2，单击"确认"按钮。执行"预览尺寸"—"全画面"命令，生成财务费用占收入比趋势及与同行业的对比折线图，如图 9-20 所示。

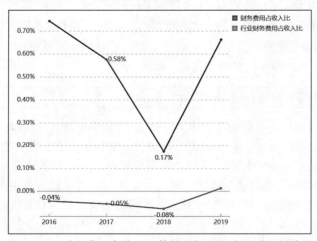

图 9-20 财务费用占收入比趋势及与同行业的对比折线图

（4）另存方案，输入方案名称"财务费用占收入比趋势及与同行对比"。

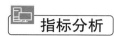 **指标分析**

指标分析 9-5

相关分析结论参考指标分析 9-5。

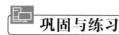 **巩固与练习**

计算幸福蛋糕（2020 年）下列指标的数值，并与同行业相关指标进行对比，分析幸福蛋糕 2020 年的成本费用在同行业中处于什么水平。参考标的公司为桃李面包、元祖股份、麦趣尔。

（1）成本费用利润率趋势及与同行业的对比。

（2）销售费用占收入比趋势及与同行业的对比。

（3）管理费用占收入比趋势及与同行业的对比。

（4）财务费用占收入比趋势及与同行业的对比。

子任务四　变动成本分析

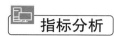 **任务描述**

幸福蛋糕的成本费用是根据不同维度进行分类的。从会计核算角度，其成本费用可以分为制造成本和期间费用两类，产品的制造成本主要发生在门店，期间费用包括门店的销售、管理及总部分摊费用。从管理角度，幸福蛋糕将成本费用分为变动成本和固定成本两类，变动成本主要包括制造过程发生的原料、燃料和动力、变动制造费用、税金及附加，以及门店发生的配送费等销售费用；固定成本则包括人工成本、固定制造费用、期间费用和总部分配的费用。

门店反映经常有客户在订购大批量商品时要求给予一定的价格优惠，门店存在一定的闲置产能，但因给出的价格没有达到其完全成本线，门店管理人员询问是否应该接单。幸福蛋糕的财务管理人员提出，应对企业的成本按变动成本和固定成本进行分析，进而确定生产能力范围内的额外订单是否能给企业带来利润。

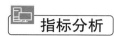 **任务要求**

幸福-2 门店是一家成立较久、运营较为成熟的门店。以该门店为例，对其变动成本构成及变动趋势进行分析呈现，并讨论若该门店接到在生产能力范围内的大单，进行价格谈判时应考虑哪些主要成本因素；针对变动成本采取什么样的管控措施更有效。

本任务需要分析的指标和使用的数据表			
具体指标	📊 2020 年变动成本结构分析 📊 各商品类型单位变动成本变动趋势 📊 各商品类型单位边际贡献变动趋势 📊 各商品类型边际贡献率变动趋势	数据表	◎ 门店销售统计表 ◎ 门店变动成本汇总表

注：（1）单位变动成本=变动成本/数量。

（2）各商品类型单位边际贡献=（销售额-变动成本）/数量。

（3）各商品类型边际贡献率=（销售额-变动成本）/销售额×100%。

📇 **任务实现**

一、2020 年变动成本结构分析

（1）登录金蝶云星空网页端，进入"轻分析"界面。在已经建好的"盈利能力分析"分类中新建业务主题，命名为"变动成本分析"。

（2）进入"数据建模"界面，新建数据表，选择数据源并连接数据库。选择"门店变动成本汇总表"，单击"下一步"按钮，勾选"全选"，单击"完成"按钮，并单击左上角的"保存"按钮。

（3）返回"轻分析"界面，进入"数据斗方"界面，图表类型选择"饼图"。将"门店变动成本汇总表"下的"金额"字段拖入"角度"栏，将"成本项目"字段拖入"颜色"栏，并勾选右侧"数据标签"。执行"预览尺寸"—"全画面"命令，生成 2020 年变动成本结构饼图，如图 9-21 所示。

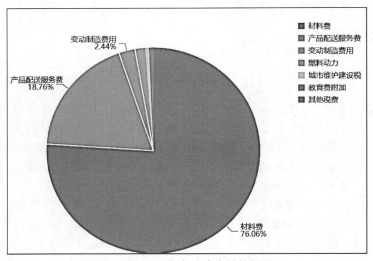

扫码查看

彩色效果

图 9-21　2020 年变动成本结构饼图

（4）另存方案，输入方案名称"2020 年变动成本结构分析"。

二、各商品类型单位变动成本变动趋势

（1）返回"轻分析"界面，再次进入"数据建模"界面。新建数据表，选择数据源并连接数据库，类型选择"自定义 SQL"。在"自定义 SQL"框中，输入名称"各商品类型单位变动成本"。在"SQL"框中，输入以下 SQL 语句，单击"完成"和"保存"按钮。

```
SQL 语句
SELECT
    a.商品类型,
    a.期间,
    a.数量,
    b.变动成本
FROM
```

```
           门店销售统计表 a,
           (
               SELECT
                       商品类型,
                       期间,
                       sum(金额) AS 变动成本
               FROM
                       门店变动成本汇总表
               GROUP BY
                       商品类型,
                       期间
           ) b
       WHERE
           a.商品类型=b.商品类型
       AND a.期间=b.期间
```

（2）单击"各商品类型单位变动成本"的快速功能按钮 ▼，选择"创建计算字段"选项。在"创建计算字段"对话框中，输入名称"单位变动成本"，并输入以下表达式，单击"确定"按钮。

表达式	[变动成本]/[数量]

（3）返回"轻分析"界面，进入"数据斗方"界面，单击"清除"按钮，图表类型选择"折线图"。将"各商品类型单位变动成本"下的"期间"字段拖入"横轴"栏，将"单位变动成本"字段拖入"纵轴"栏，将"商品类型"拖入"系列"栏，并勾选右侧"数据标签"。执行"预览尺寸"—"全画面"命令，生成一个折线图，展示各商品类型单位变动成本的变动趋势，如图9-22所示。

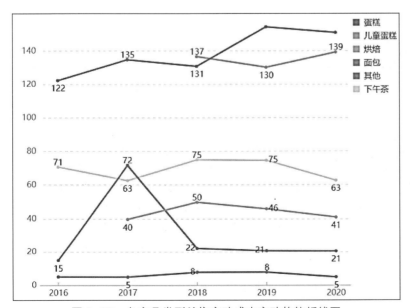

扫码查看

彩色效果

图9-22　各商品类型单位变动成本变动趋势折线图

（4）另存方案，输入方案名称"各商品类型单位变动成本变动趋势"。

三、各商品类型单位边际贡献变动趋势

（1）返回"轻分析"界面，进入"数据建模"界面。新建数据表，选择数据源并连接数据库，其中类型选择"自定义 SQL"。在"自定义 SQL"框中，输入名称"各商品类型单位边际贡献"。在"SQL"框中，输入以下 SQL 语句，单击"完成"和"保存"按钮。

```
SQL 语句
SELECT
    a.商品类型,
    a.期间,
    a.数量,
    a.销售额,
    b.变动成本
FROM
    门店销售统计表 a,
    (
        SELECT
        商品类型,
            期间,
            sum(金额) AS 变动成本
        FROM
            门店变动成本汇总表
        GROUP BY
            商品类型,
            期间
    ) b
WHERE
    a.商品类型=b.商品类型
AND a.期间=b.期间
```

（2）单击"各商品类型单位边际贡献"的快速功能按钮▼，选择"创建计算字段"选项。在"创建计算字段"对话框中，输入名称"单位边际贡献"，并输入以下表达式，单击"确定"按钮。

表达式　　（[销售额] - [变动成本]）/[数量]

（3）返回"轻分析"界面，进入"数据斗方"界面，单击"清除"按钮，图表类型选择"折线图"。将"各商品类型单位边际贡献"下的"期间"字段拖入"横轴"栏，将"单位边际贡献"字段拖入"纵轴"栏，将"商品类型"拖入"系列"栏，并勾选右侧的"数据标签"。执行"预览尺寸"—"全画面"命令，生成各商品类型单位边际贡献变动趋势折线图，如图 9-23 所示。

（4）另存方案，输入方案名称"各商品类型单位边际贡献变动趋势"。

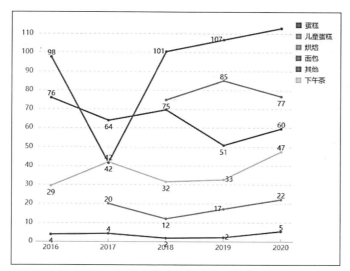

扫码查看

彩色效果

图 9-23　各商品类型单位边际贡献变动趋势

四、各商品类型边际贡献率变动趋势

（1）返回"轻分析"界面，进入"数据建模"界面。新建数据表，选择数据源并连接数据库，类型选择"自定义 SQL"。在"自定义 SQL"框中，输入名称"各商品类型边际贡献率"。在"SQL"框中，输入以下 SQL 语句，单击"完成"和"保存"按钮。

```
SQL 语句
SELECT
    a.商品类型,
    a.期间,
    a.销售额,
    b.变动成本
FROM
    门店销售统计表 a,
    (
        SELECT
            商品类型,
            期间,
            sum(金额) AS 变动成本
        FROM
            门店变动成本汇总表
        GROUP BY
            商品类型,
            期间
    ) b
WHERE
    a.商品类型=b.商品类型
AND a.期间=b.期间
```

（2）单击"各商品类型边际贡献率"的快速功能按钮▼，选择"创建计算字段"选项。在"创建计算字段"对话框中，输入名称"边际贡献率"，并输入以下表达式，单击"确定"按钮。

表达式	（［销售额］－［变动成本］）/［销售额］

（3）返回"轻分析"界面，进入"数据斗方"界面，单击"清除"按钮，图表类型选择"折线图"。将"各商品类型边际贡献率"下的"期间"字段拖入"横轴"栏，将"边际贡献率"字段拖入"纵轴"栏，将"商品类型"拖入"系列"栏。

（4）勾选右侧的"数据标签"。单击"数字格式"编辑按钮 ，设置数量单位为"百分之一（％）"，小数位数为2，单击"确认"按钮。执行"预览尺寸"—"全画面"命令，生成各商品类型边际贡献率变动趋势折线图，如图9-24所示。

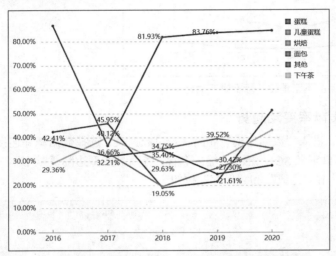

扫码查看

彩色效果

图9-24　各商品类型边际贡献率变动趋势折线图

（5）另存方案，输入方案名称"各商品类型边际贡献率变动趋势"。

指标分析

相关分析结论参考指标分析9-6。

指标分析9-6

巩固与练习

用合适的指标进一步分析面包类商品边际贡献率波动发生的原因。

子任务五　固定成本分析

任务描述

幸福蛋糕总部负责公司的品牌宣传、原料集中采购、产品研发、门店设计、财务和人力资源管理等职能。2020年幸福蛋糕继续执行其扩张战略，计划新开店面150家，但由于一些不可控的原因，实际开店116家。

门店主要负担产品制造成本、店面租赁、门店人员薪酬费用、门店其他费用等。

任务要求

（1）以 2020 年数据为例，呈现总部费用结构及变动趋势，分析是否存在异常情况并找出异常费用项目。费用类型中的费用项目趋势分析分别筛选销售费用和管理费用。

（2）分析总部 2020 年费用预算的执行情况，计算预算完成率并分费用项目呈现；然后对执行偏差额绝对值大于 50 万元且偏差率绝对值大于 10% 的讨论产生偏差的原因，评价总体预算管理情况。

$$偏差额=实际费用-预算费用$$
$$偏差率=（实际费用-预算费用）/预算费用×100\%$$

（3）以幸福-2 门店为例，对 2020 年该门店的固定费用构成和可控固定成本进行趋势分析，并以 2020 年销售成本数据为例计算盈亏平衡点（假设产品销售比例是固定的）。

注：库存商品无存货，故当期生产成本即产品销售成本。

	本任务需要分析的指标和使用的数据表			
具体指标	总部费用分析	**数据表**	总部费用表	
	总部费用预算执行情况分析		总部费用预算表（2020 年度）	
	门店固定费用分析		门店固定费用汇总表	
	门店盈亏平衡点分析		门店销售统计表	

任务实现

一、总部费用分析

（1）登录金蝶云星空网页端，进入"轻分析"界面。在已经建好的"盈利能力分析"分类中新建业务主题，命名为"固定成本分析"。

（2）进入"数据建模"界面，新建数据表，选择数据源并连接数据库。选择"总部费用表"，单击"下一步"按钮，勾选"全选"，单击"完成"按钮，然后单击左上角的"保存"按钮。

（3）返回"轻分析"界面，进入"数据斗方"界面，图表类型选择"饼图"。将"总部费用表"下的"金额"字段拖入"角度"栏，将"费用类型"字段拖入"颜色"栏，将"费用项目"字段拖入"钻取到"栏，并勾选右侧"数据标签"。执行"预览尺寸"—"全画面"命令，生成总部费用分析饼图，如图 9-25 所示。

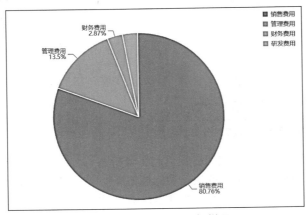

扫码查看

彩色效果

图 9-25　总部费用分析饼图

（4）另存方案，输入方案名称"总部费用分析"。

（5）单击"清除"按钮，图表类型选择"折线图"。将"总部费用表"下的"金额"字段拖入"纵轴"栏，将"期间"字段拖入"横轴"栏，将"费用类型"字段拖入"系列"栏，并勾选右侧"数据标签"。生成总部费用类型趋势分析折线图，如图9-26所示。

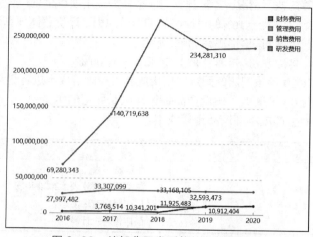

扫码查看

彩色效果

图9-26　总部费用类型趋势分析折线图

（6）另存方案，输入方案名称"总部费用类型趋势分析"。

（7）单击"系列"栏下"费用类型"字段的快速功能按钮▼，选择"移除"选项。将"总部费用表"下的"费用项目"字段拖入"系列"栏，将"费用类型"字段拖入"筛选器"栏。在"数据筛选"对话框中，取消"全选"，勾选"销售费用"，并单击"确定"按钮，生成总部销售费用各项目趋势分析折线图，如图9-27所示。

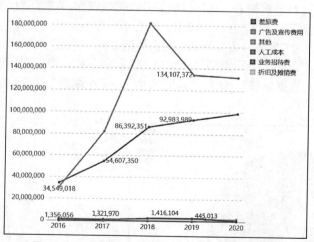

扫码查看

彩色效果

图9-27　总部销售费用各项目趋势分析折线图

（8）另存方案，输入方案名称"总部销售费用各项目趋势分析"。

（9）单击"筛选器"栏中"费用项目"字段的快速功能按钮▼，选择"数据筛选"选项。在"数据筛选"对话框中，取消勾选"销售费用"，勾选"财务费用"，并单击"确定"按钮，生成折线图，如图9-28所示。

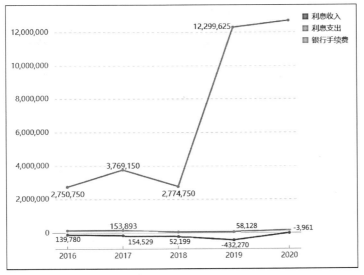

图 9-28　总部财务费用各项目趋势折线图

（10）另存方案，输入方案名称"总部财务费用各项目趋势分析"。

（11）单击"筛选器"栏中"费用项目"字段的快速功能按钮▼，选择"数据筛选"选项。在"数据筛选"对话框中，取消勾选"财务费用"，勾选"管理费用"，并单击"确定"按钮，生成总部管理费用各项目趋势分析折线图，如图 9-29 所示。

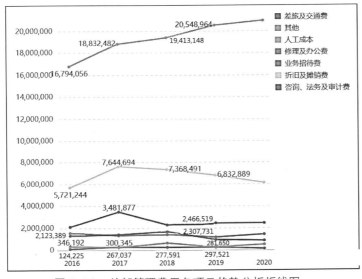

图 9-29　总部管理费用各项目趋势分析折线图

（12）另存方案，输入方案名称"总部管理费用各项目趋势分析"。

二、总部费用预算执行情况分析

（1）返回"轻分析"界面，进入"数据建模"界面。新建数据表，选择数据源并连接数据库，类型选择"自定义 SQL"。在"自定义 SQL"框中，输入名称"总部费用预算执行情况分析"。在"SQL"框中输入以下 SQL 语句，单击"完成"和"保存"按钮。

```
SQL 语句
SELECT
        a.费用类型,
        a.费用项目,
        a.2020 年预算,
        b.金额
FROM
        总部费用预算表（2020 年度） a,
        (
                SELECT
                        *
                FROM
                        总部费用表
                WHERE
                        期间 >= '2020-01-01'
        ) b
WHERE
        a.费用类型=b.费用类型
AND a.费用项目=b.费用项目
```

（2）单击"总部费用预算执行情况分析"的快速功能按钮▼，选择"创建计算字段"选项。在"创建计算字段"对话框中，输入名称"预算完成率"，并输入以下表达式，单击"确定"按钮。

表达式	[金额]/[2020 年预算]

（3）单击"总部费用预算执行情况分析"的快速功能按钮▼，选择"创建计算字段"。在"创建计算字段"对话框中，输入名称"偏差额/元"，并输入以下表达式，单击"确定"按钮。

表达式	[金额] - [2020 年预算]

（4）单击"总部费用预算执行情况分析"的快速功能按钮▼，选择"创建计算字段"选项。在"创建计算字段"对话框中，输入名称"偏差率"，并输入以下表达式，单击"确定"按钮，并单击左上角的"保存"按钮。

表达式	（[金额] - [2020 年预算]）/[2020 年预算]

（5）返回"轻分析"界面，进入"数据分析"界面，图表类型选择"表格"。将"总部费用预算执行情况分析"下的"费用类型"和"费用项目"字段拖入"行"栏；将"预算完成率"字段拖入"数值区域"栏，并单击其快速功能按钮▼，选择"数字格式"选项，设置数量单位为"百分之一（％）"，小数位数为 2，单击"应用"按钮。

（6）将"总部费用预算执行情况分析"下的"偏差额"和"偏差率"字段拖入"数值区域"栏。单击"偏差率"字段的快速功能按钮▼，选择"数字格式"选项，设置数量单位为"百分之一（％）"，小数位数为 2，单击"应用"按钮，生成总体费用预算执行情况分析表，如图 9-30 所示。

（7）另存方案，输入方案名称"总部费用预算执行情况分析"。

费用类型	费用项目	预算完成率	偏差额	偏差率
财务费用	利息收入	99.60%	15.94	-0.40%
	利息支出	100.35%	44,842.28	0.35%
	银行手续费	99.07%	-1,575.60	-0.93%
管理费用	差旅及交通费	81.99%	-198,231.09	-18.01%
	其他	102.40%	12,638.51	2.40%
	人工成本	98.47%	-326,038.56	-1.53%
	修理及办公费	116.19%	202,957.32	16.19%
	业务招待费	56.23%	-125,731.35	-43.77%
	折旧及摊销费	99.84%	-9,649.51	-0.16%
	咨询、法务及审计费	104.23%	100,456.42	4.23%
销售费用	差旅费	63.23%	-619,375.53	-36.77%
	广告及宣传费用	101.06%	1,382,684.92	1.06%
	其他	92.93%	-166,391.81	-7.07%
	人工成本	84.18%	-18,598,543.26	-15.82%
	业务招待费	93.79%	-40,588.48	-6.21%
	折旧及摊销费	101.74%	25,538.14	1.74%
研发费用	材料费用	105.01%	70,425.24	5.01%
	其他	101.30%	33,857.09	1.30%

图 9-30　总体费用预算执行情况分析表

三、门店固定费用分析

（1）返回"轻分析"界面，进入"数据建模"界面。新建数据表，选择数据源并连接数据库。选择"门店固定费用汇总表"，单击"下一步"按钮，勾选"全选"，单击"完成"按钮，然后单击左上角的"保存"按钮。

（2）返回"轻分析"界面，进入"数据斗方"界面，单击"清除"按钮，图表类型选择"饼图"。将"门店固定费用汇总表"下的"金额"字段拖入"角度"栏，将"费用项目"字段拖入"颜色"栏，并勾选右侧"数据标签"。

（3）将"门店固定费用汇总表"下的"日期"字段拖入"筛选器"栏。在"数据筛选"对话框中，选择"年"，单击"确定"按钮。在"[年:日期]数据筛选"对话框中，取消"全选"，勾选"2020"，单击"确定"按钮。执行"预览尺寸"—"全画面"命令，生成门店固定费用分析饼图，如图 9-31 所示。

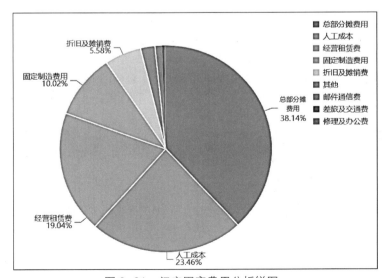

扫码查看

彩色效果

图 9-31　门店固定费用分析饼图

（4）另存方案，输入方案名称"门店固定费用分析"。

（5）单击"清除"按钮，将"筛选器"栏中的字段全部清空，图表类型选择"折线图"。将"门店固定费用汇总表"下的"日期"字段拖入"横轴"栏，将"金额"字段拖入"纵轴"栏，将"费用项目"字段拖入"系列"栏。将"门店固定费用汇总表"下的"费用项目"字段拖入"筛选器"栏，在"数据筛选"对话框中，仅取消勾选"总部分摊费用"，单击"确定"按钮。生成可控费用整体趋势分析折线图，如图 9-32 所示。

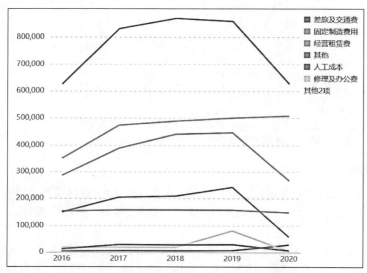

图 9-32　可控费用整体趋势分析折线图

扫码查看

彩色效果

（6）另存方案，输入方案名称"可控费用整体趋势分析"。

四、门店盈亏平衡点分析

（1）返回"轻分析"界面，再次进入"数据建模"界面。新建数据表，选择数据源并连接数据库，类型选择"自定义 SQL"。在"自定义 SQL"框中，输入名称"门店盈亏平衡点分析"。在"SQL"框中，输入以下 SQL 语句，单击"完成"和"保存"按钮。

```
SQL 语句
SELECT
e.商品类型,
e.销量,
f.总销量,
g.盈亏平衡点,
(e.销量 * g.盈亏平衡点/f.总销量) AS 各商品类型盈亏平衡点
FROM
(
SELECT
    商品类型,
    SUM(数量) AS 销量
FROM
    门店销售统计表
```

```
WHERE 期间='2020-12-31'
GROUP BY 商品类型) e,
(SELECT
    SUM(数量) AS 总销量
FROM
    门店销售统计表
WHERE
    期间='2020-12-31') f,
(SELECT
    (
        d.固定成本/(
            c.售价 - (a.变动成本/b.销量)
        )
    ) AS 盈亏平衡点
FROM
    (
        SELECT
            sum(金额) AS 变动成本
        FROM
            门店变动成本汇总表
        WHERE
            期间='2020-12-31'
    ) a,
    (
        SELECT
            SUM(数量) AS 销量
        FROM
            门店销售统计表
        WHERE
            期间='2020-12-31'
    ) b,
    (
        SELECT
            SUM(a.销售额)/SUM(a.数量) AS 售价,
            SUM(a.销售额) AS 销售额
        FROM
            门店销售统计表 a
        WHERE
            a.期间='2020-12-31'
    ) c,
    (
        SELECT
            SUM(金额) AS 固定成本
        FROM
            门店固定费用汇总表
        WHERE
            日期='2020-12-31'
    ) d) g
```

（2）切换至"字段"页签，单击"各商品类型盈亏平衡点"字段的"数据类型"，修改为"整数"，并单击左上角的"保存"按钮。

（3）返回"轻分析"界面，进入"数据斗方"界面，单击"清除"按钮，图表类型选择"多系列柱形图"。将"门店盈亏平衡点分析"下的"商品类型"字段拖入"横轴"栏，将"各商品类型盈亏平衡点"字段拖入"纵轴"栏，勾选右侧的"数据标签"。执行"预览尺寸"—"全画面"命令，生成门店盈亏平衡点分析柱形图，如图9-33所示。

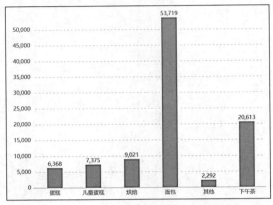

图9-33　门店盈亏平衡点分析柱形图

（4）另存方案，输入方案名称"门店盈亏平衡点分析"。

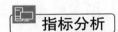 **指标分析**

相关分析结论参考指标分析9-7。

指标分析 9-7

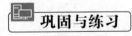 **巩固与练习**

讨论前述计算的盈亏平衡点可能存在哪些问题。

任务三　营运能力分析

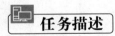 **任务描述**

企业的营运能力关系到其生存和发展，同时也会影响其盈利能力和偿债能力。幸福蛋糕的财务总监一直强调企业营运能力的重要性，在经营会议上多次指出，即使在毛利率相同甚至下降的情况下，通过提高运营效率，也可以让利润额实现快速增长。自2014年起，幸福蛋糕的财务总监便向董事会建议通过城市合伙人制和数字技术加快其运营效率。

幸福蛋糕主要以城市合伙人的形式进行扩张，加盟的城市合伙人需要支付店面租金等费用，向公司采购食品加工设备、原料和半成品等，以有限的资金实现其快速扩张的战略。

幸福蛋糕在此背景下注重数字技术的应用。通过与金蝶集团的合作，一方面，除面包外的产品基本上做到了以销定产；另一方面，通过大数据分析实现精准推送，每天产品临近保质期时，系统会将促销信息推送给消费者，实现了成品零库存。

任务要求

　　分析 2017—2019 年下述具体指标的趋势及与同行业的对比情况，并分析产生波动或差异的可能原因和指标传达的意义，评价财务总监的建议对提高运营效率是否有效。要求幸福蛋糕的比率趋势与行业均值趋势在一张图上呈现，以便于对比。

本任务需要分析的具体指标
公司总资产周转率趋势及与同行业的对比
应收账款周转率趋势及与同行业的对比
存货周转率及与同行业的对比
固定资产周转率及与同行业的对比
应付账款周转率及与同行业的对比

　　注：（1）总资产周转率=营业收入净额/平均资产总额。
　　　　（2）应收账款周转率=赊销收入净额/平均应收账款余额。（假设营业收入全部为赊销收入净额）
　　　　（3）存货周转率=营业成本/平均存货余额。
　　　　（4）固定资产周转率=营业收入/平均固定资产净值。
　　　　（5）应付账款周转率=营业成本/平均应付账款余额。

任务实现

一、公司总资产周转率趋势及与同行业的对比

　　（1）登录金蝶云星空网页端，进入"轻分析"界面。新建分类，命名为"营运能力分析"。新建业务主题，命名为"营运能力分析"。

　　（2）进入"数据建模"界面，新建数据表，选择数据源并连接数据库，类型选择"自定义 SQL"。在"自定义 SQL"框中，输入名称"现金流量比率_幸福蛋糕"。在"SQL"框中，输入以下 SQL 语句，单击"完成"和"保存"按钮。

SQL 语句

```
SELECT
    a.报表日期,
    a.其中: 营业收入 AS 营业收入净额,
    b.资产总计 AS 本期资产合计,
    c.资产总计 AS 上期资产合计
FROM
    '利润表-幸福蛋糕' a,
    '资产负债表-幸福蛋糕' b,
    (
        SELECT
            DATE_SUB(
                报表日期,
                INTERVAL - 1 YEAR
            ) AS 日期,
            资产总计
        FROM
            '资产负债表-幸福蛋糕'
```

```
        ) c
WHERE
        a.报表日期=b.报表日期
AND  a.报表日期=c.日期
```

（3）单击"总资产周转率_幸福蛋糕"的快速功能按钮▼，选择"创建计算字段"选项。在"创建计算字段"对话框中，输入名称"总资产周转率"，并输入以下表达式，单击"确定"按钮。

表达式	[营业收入净额]/（（[本期资产合计] ＋ [上期资产合计]）/2）

（4）单击"新建数据表"按钮，重复以上操作步骤，将"行业指标表"所有字段添加到数据模型中。切换至"关系"页签，单击"新建关系"按钮。在"新建关系"对话框中，左侧数据表选择"总资产周转率_幸福蛋糕"，字段选择"报表日期"；右侧数据表选择"行业指标表"，字段选择"日期"；中间关系选择"一对一"关系。单击"确定"按钮，并单击左上角的"保存"按钮。

（5）返回"轻分析"界面，进入"数据斗方"界面，图表类型选择"折线图"。将"总资产周转率_幸福蛋糕"下的"报表日期"字段拖入"横轴"栏，将"总资产周转率"字段拖入"纵轴"栏。将"行业指标表"下的"公司总资产周转率"字段拖入"纵轴"栏，并单击其快速功能按钮▼，选择"重命名"选项，将其重命名为"行业总资产周转率"。

（6）单击右侧的"数字格式"编辑按钮✎，将小数位数设为2，单击"确定"按钮。勾选"数据标签"，执行"预览尺寸"—"全画面"命令，生成一个折线图，展示总资产周转率趋势及与同行业的对比，如图9-34所示。

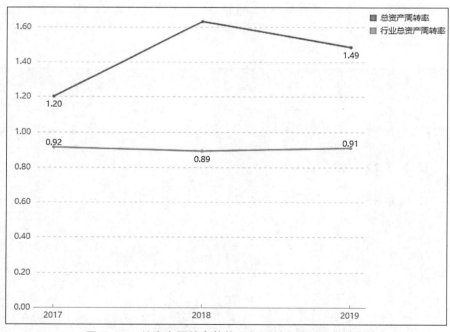

图9-34　总资产周转率趋势及与同行业的对比折线图

（7）另存方案，输入方案名称"总资产周转率趋势及与同行业的对比"。

二、应收账款周转率趋势及与同行业的对比

（1）进入"数据建模"界面，新建数据表，选择数据源并连接数据库，类型选择"自定义 SQL"。在"自定义 SQL"框中，输入名称"应收账款周转率_幸福蛋糕"。在"SQL"框中，输入以下 SQL 语句，单击"完成"和"保存"按钮。

SQL 语句

```
SELECT
     a.报表日期,
     a.其中:营业收入 AS 营业收入,
     b.应收账款 AS 本期应收账款,
     c.应收账款 AS 期初应收账款
FROM
     '利润表-幸福蛋糕' a,
     '资产负债表-幸福蛋糕' b,
     (
         SELECT
             DATE_SUB(
                 报表日期,
                 INTERVAL - 1 YEAR
             ) AS 日期,
             应收账款
         FROM
             '资产负债表-幸福蛋糕'
     ) c
WHERE
     a.报表日期=b.报表日期
AND a.报表日期=c.日期
```

（2）单击"应收账款周转率_幸福蛋糕"的快速功能按钮▼，选择"创建计算字段"。在"创建计算字段"对话框中，输入名称"应收账款周转率"，并输入以下表达式，单击"确定"按钮。

表达式　　[营业收入]/((([本期应收账款] + [期初应收账款])/2)

（3）切换至"关系"页签，单击"新建关系"按钮。在"新建关系"对话框中，左侧数据表选择"行业指标表"，字段选择"日期"；右侧数据表选择"应收账款周转率_幸福蛋糕"，字段选择"报表日期"；中间关系选择"一对一"。单击"确定"按钮，并单击左上角的"保存"按钮。

（4）返回"轻分析"界面，进入"数据斗方"界面，图表类型选择"折线图"。将"应收账款周转率_幸福蛋糕"下的"报表日期"字段拖入"横轴"栏，将"应收账款周转率"字段拖入"纵轴"栏。将"行业指标表"下的"应收账款周转率"字段拖入"纵轴"栏，并单击快速功能按钮▼，选择"重命名"选项，将其重命名为"行业应收账款周转率"。

（5）单击右侧的"数字格式"编辑按钮✎，将小数位数设为 2，选择数量单位为"无"，单击"确定"按钮。勾选"数据标签"，执行"预览尺寸"—"全画面"命令，生成一个折线图，可以展示应收账款周转率趋势及与同行业的对比情况，如图 9-35 所示。

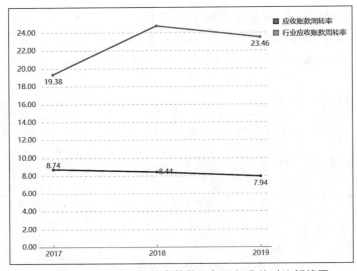

图 9-35　应收账款周转率趋势及与同行业的对比折线图

（6）另存方案，输入方案名称"应收账款周转率趋势及与同行业的对比"。

三、存货周转率及与同行业的对比

（1）进入"数据建模"界面，新建数据表，选择数据源并连接数据库，类型选择"自定义 SQL"。在"自定义 SQL"框中，输入名称"存货周转率_幸福蛋糕"。在"SQL"框中，输入以下 SQL 语句，单击"完成"和"保存"按钮。

```
SQL 语句
SELECT
    a.报表日期,
    a.其中: 营业成本,
    b.存货 AS 本期存货合计,
    c.存货 AS 上期存货合计
FROM
    '利润表-幸福蛋糕' a,
    '资产负债表-幸福蛋糕' b,
    (
        SELECT
            DATE_SUB(
                报表日期,
                INTERVAL - 1 YEAR
            ) AS 日期,
            存货
        FROM
            '资产负债表-幸福蛋糕'
    ) c
WHERE
    a.报表日期=b.报表日期
AND a.报表日期=c.日期
```

（2）单击"存货周转率_幸福蛋糕"的快速功能按钮▼，选择"创建计算字段"选项。在"创建计算字段"对话框中，输入名称"存货周转率"，并输入以下表达式，单击"确定"按钮。

表达式	[其中：营业成本]/（（[本期存货合计] ＋ [上期存货合计]）/2）

（3）切换至"关系"页签，单击"新建关系"按钮。在"新建关系"对话框中，左侧数据表选择"行业指标表"，字段选择"日期"；右侧数据表选择"应收账款周转率_幸福蛋糕"，字段选择"报表日期"；中间关系选择"一对一"关系。单击"确定"按钮，并单击左上角的"保存"按钮。

（4）返回"轻分析"界面，进入"数据斗方"界面，图表类型选择"折线图"。将"存货周转率_幸福蛋糕"下的"报表日期"字段拖入"横轴"栏，将"存货周转率"字段拖入"纵轴"栏。将"行业指标表"下的"存货周转率"字段拖入"纵轴"栏，并单击其快速功能按钮▼，选择"重命名"选项，将其重命名为"行业存货周转率"。

（5）执行"预览尺寸"—"全画面"命令，生成存货周转率及与同行业的对比折线图，如图9-36所示。

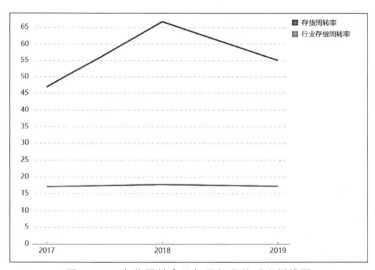

图 9-36　存货周转率及与同行业的对比折线图

（6）另存方案，输入方案名称"存货周转率及与同行业的对比"。

四、固定资产周转率及与同行业的对比

（1）进入"数据建模"界面，新建数据表，选择数据源并连接数据库，类型选择"自定义 SQL"。在"自定义 SQL"框中，输入名称"固定资产周转率_幸福蛋糕"。在"SQL"框中，输入以下 SQL 语句，单击"完成"和"保存"按钮。

```
SQL 语句
SELECT
    a.报表日期,
    a.其中:营业收入 AS 营业收入,
    b.固定资产 AS 本期固定资产合计,
    c.固定资产 AS 上期固定资产合计
FROM
```

```
        '利润表-幸福蛋糕' a,
        '资产负债表-幸福蛋糕' b,
        (
            SELECT
                DATE_SUB(
                    报表日期,
                    INTERVAL - 1 YEAR
                ) AS 日期,
                固定资产
            FROM
                '资产负债表-幸福蛋糕'
        ) c
    WHERE
        a.报表日期=b.报表日期
    AND a.报表日期=c.日期
```

（2）单击"固定资产周转率_幸福蛋糕"的快速功能按钮▼，选择"创建计算字段"选项。在"创建计算字段"对话框中，输入名称"固定资产周转率"，并输入以下表达式，单击"确定"按钮。

表达式　　[营业收入]/（（[本期固定资产合计] + [上期固定资产合计]）/2)

（3）切换至"关系"页签，单击"新建关系"按钮。在"新建关系"对话框中，左侧数据表选择"行业指标表"，字段选择"日期"；右侧数据表选择"固定资产周转率_幸福蛋糕"，字段选择"报表日期"；中间关系选择"一对一"关系。单击"确定"按钮，并单击左上角的"保存"按钮。

（4）返回"轻分析"界面，进入"数据斗方"界面，图表类型选择"折线图"。将"固定资产周转率_幸福蛋糕"下的"报表日期"字段拖入"横轴"栏，将"固定资产周转率"字段拖入"纵轴"栏。将"行业指标表"下的"固定资产周转率"字段拖入"纵轴"栏，并单击其快速功能按钮▼，选择"重命名"选项，将其重命名为"行业固定资产周转率"。

（5）单击右侧的"数字格式"编辑按钮 ✎ ，将小数位数改为2，单击"确定"按钮。勾选"数据标签"，执行"预览尺寸"—"全画面"，生成固定资产周转率及与同行业的对比折线图，如图9-37所示。

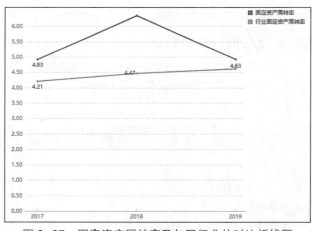

图9-37　固定资产周转率及与同行业的对比折线图

（6）另存方案，输入方案名称"固定资产周转率及与同行业的对比"。

五、应付账款周转率及与同行业的对比

（1）进入"数据建模"界面，新建数据表，选择数据源并连接数据库，类型选择"自定义 SQL"。在"自定义 SQL"框中，输入名称"应付账款周转率_幸福蛋糕"。在"SQL"框中，输入以下 SQL 语句，单击"完成"和"保存"按钮。

SQL 语句
```
SELECT
    a.报表日期,
    a.其中：营业成本 AS 营业成本,
    b.应付账款 AS 本期应付账款合计,
    c.应付账款 AS 上期应付账款合计
FROM
    '利润表-幸福蛋糕' a,
    '资产负债表-幸福蛋糕' b,
    (
        SELECT
            DATE_SUB(
                报表日期,
                INTERVAL - 1 YEAR
            ) AS 日期,
            应付账款
        FROM
            '资产负债表-幸福蛋糕'
    ) c
WHERE
    a.报表日期=b.报表日期
AND a.报表日期=c.日期
```

（2）单击"应付账款周转率_幸福蛋糕"的快速功能按钮▼，选择"创建计算字段"选项。在"创建计算字段"对话框中，输入名称"应付账款周转率"，并输入以下表达式，单击"确定"按钮。

表达式 [营业成本]/(([本期应付账款合计] + [上期应付账款合计])/2)

（3）切换至"关系"页签，单击"新建关系"按钮。在"新建关系"对话框中，左侧数据表选择"行业指标表"，字段选择"日期"；右侧数据表选择"应付账款周转率_幸福蛋糕"，字段选择"报表日期"；中间关系选择"一对一"关系。单击"确定"按钮，并单击左上角的"保存"按钮。

（4）返回"轻分析"界面，进入"数据斗方"界面，图表类型选择"折线图"。将"应付账款周转率_幸福蛋糕"下的"报表日期"字段拖入"横轴"栏，将"应付账款周转率"字段拖入"纵轴"栏。将"行业指标表"下的"应付账款周转率"字段拖入"纵轴"栏，并单击其快速功能按钮▼，选择"重命名"选项，将其重命名为"行业应付账款周转率"。

（5）单击右侧的"数字格式"编辑按钮 ✎，将小数位数改为 2，单击"确定"按钮。勾选"数据标签"，执行"预览尺寸"—"全画面"命令，生成应付账款周转率及与同行业的对比折线图，如图 9-38 所示。

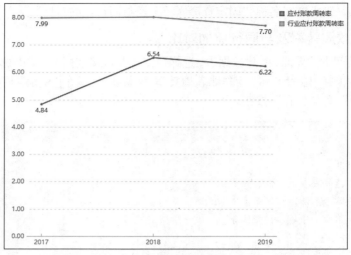

图 9-38　应付账款周转率及与同行业的对比折线图

（6）另存方案，输入方案名称"应付账款周转率及与同行业的对比"。

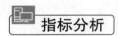 指标分析

相关分析结论参考指标分析 9-8。

指标分析 9-8

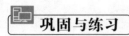 巩固与练习

思考用总资产周转率、应收账款周转率、存货周转率、固定资产周转率和应付账款周转率等营运能力指标分析企业运营效率的缺陷。

任务四　发展能力分析

任务描述

幸福蛋糕自 2015 年开放品牌合作，采取以招募城市合伙人为主的形式进行扩张，目前已覆盖全国 200 多个城市。2018 年的企业战略发布会上，幸福蛋糕创始人兼董事长提出愿景——实现营业收入超 100 亿元，做强蛋糕品牌。

幸福蛋糕为实现其愿景，需要考虑企业的长期发展，评估企业的发展能力及其在同行业所处的水平。

任务要求

分析 2017—2019 年下述具体指标的趋势及与同行业的对比，并分析产生波动或差异的可能原因和指标传达的意义。要求幸福蛋糕的比率趋势与行业均值趋势在一张图上呈现，以便于对比。

注：幸福蛋糕增长率趋势分析可以根据需要取 2017—2020 年的数据，必要时可通过网络查询选取行业公司的相关信息。

本任务需要分析的具体指标
🔲 营业收入增长率趋势及与同行业的对比
🔲 营业利润增长率趋势及与同行业的对比
🔲 总资产增长率趋势及与同行业的对比
🔲 资本积累率趋势及与同行业的对比

注：（1）营业收入增长率=（本期营业收入额–上期营业收入额）/本期营业收入额×100%。

（2）营业利润增长率=（本期营业利润额–上期营业利润额）/本期营业利润额×100%。

（3）总资产增长率=（本期资产总额–上期资产总额）/本期资产总额×100%。

（4）资本积累率=（本期所有者权益总额–上期所有者权益总额）/本期所有者权益总额×100%。

任务实现

一、营业收入增长率趋势及与同行业的对比

（1）登录金蝶云星空网页端，进入"轻分析"界面。新建分类，命名为"发展能力分析"。新建业务主题，命名为"发展能力分析"。

（2）进入"数据建模"界面，新建数据表，选择数据源并连接数据库。勾选"利润表-幸福蛋糕"，单击"下一步"按钮，取消"全选"。勾选"一、营业总收入"和"报表日期"两个字段，单击"完成"按钮。

（3）单击"新建数据表"，重复以上操作步骤，将"行业指标表"所有字段添加到数据模型中。切换至"关系"页签，单击"新建关系"按钮。在"新建关系"对话框中，左侧数据表选择"营业收入增长率_幸福蛋糕"，字段选择"报表日期"；右侧数据表选择"行业指标表"，字段选择"日期"；中间关系选择"一对一"关系。单击"确定"按钮，并单击左上角的"保存"按钮。

（4）返回"轻分析"界面，进入"数据斗方"界面，图表类型选择"折线图"。将"营业收入增长率_幸福蛋糕"下的"报表日期"字段拖入"横轴"栏；将"一、营业总收入"字段拖入"纵轴"栏，并单击其快速功能按钮▼，选择"按日期计算"下的"去年同期"选项；将"行业指标表"下的"营业收入增长率"字段拖入"纵轴"栏，并单击其快速功能按钮▼，选择"重命名"选项，将其重命名为"行业营业收入增长率"。

（5）单击右侧的"数字格式"编辑按钮 ✎，将小数位数设为2，选择数量单位为"百分之一（%）"，单击"确定"按钮。勾选"数据标签"，执行"预览尺寸"—"全画面"命令，生成营业收入增长率趋势及与同行业的对比折线图，如图9-39所示。

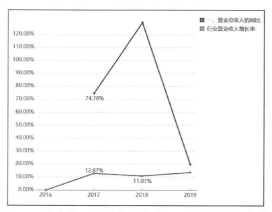

图 9-39　营业收入增长率趋势及与同行业的对比折线图

（6）另存方案，输入方案名称"营业收入增长率趋势及与同行业的对比"。

二、营业利润增长率趋势及与同行业的对比

（1）进入"数据建模"界面，新建数据表，选择数据源并连接数据库。勾选"利润表-幸福蛋糕"，单击"下一步"按钮，取消"全选"，勾选"三、营业利润（损失以'-'号填列）"和"报表日期"两个字段，单击"完成"按钮。

（2）单击已添加数据表的快速功能按钮 ▼，选择"重命名"选项，将其重命名为"营业利润增长率_幸福蛋糕"。切换至"关系"页签，单击"新建关系"按钮。在"新建关系"对话框中，左侧数据表选择"营业利润增长率_幸福蛋糕"，字段选择"报表日期"；右侧数据表选择"行业指标表"，字段选择"日期"；中间关系选择"一对一"关系。单击"确定"按钮，并单击左上角的"保存"按钮。

（3）返回"轻分析"界面，进入"数据斗方"界面，图表类型选择"折线图"。将"营业利润增长率_幸福蛋糕"下的"报表日期"字段拖入"横轴"栏；将"三、营业利润（损失以'-'号填列）"字段拖入"纵轴"栏，并单击其快速功能按钮 ▼，选择"按日期计算"下的"去年同期"选项。将"行业指标表"下的"营业利润增长率"字段拖入"纵轴"栏，并单击其快速功能按钮 ▼，选择"重命名"选项，将其重命名为"行业营业利润增长率"。

（4）单击右侧的"数字格式"编辑按钮 ✎，将小数位数改为2，选择数量单位为"百分之一（%）"，单击"确定"按钮。在"图例"栏，将位置改为"底部"。勾选"数据标签"，执行"预览尺寸"—"全画面"命令，生成营业利润增长率趋势及与同行业的对比折线图，如图 9-40 所示。

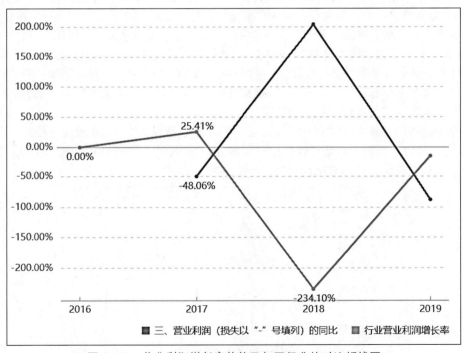

图 9-40　营业利润增长率趋势及与同行业的对比折线图

（5）另存方案，输入方案名称"营业利润增长率趋势及与同行业的对比"。

三、总资产增长率趋势及与同行业的对比

（1）进入"数据建模"界面，新建数据表，选择数据源并连接数据库。勾选"资产负债表-幸福蛋糕"，单击"下一步"按钮，取消"全选"，勾选"资产总计"和"报表日期"两个字段，单击"完成"按钮。

（2）单击已添加数据表的快速功能按钮▼，选择"重命名"选项，将其重命名为"总资产增长率_幸福蛋糕"。切换至"关系"页签，单击"新建关系"按钮。在"新建关系"对话框中，左侧数据表选择"总资产增长率_幸福蛋糕"，字段选择"报表日期"；右侧数据表选择"行业指标表"，字段选择"日期"；中间关系选择"一对一"关系。单击"确定"按钮，并单击左上角的"保存"按钮。

（3）返回"轻分析"界面，进入"数据斗方"界面，图表类型选择"折线图"。将"总资产增长率_幸福蛋糕"下的"报表日期"字段拖入"横轴"栏；将"资产总计"字段拖入"纵轴"栏，并单击其快速功能按钮▼，选择"按日期计算"下的"去年同期"选项；将"行业指标表"下的"总资产增长率"字段拖入"纵轴"栏，并单击其快速功能按钮▼，选择"重命名"选项，将其重命名为"行业总资产增长率"。

（4）单击右侧的"数字格式"编辑按钮 ✎，将小数位数设为 2，选择数量单位为"百分之一（%）"，单击"确定"按钮。勾选"数据标签"，执行"预览尺寸"—"全画面"命令，生成总资产增长率趋势及与同行业的对比折线图，如图 9-41 所示。

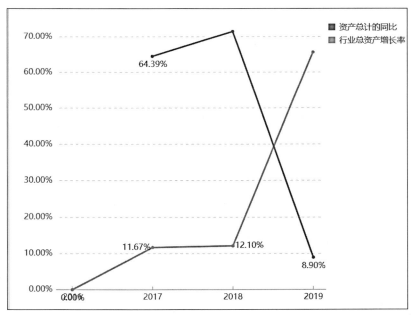

图 9-41　总资产增长率趋势及与同行业的对比折线图

（5）另存方案，输入方案名称"总资产增长率趋势及与同行业的对比"。

四、资本积累率趋势及与同行业的对比

（1）进入"数据建模"界面，新建数据表，选择数据源并连接数据库。勾选"资产负债表-幸福蛋糕"，单击"下一步"按钮，取消"全选"，勾选"所有者权益（或股东权益）合计"和"报表日期"两个字段，单击"完成"按钮。

（2）单击已添加数据表的快速功能按钮▼，选择"重命名"选项，将其重命名为"资本积累率_幸福蛋糕"。切换至"关系"页签，单击"新建关系"按钮。在"新建关系"对话框中，左侧数据表选择"资本积累率_幸福蛋糕"，字段选择"报表日期"；右侧数据表选择"行业指标表"，字段选择"日期"；中间关系选择"一对一"关系。单击"确定"按钮，并单击左上角的"保存"按钮。

（3）返回"轻分析"界面，进入"数据斗方"界面，图表类型选择"折线图"。将"资本积累率_幸福蛋糕"下的"报表日期"字段拖入"横轴"栏；将"所有者权益（或股东权益）合计"字段拖入"纵轴"栏，并单击其快速功能按钮▼，选择"按日期计算"下的"去年同期"选项；将"行业指标表"下的"资本积累率"字段拖入"纵轴"栏，并单击其快速功能按钮▼，选择"重命名"选项，将其重命名为"行业资本积累率"。

（4）单击右侧的"数字格式"编辑按钮，将小数位数设为2，选择数量单位为"百分之一（%）"，单击"确定"按钮。在"图例"栏，将位置修改为"底部"。勾选"数据标签"，执行"预览尺寸"—"全画面"命令，生成资本积累率趋势及与同行业的对比折线图，如图9-42所示。

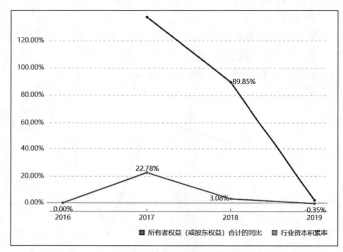

图9-42　资本积累率趋势及与同行业的对比折线图

（5）另存方案，输入方案名称"资本积累率趋势及与同行业的对比"。

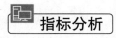 **指标分析**

指标分析 9-9

相关分析结论参考指标分析9-9。

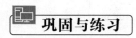 **巩固与练习**

将2020年幸福蛋糕的下述指标与同行业相关指标进行对比，评估其2020年的发展能力在同行业中所处的水平。参考标的公司为桃李面包、元祖股份、麦趣尔。

① 营业收入增长率趋势及与同行业的对比。

② 营业利润增长率趋势及与同行业的对比。

③ 总资产增长率趋势及与同行业的对比。

④ 资本积累率趋势及与同行业的对比。

任务五　财务分析小结

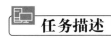 **任务描述**

　　幸福蛋糕拟召开 2020 年度经营会议，其中包括对过去一年的企业经营和财务状况进行分析与回顾。当然，高层管理人员更关注影响企业长期发展的因素，并确定企业战略目标是否需要进行调整。

任务要求

　　针对 2020 年度经营大会，从偿债能力、盈利能力、营运能力、发展能力四个维度，挑选你认为重要的财务指标（不限于本项目分析的任务指标或以下所列的参考指标），制作财务四大能力分析大屏看板，分析企业经营和财务管理现状，对下一年度战略方向提出建议，形成分析报告，并用 PPT 进行展示和解说。

参考指标
资产负债率趋势及与同行业的对比
流动比率趋势及与同行业的对比
销售毛利率趋势及与同行业的对比
销售净利率趋势及与同行业的对比
公司总资产周转率趋势及与同行业的对比
营业收入增长率趋势及与同行业的对比
营业利润增长率趋势及与同行业的对比

任务实现

　　（1）登录金蝶云星空网页端，进入"轻分析"界面。选择"发展能力分析"分类，单击"新建"按钮，创建一个仪表板。输入名称"财务主题分析"，单击"确定"按钮。单击"仪表板"编辑按钮 ✎ ，进入"仪表板"编辑界面。

　　（2）将左侧"组件"栏中的"数据斗方"拖入中间看板区。在"添加数据斗方-选择来源"对话框中，单击"下一步"按钮。选择"偿债能力分析"分类（或其他财务主题分析内容的分类）下的"长期偿债能力分析"业务主题，单击"下一步"按钮。选择"加载方案"下的"资产负债率趋势及与同行业的对比"分析方案，单击"完成"按钮。

　　（3）如果图表纵轴显示金额过大，会导致占用区域过大，此时可单击指标图片右上角的编辑按钮 ✎ ，将数量单位设置为"万"，单击"确定"按钮。将图例位置设为"底部"，最后单击左上角的"保存"按钮。

　　（4）重复以上步骤，将本任务参考指标添加到仪表板中，并形成一个分析大屏，如图 9-43 所示。

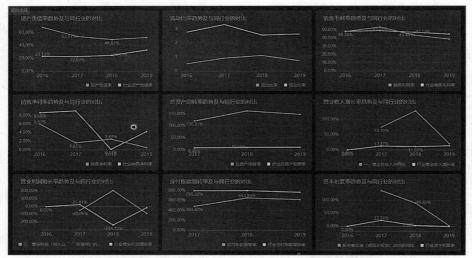

图 9-43　财务主题分析大屏

📋 **报告模板**

一、企业四大能力分析

（1）偿债能力分析。幸福蛋糕近年来的快速扩张对债务资金依赖较大，因此资产负债率远高于行业平均水平。2017—2018年由于引进了大额股权资金，资本结构得到大幅改善。目前的经营水平不存在重大的长期偿债能力风险。

幸福蛋糕的各项短期偿债指标均远低于行业平均水平，由于幸福蛋糕扩张使用的债务资金主要来源于短期借款，因此短期偿债能力需要加以关注。

（2）盈利能力分析。幸福蛋糕的销售毛利率自2018年略低于行业平均水平以来，整体呈下降趋势，且下降幅度高于行业平均水平。这主要是由于幸福蛋糕采取以招募城市合伙人为主的运营模式进行扩张，导致以销售半成品为主的毛利率低于同行业中以成品销售给终端消费者的毛利率。

幸福蛋糕目前处在成长阶段，其三项期间费用占收入比高于同行业平均水平，尤其是销售费用，前期的大额广宣费用投入是企业品牌深入战略的一部分。因此，销售净利润总体低于行业均值。

（3）营运能力分析。由于企业收入高速增长，且应用数字化技术降低了存货水平，幸福蛋糕总资产的运营效率指标逐步提升，目前已高于行业平均水平。但应收账款周转率低于行业均值，对应收账款的可回收性应给予关注。

（4）发展能力分析。幸福蛋糕的营业收入增长率高于同行业平均水平，营业利润也基本保持增长。使用数字化技术显著降低了存货水平，提升了生产和配送效率，给企业的快速成长带来有效助力。

目前，幸福蛋糕的门店大部分开设在华南、华东、华中地区，西南和北方区域很多城市，特别是三、四线城市未部署门店，仍具有较大的发展潜力。

二、相关建议

（1）幸福蛋糕的各项短期偿债指标均远低于行业平均水平，建议对未来短期内到期的债务和资金情况进一步详细规划，合理推进新店扩张计划，确保未来的资金不会出现负数余额。

（2）财务总监提出的城市合伙人战略带来的加盟店监管风险需要加以关注。

项目十

经营预警分析

在大数据时代，企业经营的状况瞬息万变。对一些关键指标进行实时监控，有助于企业高层管理人员随时了解企业的经营状况，及时发现企业经营中存在的问题，并提出改进的措施，确保企业处于健康、稳定的可持续发展状态。本项目主要介绍基于业务和财务环节的大数据进行数据建模、构建典型指标体系、实现指标可视化的过程，便于从高层管理人员的视角随时了解企业的经营状况，对企业的发展提出改进措施。

学习目标

1. 掌握经营预警分析的整体思路
2. 掌握业务环节经营预警分析的方法
3. 掌握财务环节经营预警分析的方法
4. 学会构建经营预警分析关键指标体系

职业素养点拨

防微杜渐，禁于未然

在韩非子的名篇《扁鹊见蔡桓公》中，有这样的场景描述。

扁鹊见蔡桓公，立有间，扁鹊曰："君有疾在腠理，不治将恐深。"桓侯曰："寡人无疾。"扁鹊出，桓侯曰："医之好治不病以为功。"居十日，扁鹊复见，曰："君之病在肌肤，不治将益深。"桓侯不应。扁鹊出，桓侯又不悦。……

故事以蔡桓公病情发展为主线，扁鹊反复劝说，蔡桓公却不以为然，最终致使病入骨髓，无以为治。

企业在经营过程中，同样会产生各种各样的问题。而财务部门作为企业核心数据的接触者和分析者，应该能够如扁鹊一样，对企业的经营具有深刻的认知，通过对各种重要指标的分析，在小问题尚未发展演化成大问题时，就能够及时发现并预警，同时结合企业的经营管理特点提出改进的措施，防微杜渐，让企业的经营一直处于稳健、可持续发展的状态。

要具备这样的能力，还需要有良好的职业素养。财务数据分析人员要能够结合企业的业务，培养全方位、多角度辨析的能力，能够结合财务分析结果从细微之处发现问题，及时预警，帮助企业高层及时发现问题，采取针对性的措施进行调整。

任务一 业务环节经营预警

预警是企业进行事中控制的一种重要方法与手段，可以针对在某个特定条件下将要发生的事件（事前预告），或者已经发生的重大事件（事后预警）给出提示信息，提醒管理人员及时采取相应的措施。预警可以保证企业计划执行的有效性，加强管理控制职能。业务环节经营预警是预警中重要的一个环节，主要包括对销售、采购、库存等诸多业务环节的控制。

　　幸福蛋糕的管理人员想要依托现有业务数据，针对销售、采购、库存、生产四个环节构建业务环节经营预警体系，从多维度对业务环节做好监控，以便及时有效地了解当前业务状况，帮助管理人员及时识别潜在业务风险，提醒管理人员早作准备或采取对策，增强企业应对风险的能力。

子任务一　订单交付提醒预警

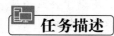 **任务描述**

　　为减少订单延误的情况，幸福蛋糕设置了一系列预警指标，其中一项是在订单要求的送达时间前 30 分钟给门店发出预警。

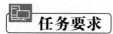 **任务要求**

　　以云南省订单为例，要求针对每个订单设置提前 30 分钟的预警时间表。

本任务需要使用的数据表
销售订制单（云南）

任务实现

　　本指标具体操作步骤可参考视频 10-1。

　　（1）登录金蝶云星空网页端，进入"轻分析"界面。新建分类，命名为"经营预警-业务环节"。新建业务主题，命名为"订单交付提醒预警"。

　　（2）进入"数据建模"界面，新建数据表，选择数据源并连接数据库，类型选择"自定义 SQL"。在"自定义 SQL"框中，输入名称"订单交付提醒预警"。在"SQL"框中，输入以下 SQL 语句，单击"完成"按钮。

视频 10-1

SQL 语句
```
SELECT 单号，要求到达时间, DATE_SUB(要求到达时间, INTERVAL 30 MINUTE) AS 预警时间
FROM '销售订制单(云南)'
```

　　（3）将"要求到达时间"和"预警时间"字段的数量单位修改为"文本"，并单击左上角的"保存"按钮。

　　（4）返回"轻分析"界面，进入"数据斗方"界面，图表类型选择"列表"。将"单号""要求到达时间""预警时间"字段依次拖入"列"栏，执行"预览尺寸"—"全画面"命令，生成订单交付提醒预警列表，如图 10-1 所示。

　　（5）另存方案，输入方案名称"订单交付提醒预警"。

单号	要求到达时间	预警时间
202012010067	2020-12-01 19:12:00	2020-12-01 18:42:00
202012010068	2020-12-01 15:50:00	2020-12-01 15:20:00
202012010069	2020-12-01 17:02:00	2020-12-01 16:32:00
202012010070	2020-12-01 15:07:00	2020-12-01 14:37:00
202012010071	2020-12-01 10:30:00	2020-12-01 10:00:00
202012010072	2020-12-01 08:21:00	2020-12-01 07:51:00
202012010073	2020-12-01 20:06:00	2020-12-01 19:36:00
202012010074	2020-12-01 15:05:00	2020-12-01 14:35:00

图 10-1　订单交付提醒预警列表

巩固与练习

在企业的销售业务中，针对订单交付的及时性或订单延误风险预警提示，还可以设置哪些指标，以及需要考虑哪些因素？

子任务二　面包销售预测提醒

任务描述

幸福蛋糕的总裁曾在会议上提到：面包跟饮料不一样，一杯饮料下单了马上就能做，生产周期短，可以即买即拿；而一个面包的生产周期需要 4 个小时，售卖却只有 10 个小时，生产无法即时满足客户需求。面包类产品由于其生产和消费的特殊性，整个行业浪费率在 10% 以上。因此，如何有效地预测次日销量来安排生产是减少面包浪费的有效途径之一。

任务要求

以云南幸福-105 店（安宁市一店）2020 年 12 月的数据为例，假设现在是 2020 年 12 月 6 日 0 时，按照加权平均数的时间序列算法，要求预测 6 日当天各种面包产品的销量，并在"轻分析"模块中显示。

本任务需要使用的数据表
◎　销售订制单（云南）

进行预测时，需要使用前 5 天的历史数据，按各日权重与当日销量作为预测基数。各日权重比例如表 10-1 所示。

表 10-1　　　　　　　　　　各日权重比例

与预测日相隔天数	权重
前 5 日	7%
前 4 日	13%
前 3 日	20%
前 2 日	27%
前 1 日	33%

任务实现

（1）登录金蝶云星空网页端，进入"轻分析"界面。在已经建好的"经营预警-业务环节"分类中新建业务主题，命名为"面包销售预测提醒"。

（2）进入"数据建模"界面，新建数据表，选择数据源并连接数据库。选择"销售订制单（云南）"，单击"下一步"按钮，取消"全选"，勾选"门店编号""门店""下单时间""商品名称""商品类型""数量"，单击"完成"按钮。

（3）打开"过滤"页签，设置以下过滤条件，然后单击上方区域刷新界面，并单击左上角的"保存"按钮。

过滤条件	选择"门店编号"等于"幸福-105"并且"下单时间"小于等于"2020-12-06 00:00:00"并且"商品类型"等于"面包"

（4）返回"轻分析"界面，进入"数据斗方"界面。选择"销售订制单（云南）"，然后单击其快速功能按钮▼，选择"创建计算字段"选项。在"创建计算字段"对话框中，输入名称"日"，并输入以下表达式，单击"确定"按钮。

表达式	DAY([销售订制单(云南).下单时间])

（5）再次选择"销售订制单（云南）"，然后单击其快速功能按钮▼，选择"创建计算字段"选项。在"创建计算字段"对话框中，输入名称"预测销量"，并输入以下表达式，单击"确定"按钮。

表达式	IF([销售订制单(云南).日]=1, 0.07, IF([销售订制单(云南).日]=2, 0.13, IF([销售订制单(云南).日]=3, 0.2, IF([销售订制单(云南).日]=4, 0.27, 0.33))))

（6）图表类型选择"多系列柱形图"。将"商品名称"字段拖入"横轴"栏，将"预测销量"拖入"纵轴"栏，勾选"数据标签"，将数据的排序方式设为"降序"，生成柱形图，展示 2020 年 12 月 6 日云南幸福-105 店各类面包的预计销量，如图 10-2 所示。

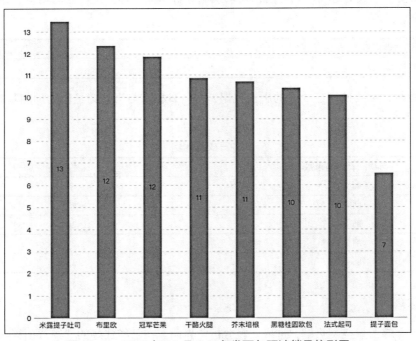

图 10-2　2020 年 12 月 6 日各类面包预计销量柱形图

（7）另存方案，输入方案名称"面包销售预测提醒"。

巩固与练习

在对面包进行销量预测时，除了历史数据提供的参考，还应考虑哪些因素？

子任务三　物料订货预警

 **任务描述**

　　幸福蛋糕的生产用料可以分为两类：一类是保质期相对较长、用量较大的物料，如面粉、细砂糖、食用油等，一般采用集团集中采购、批量送货的方式来降低采购成本；另一类是保质期较短且对新鲜度要求很高的物料，如鸡蛋、水果等，为减少运输损耗和保证食材新鲜，这类物料通常由各门店自行就地采购。

　　幸福蛋糕对这两类物料按预估的送货时间设置了安全库存线，当库存低于安全库存时便发起采购。

任务要求

　　以 2020 年面粉、细砂糖、黄油、鸡蛋为例，假设四项物料的送货时间如表 10-2 所示。

表 10-2　　　　　　　　　　　　　四项物料的送货时间

物料	送货时间
面粉	3 日
细砂糖	1 日
黄油	2 日
鸡蛋	1 日

　　假设幸福蛋糕的安全库存量除了考虑送货时间的消耗，还需要保持 1 天的日均消耗量。根据以上条件及"重要物料库存及日均消耗量（2020 年）"中的数据，计算面粉、细砂糖、黄油、鸡蛋四项物料的安全库存量，并设置当库存数低于安全库存量时的订货提醒预警，要求在"轻分析"模块中分别显示四类物料的提醒日期。

本任务需要使用的数据表
◎　重要物料库存及日均消耗量（2020 年）

任务实现

　　本指标具体操作步骤可参考视频 10-1。

　　（1）登录金蝶云星空网页端，进入"轻分析"界面。在已经建好的"经营预警-业务环节"分类中新建业务主题，命名为"物料订货预警"。

　　（2）进入"数据建模"界面，新建数据表，选择数据源并连接数据库。选择"重要物料库存表及日均消耗量（2020 年）"，单击"下一步"按钮。勾选"全选"，单击"完成"按钮，并单击左上角的"保存"按钮。

　　（3）返回"轻分析"界面，进入"数据斗方"界面。选择"重要物料库存表及日均消耗量（2020年）"，然后单击其快速功能按钮▼，选择"创建计算字段"选项。在"创建计算字段"对话框中，输入名称"安全库存量",并输入以下表达式,单击"确定"按钮。

表达式	IF([重要物料库存表及日均消耗量(2020年).物料名称]="面粉",[重要物料库存表及日均消耗量(2020年).日均消耗]*4,IF([重要物料库存表及日均消耗量(2020年).物料名称]="细砂糖",[重要物料库存表及日均消耗量(2020年).日均消耗]*2,IF([重要物料库存表及日均消耗量(2020年).物料名称]="黄油",[重要物料库存表及日均消耗量(2020年).日均消耗]*3,[重要物料库存表及日均消耗量(2020年).日均消耗]*2)))

(4)选择"重要物料库存表及日均消耗量(2020年)",然后单击其快速功能按钮▼,选择"创建计算字段"选项。在"创建计算字段"对话框中,输入名称"物料订货预警",并输入以下表达式,单击"确定"按钮。

表达式	IF([重要物料库存表及日均消耗量(2020年).安全库存量]>[重要物料库存表及日均消耗量(2020年).库存数量],"订货预警","安全")

(5)将"物料订货预警"字段拖入"筛选器"栏,勾选"订货预警",单击"确定"按钮。图表类型选择"柱形进度图"。将"日期"拖入"横轴"栏,单击其快速功能按钮▼,选择"维度"下的"年月日";将"安全库存量"拖入"目标值"栏;将"库存数量"拖入"实际值"栏;将"物料名称"拖入"筛选器"栏,并逐一选择"面粉""细砂糖""黄油""鸡蛋"。这样可以得到四种物料的订货预警图,单击"分析方案"按钮逐一保存。得到面粉订货预警图如图 10-3 所示,细砂糖订货预警图如图 10-4 所示,黄油订货预警图(2020 年无须预警)如图 10-5 所示,鸡蛋订货预警图如图 10-6 所示。

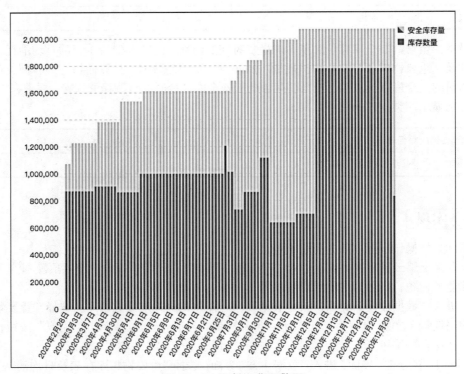

图 10-3　面粉订货预警图

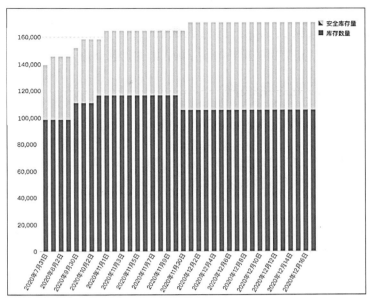

图 10-4　细砂糖订货预警图

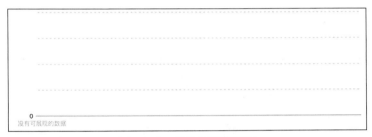

图 10-5　黄油订货预警图

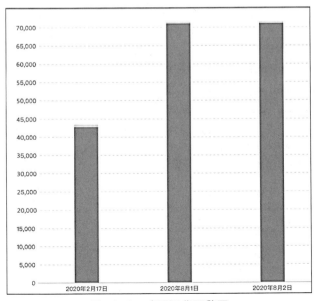

图 10-6　鸡蛋订货预警图

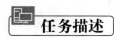 **巩固与练习**

在企业的采购业务中，还有哪些重要的业务场景需要设置预警，可以设置哪些指标？

子任务四　物料保质期到期预警

任务描述

幸福蛋糕由于之前发生过部分原材料和产成品过期变质的情况，公司要求仓储部门对物料的保质期进行实时监控并及时预警，以便及时进行报废等处理。

任务要求

要求针对 2020 年 12 月 31 日库存的原材料和半成品，设置保质期到期日的预警时间表。

本任务需要使用的数据表
◉　物料库存分析表

任务实现

（1）登录金蝶云星空网页端，进入"轻分析"界面。在已经建好的"经营预警-业务环节"分类中新建业务主题，命名为"物料保质期到期预警"。

（2）进入"数据建模"界面，新建数据表，选择数据源并连接数据库。选择"物料库存分析表"，单击"下一步"按钮，勾选"存货类型""名称""生产日期""保质期（天）"，然后单击"完成"按钮。打开"过滤"页签，设置以下筛选条件，单击"刷新"按钮可以预览数据，然后单击"保存"按钮。

筛选条件	"存货类型"为"原材料"或"半成品"

（3）返回"轻分析"界面，进入"数据斗方"界面。选择"物料库存分析表"，然后单击快速功能按钮▼，选择"创建计算字段"选项。在"创建计算字段"对话框中，输入名称"保质期到期日"，并输入以下表达式，单击"确定"按钮。

表达式	NEXTDAY（[物料库存分析表.生产日期]，[物料库存分析表.保质期（天）]）

（4）图表类型选择"列表"，将"生产日期""名称""保质期""保质期到期日"字段依次拖入"列"栏，并将日期类字段的"维度"均设为"年月日"。执行"预览尺寸"—"全画面"命令，生成物料保质期到期预警滚动表，如图 10-7 所示。

生产日期(年月日)	名称	保质期（天）	保质期到期日(年月日)
2020年12月23日	鸡蛋	30	2021年1月22日
2020年12月25日	牛轧糖	60	2021年2月23日
2020年12月26日	全脂牛奶	180	2021年6月24日
2020年12月28日	草莓	7	2021年1月4日
2020年12月29日	鸡蛋	30	2021年1月28日
2020年12月29日	草莓	7	2021年1月5日

图 10-7　物料保质期到期预警滚动表

（5）另存方案，输入方案名称"物料保质期到期预警"。

巩固与练习

由于幸福蛋糕的面包类产品不能按订单生产，且保质期很短，生产 5 个小时后口感开始变差，为避免浪费，门店会对生产超过 5 小时的面包进行针对性的打折信息推送。思考在各门店的面包实时存货业务中，可以设置哪些预警指标来提高收入、减少浪费？

子任务五　生产用料不当预警

任务描述

幸福蛋糕为确保产品品质，除要求门店和合作伙伴采用统一的生产设备确保生产过程的标准化，对生产用料也进行严格监控，要求各门店及合伙人门店均应由总部集中采购原料。幸福蛋糕曾经出现过个别门店为了节约材料成本，向外部单位采购原料的情况。为避免这一情况，管理人员要求比对各门店向总部采购物料的情况及产品销售情况。

任务要求

以幸福-85 门店的奶油订单为例，比对其 2020 年度蛋糕类产品的奶油用量与其向总部采购的奶油用量。假设该门店的奶油用量均在"订单用料表"中，按以下公式计算奶油采购偏离度：

奶油采购偏离度＝（2020 年订单中的奶油用量–2020 年向总部采购的奶油量）÷
2020 年订单中的奶油用量

当该偏离度大于等于 30%时，以红色警示；当该偏离度大于等于 10%且小于 30%时，以黄色警示；当该偏离度小于 10%时，显示为绿色。

本任务需要使用的数据表
◎　奶油订单交付表（2020 年）
◎　订单用料表

任务实现

（1）登录金蝶云星空网页端，进入"轻分析"界面。在已经建好的"经营预警-业务环节"分类中新建业务主题，命名为"生产用料不当预警"。

（2）进入"数据建模"界面，新建数据表，选择数据源并连接数据库，类型选择"自定义 SQL"。在"自定义 SQL"框中，输入名称"生产用料不当预警"。在"SQL"框中，输入以下 SQL 语句，单击"完成"和"保存"按钮。

```
SQL 语句
select
  a.门店编号,
  a.单位,
  a.数量,
  b.原料单位,
  b.实际用料数量
```

```
from
 (
 select
  门店编号,
  单位,
  sum(数量) as 数量
 from
  '奶油订单交付表（2020年）'
 where
  门店编号='幸福-85') a,
 (
 select
  门店,
  原料单位,
  sum(实际用料数量) as 实际用料数量
 from
  订单用料表
 where
  门店='幸福-85'
  and 用料='奶油') b
 where
  a.门店编号=b.门店
```

（3）返回"轻分析"界面，进入"数据斗方"界面。选择"生产用料不当预警"，然后单击其快速功能按钮 ▼，选择"创建计算字段"选项。在"创建计算字段"对话框中，输入名称"奶油采购偏离度"，并输入以下表达式，单击"确定"按钮。

表达式	（[生产用料不当预警.实际用料数量]-[生产用料不当预警.数量]*1000)/[生产用料不当预警.实际用料数量]

（4）图表类型选择"仪表图"。将"奶油采购偏离度"拖入"指针值"栏，执行"预览尺寸"—"全画面"命令。单击"分段"编辑按钮 ✐，在"分段"对话框中将起始刻度值设为 0，结尾刻度值设为 0.5。单击"添加分刻度"按钮，设置三个分刻度。根据任务要求，设置 0～0.1 为绿色，0.1～0.3 为黄色，0.3～0.5 为红色，并分别设置刻度值格式和指针数值格式均为"百分之一（%）"，生成生产用料不当预警仪表图，如图 10-8 所示。

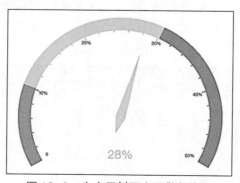

图 10-8　生产用料不当预警仪表图

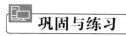
（5）另存方案，输入方案名称"生产用料不当预警"。

巩固与练习

在幸福蛋糕的门店生产业务中，可以利用人工智能、大数据等技术设置哪些关键控制点用于保证生产过程的标准化和原料用量的准确性，从而确保食品安全和产品品质？

任务二　财务环节经营预警

财务环节经营预警是指运用指标及模型对企业的利润完成情况、财务收支、资金状况等运行动态进行监测，在警情扩大或风险发生前及时发出信号，使其充分发挥"警报器"的作用，成为企业财务风险诊断的一种工具。企业财务风险预警的灵敏度越高，就能越早地发现问题，使企业管理人员提前采取应对措施，规避可能发生的财务风险。

子任务一　利润计划完成率预警

任务描述

幸福蛋糕的管理人员为确保董事会的扩张战略顺利达成，每年都要制订公司整体及各门店的利润计划，并每月跟踪利润完成情况。

任务要求

假设现在是 2020 年 11 月 30 日，距离本年结束只剩下一个月的时间，要求对 2020 年前 11 个月公司整体及各门店的营业利润完成情况进行分析。根据利润完成情况分颜色展示，公司总体营业利润计划完成率低于 80% 时红色预警；在 80%～90% 时黄色预警；高于 90% 时呈绿色；各门店营业利润在数据分析模块按升序排列，完成率则从低到高由红色向绿色渐变显示。

本任务需要分析的指标和使用的数据表			
具体指标	☑ 公司总体营业利润完成率 ☑ 各门店营业利润完成率	数据表	◎ 2020 年营业利润完成情况表

任务实现

一、公司总体营业利润完成率

（1）登录金蝶云星空网页端，进入"轻分析"界面。新建分类，命名为"经营预警-财务环节"。新建业务主题，命名为"利润计划完成率预警"。

（2）进入"数据建模"界面，新建数据表，选择数据源并连接数据库。选择"2020 年营业利润完成情况表"，单击"下一步"按钮，勾选"全选"，单击"完成"按钮，然后单击左上角的"保存"按钮。

（3）返回"轻分析"界面，进入"数据斗方"界面。选择"2020 年营业利润完成情况表"，然后单击其快速功能按钮▼，选择"创建计算字段"选项。在"创建计算字段"对话框中，输入名称"总体利润完成率"，并输入以下表达式，单击"确定"按钮。

表达式	SUM（[2020 年营业利润完成情况表.实际营业利润]）/SUM（[2020 年营业利润完成情况表.2020 年计划利润]）

（4）图表类型选择"仪表图"。将"总体利润完成率"字段拖入"指针值"栏，执行"预览尺寸"—"全画面"命令。

（5）单击"分段"编辑按钮 ✎，在"分段"对话框中设置起始刻度值为 0，结尾刻度值为 1。单击"添加分刻度"按钮，根据任务要求设置大于 0.9 为绿色，0.8～0.9 为黄色，小于 0.8 为红色。单击右侧的"数字格式"编辑按钮 ✎，选择数量单位为"百分之一（%）"，生成总体利润完成率仪表图，如图 10-9 所示。

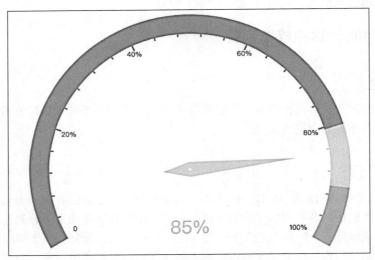

图 10-9　总体利润完成率仪表图

（6）另存方案，输入方案名称"总体利润完成率预警"。

二、各门店营业利润完成率

视频 10-2

本指标具体操作步骤可参考视频 10-2。

（1）返回"轻分析"界面，进入"数据分析"界面。选择"2020 年营业利润完成情况表"，然后单击其快速功能按钮▼，选择"创建计算字段"选项。在"创建计算字段"对话框中，输入名称"利润完成率"，并输入以下表达式，单击"确定"按钮。

表达式	[2020年营业利润完成情况表.实际营业利润]/[2020年营业利润完成情况表.2020年计划利润]

（2）图表类型选择"表格"。将"门店编号"字段拖入"行"栏，将"利润完成率"字段拖入"数值区域"栏。单击"利润完成率"字段前的彩色符号，选择"颜色"。单击"利润完成率"右下侧的"排序"按钮，选择"升序"。生成各门店营业利润完成率表，如图 10-10 所示。

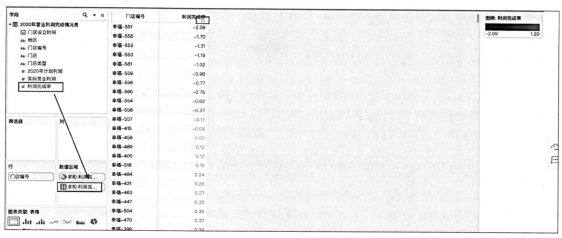

图 10-10　各门店营业利润完成率表

（3）另存方案，输入方案名称"各门店营业利润完成率预警"。

巩固与练习

分析门店营业利润完成率较低的原因，并针对可能的原因提出改进措施。

子任务二　应收账款逾期预警

任务描述

幸福蛋糕 2020 年年初针对应收账款的回收问题召开了专题会议，财务部门认为营销人员对应收账款的催收不力，经常需要在年底或月末财务部门去和企业客户核对账务时才催收款项；营销部门提出由于缺少及时的欠款信息，如果在账期到期前催收容易引起客户反感，影响后续的合作关系，而账期到期时营销人员由于不能及时掌握信息而未催收。

总经理要求财务部应为相关营销人员及时提供应收账款逾期信息。

任务要求

以深圳客户 2020 年 12 月的数据为例，编制企业客户应收账款到期日表格。

本任务需要使用的数据表
◎　深圳市企业客户销售收款明细表
◎　深圳企业客户档案

任务实现

（1）登录金蝶云星空网页端，进入"轻分析"界面。在已经建好的"经营预警-财务环节"分类中新建业务主题，命名为"应收账款逾期预警"。

（2）进入"数据建模"界面，新建数据表，选择数据源并连接数据库。选择"深圳企业客户档案"和"深圳企业客户销售收款明细表",单击"下一步"按钮,勾选"全选",单击"完成"按钮。切换至"关系"页签,单击"新建关系"按钮,建立"深圳企业客户档案"与"深圳市企业客户销售收款明细表"关于"客户 ID"的"一对多"关系,单击"确定"按钮,并单击左上角的"保存"按钮。

（3）返回"轻分析"界面,进入"数据斗方"界面。选择"深圳市企业客户销售收款明细表",然后单击其快速功能按钮 ▼,选择"创建计算字段"。在"创建计算字段"对话框中,输入名称"应收账款逾期提醒",并输入以下表达式,单击"确定"按钮。

表达式	NEXTDAY([深圳市企业客户销售收款明细表.销售时间],[深圳企业客户档案.账期(天)])

（4）图表类型选择"列表"。将"销售时间""企业名称""单号""应收账款余额""应收账款逾期提醒"等必要信息字段拖入"列"栏,并将日期格式显示为"年月日"。执行"预览尺寸"—"全画面"命令,生成应收账款逾期预警滚动表,如图 10-11 所示。

销售时间(年月日)	企业名称	单号	不含税销售额	应收账款逾期提醒(年月日)
2020年1月1日	凯佳公司	65-135	64,473.45	2020年1月21日
2020年1月3日	庆兴公司	292-243	85,245.00	2020年3月3日
2020年1月3日	久协公司	141-115	71,959.00	2020年1月3日
2020年1月4日	满谦公司	292-195	10,556.64	2020年2月3日
2020年1月4日	满谦公司	292-196	48,285.84	2020年2月3日
2020年1月5日	满谦公司	292-197	11,869.03	2020年2月4日
2020年1月5日	隆高公司	52-163	78,269.03	2020年1月25日
2020年1月6日	吉乾公司	292-099	32,903.00	2020年1月6日
2020年1月7日	益辉公司	52-598	21,738.94	2020年1月6日
2020年1月9日	乾昇公司	50-037	26,838.94	2020年1月29日

图 10-11　应收账款逾期预警滚动表

（5）另存方案,输入方案名称"应收账款逾期预警"。

巩固与练习

假设现在是 2020 年 12 月 10 日,作为幸福蛋糕财务部的员工,你会给飞庆公司的营销人员推送哪些近期应催收的账款信息?

子任务三　应付账款到期预警

任务描述

在 2020 年年初的月度经营会议上,幸福蛋糕采购部提出:由于财务部经常未能及时按合同约定日期向供应商付款,导致采购部在供应商处不能取得最优的折扣和信用政策。财务部负责人解释说:付款是以业务单位提的付款申请日期来安排付款的,如果采购部未能及时提起付款申请导致未按合同约定付款,那么采购部应对付款申请的提请日期多加留意。采购部因此要求财务部在约定的付款到期日前两日做出提醒。

任务要求

以 2020 年向各供应商采购的数据为例,按照采购物资的到货日期及供应商给出的账期计算到期日，并提前两日做出预警。

本任务需要使用的数据表
◎　采购订单执行表
◎　供应商账期表

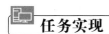 **任务实现**

（1）登录金蝶云星空网页端，进入"轻分析"界面。在已经建好的"经营预警-财务环节"分类中新建业务主题，命名为"应付账款到期预警"。

（2）进入"数据建模"界面，新建数据表，选择数据源并连接数据库。选择"采购订单执行表""供应商账期表"，单击"下一步"按钮。从"采购订单执行表"勾选"单号""到货日期""供应商""物料名称""金额"，从"供应商账期表"勾选"全选"，单击"完成"按钮。切换至"关系"页签，单击"新建关系"按钮，建立"供应商账期表"和"采购订单执行表"关于"供应商"的一对多关系，单击"确定"按钮，然后单击左上角的"保存"按钮。

（3）返回"轻分析"界面，进入"数据斗方"界面。选择"采购订单执行表"，然后单击其快速功能按钮▼，选择"创建计算字段"选项。在"创建计算字段"对话框中，输入名称"应付账款到期预警"，并输入以下表达式，单击"确定"按钮。

表达式	NEXTDAY（[采购订单执行表.到货日期]，（[供应商账期表.账期]-2））

（4）图表类型选择"列表"。将"到货日期"字段拖入"筛选器"栏，筛选2020年的数据，单击"确定"按钮。将"到货日期""单号""供应商""账期""应付账账款到期预警""金额"等必要信息字段拖入"列"栏，日期维度选择"年月日"。执行"预览尺寸"—"全画面"命令，生成应付账款到期预警列表，如图10-12所示。

到货日期(年月日)	单号	供应商	账期	应付账款到期预警...	金额
2020年6月8日	202068-10	汇利食品有限公司	30	2020年7月6日	398,640.00
2020年6月9日	202069-7	美香食品有限公司	45	2020年7月22日	976,980.00
2020年6月11日	2020611-10	江宇农业科技有限...	60	2020年8月8日	1,281,806.00
2020年6月14日	2020614-1	金百源食品有限公司	90	2020年9月10日	1,243,380.00
2020年6月14日	2020614-9	新盛蛋制品有限公司	45	2020年7月27日	869,440.00
2020年6月16日	2020616-10	汇利食品有限公司	30	2020年7月14日	1,075,360.00
2020年6月18日	2020618-1	美香食品有限公司	45	2020年7月31日	841,468.00
2020年6月20日	2020620-2	美家贸易有限公司	30	2020年7月18日	1,031,625.00
2020年6月24日	2020624-2	佳享华贸易有限公司	60	2020年8月21日	3,524,664.00
2020年6月26日	2020626-10	亿华粮食加工...	90	2020年9月22日	382,665.00

图 10-12　应付账款到期预警列表

（5）另存方案，输入方案名称"应付账款到期预警"。

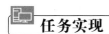 **巩固与练习**

如果本任务涉及的采购订单中除鸡蛋外均为365天质保期（从到货日算起365天），质保金额为订单总额的5%，如何在质保金的到期付款日前两天给予预警？

子任务四　现金余额预警

任务描述

幸福蛋糕的资金采取集中管理的方式，要求各门店每周对下一周的资金收支情况进行测算并制订计划。总部每个月 1 日制订本月的资金计划，根据预计的资金余量进行不同程度的预警。

任务要求

假设现在是 2020 年 5 月 1 日，要求根据期初资金余额和计算的预计月末资金余额制作预警仪表图。预计资金存量大于 20 000 000 元时呈现绿色；预计资金存量少于 20 000 000 元且大于 0 元时黄色预警；预计资金存量少于 0 元时红色预警。

本任务需要使用的数据表
◎　资金计划执行表
◎　供应商账期表

任务实现

（1）登录金蝶云星空网页端，进入"轻分析"界面。在已经建好的"经营预警-财务环节"分类中新建业务主题，命名为"现金余额预警"。

（2）进入"数据建模"界面，新建数据表，选择数据源并连接数据库。选择"资金计划执行表"，单击"下一步"按钮，勾选"全选"，单击"完成"按钮，并单击左上角的"保存"按钮。

（3）返回"轻分析"界面，进入"数据斗方"界面，图表类型选择"仪表图"。将"日期"字段拖入"筛选器"栏，选择日期为"2020 年 5 月 31 日"。将"预计现金期末余额"字段拖入"指针值"栏，单击"分段"编辑按钮 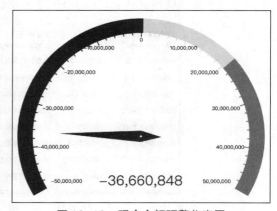，在"分段"对话框中设置起始刻度值为−50 000 000，结尾刻度值为 50 000 000。单击"添加分刻度"按钮，将−50 000 000～0 的显示为红色预警，0～20 000 000 的显示为黄色预警，20 000 000～50 000 000 的显示为绿色。执行"预览尺寸"—"全画面"命令，生成现金余额预警仪表图，如图 10-13 所示。

图 10-13　现金余额预警仪表图

（4）另存方案，输入方案名称"现金余额预警"。

巩固与练习

针对 2020 年 5 月可能出现的赤字现金余额，思考可以采取哪些措施确保资金链的安全？

子任务五　盈利质量预警

 **任务描述**

　　随着公司的进一步扩张，幸福蛋糕管理层越来越意识到经营活动现金流量对于盈利质量的重要性：在市场经济环境下，企业经营活动现金流量很大程度上决定了企业生存和发展的能力，决定了企业的偿债能力和盈利能力。常见的偿债能力和盈利能力指标，通常都是根据以权责发生制为基础的会计数据进行计算给出评价的。它们不能反映企业伴随着现金流入、流出的财务状况，无法适时反映企业的偿债风险和盈利质量。为适时预警幸福蛋糕的盈利质量，总经理要求财务部制订相关预警指标。

任务要求

　　根据总经理的要求，财务部对企业整体经营情况进行分析，将年度经营活动现金流量与净利润之比作为盈利质量的一个评价指标。该比值表示盈利的现金实现程度，当其小于1时，表示部分利润以债权形式实现。幸福蛋糕财务部制订的预警标准如下。

- 年度经营活动现金流量/当年净利润≥90%，显示为绿色。
- 70%≤年度经营活动现金流量/当年净利润<90%，呈黄色预警。
- 年度经营活动现金流量/当年净利润<70%，呈红色预警。

以2020年上述指标为例，分析财务部制订的盈利质量指标。

本任务需要使用的数据表
◎　现金流量表-幸福蛋糕
◎　资产负债表-幸福蛋糕

任务实现

　　本指标具体操作步骤可参考视频10-2。

　　（1）登录金蝶云星空网页端，进入"轻分析"界面。在已经建好的"经营预警-财务环节"分类中新建业务主题，命名为"盈利质量预警"。

　　（2）进入"数据建模"界面，新建数据表，选择数据源并连接数据库，类型选择"自定义SQL"。在"自定义SQL"框中，输入名称"盈利质量预警"。在"SQL"框中，输入以下SQL语句，单击"完成"和"保存"按钮。

```
SELECT
    a.报表日期,
    a.'五、净利润' as 净利润,
    b.经营活动产生的现金流量净额,
    b.经营活动产生的现金流量净额/a.'五、净利润' AS 经营活动现金流量与净利润比
FROM
    '利润表-幸福蛋糕' a,
```
SQL语句

```
            '现金流量表-幸福蛋糕' b
    WHERE
        a.报表日期=b.报表日期
```

（3）返回"轻分析"界面，进入"数据斗方"界面，图表类型选择"仪表图"。将"经营活动现金流量与净利润比"字段拖入"指针值"栏；将"报表日期"字段拖入"筛选器"栏，选择"2020年"，单击"确定"按钮。单击"分段"编辑按钮 ✎ ，在"分段"对话框中设置起始刻度值为-0.5，结尾刻度值为1。单击"添加分刻度"按钮，根据任务要求设置0.9~1为绿色，0.7~0.9为黄色，小于0.7为红色，并设置刻度值格式和指针数据格式均为"百分之一（%）"。执行"预览尺寸"—"全画面"命令，生成盈利质量预警仪表图，如图10-14所示。

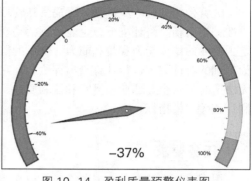

图10-14　盈利质量预警仪表图

（4）另存方案，输入方案名称"盈利质量预警"。

巩固与练习

为反映幸福蛋糕长期的盈利质量状况，财务部对2016—2020年五年的合计经营活动现金流量与合计净利润进行对比，按照本任务要求的标准在"轻分析"模块中呈现。

子任务六　销售现金比率预警

任务描述

经过对盈利质量指标的分析，幸福蛋糕财务部发现影响盈利质量的主要因素是销售收入的收现情况，并且发现公司的销售现金比率与同行业平均水平存在较大差距。总经理要求财务部及时对销售的收现情况进行适时预警，合理控制赊销的收款风险，增强营业收入实现现金流量净额的能力，并监测收入的真实性。

任务要求

财务部根据总经理的要求，制订了一系列综合指标，其中一项重要指标为销售现金比率。本任务以2020年幸福蛋糕的报表数据为例，分析其销售现金比率指标。财务部将幸福蛋糕的经营状况与同行业水平进行对比后，制订以下预警标准。

- 销售现金比率≥10%，显示为绿色。
- 5%≤销售现金比率<10%，呈黄色预警。
- 销售现金比率<5%时，呈红色预警。

本任务需要使用的数据表
◎ 现金流量表-幸福蛋糕
◎ 资产负债表-幸福蛋糕

任务实现

（1）登录金蝶云星空网页端，进入"轻分析"界面。在已经建好的"经营预警-财务环节"分类中新建业务主题，命名为"销售现金比率预警"。

（2）进入"数据建模"界面，新建数据表，选择数据源并连接数据库，类型选择"自定义 SQL"。在"自定义 SQL"框中，输入名称"销售现金比率"。在"SQL"框中，输入以下 SQL 语句，单击"完成"和"保存"按钮。

SQL 语句
SELECT 　　a.报表日期, 　　a.'一、营业总收入' as 营业总收入, 　　b.经营活动产生的现金流量净额, 　　b.经营活动产生的现金流量净额/a.'一、营业总收入' AS 销售现金比率 FROM 　　'利润表-幸福蛋糕' a, 　　'现金流量表-幸福蛋糕' b WHERE 　　a.报表日期=b.报表日期

（3）返回"轻分析"界面，进入"数据斗方"界面，图表类型选择"仪表图"。将"销售现金比率"字段拖入"指针值"栏；将"报表日期"字段拖入"筛选器"栏，选择"2020 年"，单击"确定"按钮。单击"分段"编辑按钮 ，在"分段"对话框中设置起始刻度值为-0.1，结尾刻度值为0.2。单击"添加分刻度"按钮，根据任务要求设置大于0.1为绿色，0.05～0.1为黄色，小于0.05为红色，并设置刻度值格式和指针数据格式均为"百分之一（%）"。执行"预览尺寸"—"全画面"命令，生成销售现金预警仪表图，如图 10-15 所示。

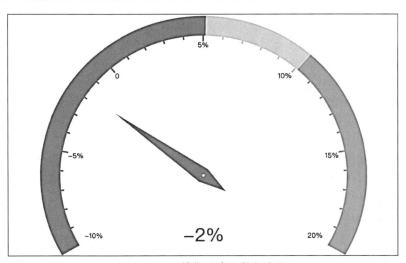

图 10-15　销售现金预警仪表图

（4）另存方案，输入方案名称"销售现金预警"。

为反映幸福蛋糕长期的营业收入创造经营现金净流量的能力，对 2016—2020 年五年的销售现金比率趋势进行分析，按照任务要求中的标准在"轻分析"模块中呈现。

任务三　经营预警分析小结

任务描述

幸福蛋糕的管理人员想依托前面整理的预警指标，从多维度对业务环节、财务环节进行监控，以便及时有效地了解当前业务状况和财务状况，识别潜在的业务风险和财务风险，提醒其尽早采取应对措施，提升企业应对风险的能力。

任务要求

针对管理人员对业务预警、财务预警的监控需求，从业务环节经营预警、财务环节经营预警中挑选认为重要的预警指标（不限于前面分析的预警指标或以下所列的参考指标），制作经营预警分析大屏看板，监控企业经营和财务关键指标，以便尽早识别风险，形成分析报告，并用 PPT 进行展示和解说。

参考指标
订单交付提醒预警
物料订货预警
物料保质期到期预警
生产用料不当预警
总体利润完成率预警
应收账款逾期预警
现金余额预警

任务实现

（1）登录金蝶云星空网页端，进入"轻分析"界面。选择"经营预警-财务环节"分类，单击"新建"按钮，选择创建一个仪表板。输入名称"经营预警分析"，单击"确定"按钮。单击"仪表板"按钮，进入"仪表板"编辑界面。

（2）将左侧组件中的"数据斗方"拖至中间的看板设计区域。在"添加数据斗方-选择来源"对话框中，默认系统设置，单击"下一步"按钮。选择"经营预警-生产环节"分类下的"订单交付提醒预警"业务主题，单击"下一步"按钮。选择"加载方案"下的"订单交付提醒预警"分析方案，单击"完成"按钮。

（3）重复以上步骤，将本任务参考指标添加到仪表板中，并形成一个分析大屏，如图 10-16 所示。

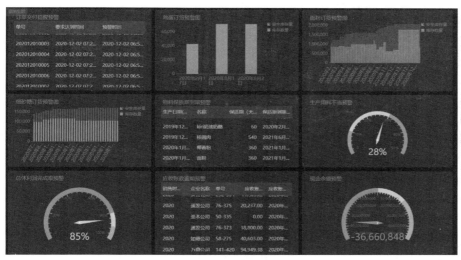

扫码查看

彩色效果

图 10-16 经营预警分析大屏

报告模板

一、业务环节经营预警分析

幸福蛋糕承诺送达时间延迟会有延时赔偿费，这对于提升客户体验以及公司的竞争实力很有帮助。在图 10-16 的订单交付提醒预警图中，可以看到还是有不少订单存在即将逾期的情况。

物料订货的准确性对于蛋糕等产品的正常加工非常重要，因此通过监督重要物料如鸡蛋、面粉、细砂糖等的库存和订货情况，有助于采购部门及时调整订货策略。从图 10-16 中可以看到，面粉、细砂糖的库存经常低于安全库存，说明其订货是存在问题的。

食品安全是食品加工企业非常重要的考量因素，因此对原材料保质期的随时监控非常有必要。从图 10-16 中可以看到，幸福蛋糕还是有不少物料存在临近保质期的情况，需要重点关注。

食品加工企业的销售利润是比较微薄的，因此对于成本的管控就非常重要。在食品加工过程中，应严格按照生产用料配比，确保产品的品质和口味符合质量标准，也确保物料不浪费。在图 10-16 中，可以看到生产用料不当发生的概率是 28%，处于黄色预警区域，因此需要加强关注和分析原因。

二、财务环节经营预警分析

总体利润完成率是企业高层管理人员非常关注的重点指标。通过对该指标的即时监控，高层管理人员可以随时了解企业当前的经营状况。图 10-16 中显示当前的总体利润完成率为 85%，处于黄色预警区域，还需要改进和提升。

应收账款的催收对于公司的经营现金流影响非常大，因此时刻监控应收账款是否逾期是财务人员、销售人员的重要职责。从图 10-16 中可以看到，目前还是有不少应收账款出现逾期的情况，需要加强管理，确保应收账款尽早回款。

现金余额对于保障公司的正常运行非常重要。如果出现现金流为负的情况，公司将无法开展业务。从图 10-16 中可以看出，公司可能会出现现金流为负的情况，因此财务总监应密切关注，并采取必要措施避免该情况发生。

三、相关建议

（1）幸福蛋糕的订单交付预警中有不少记录，需要负责运营的管理人员对这些记录进行认真分析，查找原因，提出改进措施，如改进蛋糕加工工艺、优化配送路线、强化员工准时交付意识等。

（2）幸福蛋糕的物料临近保质期的记录也不少，需要负责采购、库存的相关人员进行分析，从避免食品安全问题发生、降低物料损耗等角度提出优化措施，如采用先进先出的配料原则、多频次小批量的采购策略等。

美国著名教育家约翰·杜威说过："我们从经验中学到的东西不如从反思经验中学到的东西多。"本项目是对前面所有任务的总结，建议参考前面任务的内容以及相关指标，编写分析报告，便于从数字化管控的视角对企业的整体经营状况进行分析，并提出改进的建议和措施。

学习目标

1. 掌握财务大数据分析报告的整体框架设计思路
2. 掌握企业经营管理的问题诊断方法
3. 掌握企业经营管理改善的思路方法
4. 掌握财务大数据分析报告编写的方法

职业素养点拨

归纳，是将数据按一定的类别或规则重新排列，使其更具有逻辑和易于理解。总结，是根据归纳的结果，用概括性的语言提炼观点、得出结论的过程。

归纳和总结是由个体推及一般的过程。只有总结出一般性的结论，才有基础进行演绎，才有实践的意义。只有将所有的分析通过归纳总结，得到结论来支持企业的经营和战略决策，才能实现大数据分析的价值。

反思，是通过对过去事物的思考获得经验和教训，在学习中可以理解为知识的重构和升华。例如，前面我们跟随本书学习了企业经营分析会用到哪些指标及如何计算，在课程结束之前我们更应该反思为何我没有设置正确？我设置的指标有什么问题？如果情况变了，指标要如何变化？因为数据分析并没有固定的模式，所以理解分析的本质才是读者需要具备的能力，而反思就是培养这种能力的思维方式。

任务描述

反思在教育经历中很重要。反思性陈述即抓住关于过去某一经历的想法和感受，比如在本课程学习中经历的事情，帮助我们理解过去的事件、积累相关的经验，并吸取教训。编写一份反思性总结报告，对其进行分析，可以为将来制订决策提供有价值的参考。

任务要求

一、第一部分

第一部分报告分小组提交，主要框架如下。

（一）企业战略目标的实现情况

（1）扩张计划的实现情况。

（2）产品差异化战略的实现情况。

（3）成本领先战略的实现情况。

（二）目前存在的问题（此处略）

（三）相关建议（此处略）

二、第二部分

第二部分报告由每位同学分别撰写，单独提交。回顾本课程的学习历程，按以下六个部分进行总结。

（一）描述

（1）实训过程中发生了什么？谁参与了？谁没有参与？

（2）开始活动时，实际应用的流程是什么？

（3）实训课程的目标和你所在团队的目标各是什么？可以将它们与你个人的目标进行对比。

（4）提供一段简单的描述性内容。

（二）感受

（1）你有哪些感受？

（2）你的感觉影响到你的行动了吗？

（3）诚实地描述你当时的感受、反应和想法。

（三）评估

看看你当时对实训进展所做的判断和选择。

（1）客观评述在实训过程中有哪些积极的和负面的因素？

（2）什么原因让你觉得某件事给你带来的是正面促进或负面影响？请举例说明。

（3）审视一下自己的判断，思考是什么促成了这些判断。你现在对这些判断有什么看法？

（四）分析

深入分析实训过程，找出对实训结果影响最大的关键因素，并在下次讨论时加以解决。例如，沟通、时间管理、组织或承诺的一个方面可能在结果中发挥了关键作用。

（1）这次实训有哪些缺陷？为什么？正确的处理方式应该是怎样的？

（2）未来可以通过何种方式进行改善？

（3）你需要充分检查和理解对实训影响较大的因素，并探索解决这些影响因素的方法。

（五）结论

（1）你从每一次任务中学到了什么？

（2）下次你想在哪些地方做出改变？比如说特定的技能或新的知识，总结这样的改变是否可能？

（六）下一步计划

（1）下次你能做些什么不同的事情？你又该如何准备？

（2）哪些方面需要准备或规划？你需要哪些资源，在哪里可以找到它们？

总结报告参考内容（第一部分）

一、企业战略目标的实现情况

（一）扩张计划的实现情况

幸福蛋糕在 2017—2020 年营业收入快速增长，尤其是 2017—2018 年营业收入增长率远高于同行业平均水平，2019 年增速放缓但略高于行业均值，2020 年在疫情冲击下仍然实现了营业收入33.38%的增长率。

2020 年新开门店 116 家，门店总数达到 570 家，覆盖了全国 32 个省级行政区。目前，幸福蛋糕门店大部分位于华南、华东、华中地区的城市，西南和北方地区众多城市，特别是三、四线城市未部署门店，仍具有较大的发展潜力。

幸福蛋糕的营业收入增长率高于同行业平均水平，营业利润也基本保持了增长态势。数字化技术显著降低了存货水平，提升了生产和配送效率，给企业的快速成长带来有效助力。

幸福蛋糕 2020 年度实现销售额近 24 亿元，距离公司 100 亿年销售额的愿景还存在较大差距，未来若能保持 30%的年均增速，大约需要 6 年达成愿景。

（二）产品差异化战略实现情况

根据提供的样本数据分析，总体日订单及时交付率波动范围在 94%～100%，订单交付及时率存在较大的提升空间。由于蛋糕产品的保质期很短，存放时长对于口味的影响较大，幸福蛋糕的及时送货承诺，一方面能让消费者快捷获得商品，另一方面可以最大限度地保证产品口味。

部分门店未严格履行延时赔付的承诺，虽然在个别订单上获得了一定的成本节约，但对产品差异化战略和企业声誉的负面影响是不可估量的。

样本数据中，客户留存率较高。其中，会员客户的留存率达到 76.23%，非会员的留存率也有27.95%。各年总体质量合格率在 99%以上。

整体而言，在及时配送和送货承诺的履行方面尚待加强。

（三）成本领先战略实现情况

幸福蛋糕引进数字化管理技术的应用后不仅降低了存货水平，而且在降低存货损耗方面取得良好成效。商品报损率降幅明显，2019—2020 年的整体报损率低于 3%，已远低于同行业平均水平（约为 10%），这为幸福蛋糕在成本节约方面做出贡献。

幸福蛋糕的成本费用利润率趋势总体向下，特别是 2019 年下降至最低。该指标显著低于同行业平均值且差距较大。幸福蛋糕的成本领先战略未见显著成效。

二、目前存在的问题

（1）制订的销售计划准确性有待加强，未能全面考虑客观环境因素，或未根据环境变化做出适时调整。销售计划不准确可能导致企业不能合理有效地分配资源，盲目投资。例如，未能合理预估重大自然灾害带来的影响，在新零售门店上投资过大，就会给企业带来损失。

（2）市场开拓压力大。任何一种新品牌、新产品进驻市场都会遇到各种各样的行业竞争，这是产品进驻新市场的最大危机，尤其是进驻北方市场受到地方品牌的巨大竞争压力。

（3）新产品的研发压力大。当下消费者对烘焙类产品的口味、外形、包装等要求不断提高，烘焙食品的品类流行周期越来越短，消费者对品牌的忠诚度也越来越低。例如，2020 年仅云南省区便有两项产品进入衰退期，需要及时研发新的产品进行替代。

（4）产品差异化战略仍不够突出，尚未形成企业的核心竞争力。幸福蛋糕的差异化战略在销售方面主要体现在新零售门店场景的打造和配送承诺上，实际在配送承诺的执行中存在未严格执行的情况。

（5）各部门在存货管理工作上尚缺统筹性和整体性。例如，仓储部门只关注存货水平，采购部门只关注采购成本，而销售部门只注重销售任务的完成。

三、相关建议

（1）销售计划应全面考虑企业内外部的环境因素及变化，适时做出调整。

（2）提升地方市场品牌知名度。调查了解地方市场的竞争对手，全方位了解消费者，制订有针对性的市场推广方案。本质上来说，需要提供对目标消费者更具吸引力的价格，以及差异化的产品或服务，并且能让消费者方便地了解和获得产品。

（3）根据产品的不同定位和所处不同的生命周期制订恰当的营销策略，以形成更优的产品组合、产出最大效益兼顾长期发展为目标。

（4）要将"幸福承诺"打造成比同类产品领先的差异化战略，需要在配送时效的管控上做出更多努力，可能需要投放更多资源。对做出的承诺应严格履行，以树立企业诚信经营的形象。

（5）建议总经理等高层管理人员协同人事部门做好部门绩效指标的制订，应围绕公司的统一战略部署。例如，采购部门的指标不应仅关注采购成本，而应该注重包括仓储成本等在内的整体成本的合理性。